Die Staufer
Ein europäisches Herrschergeschlecht

Inhalt

Vorwort 7

Die Staufer im Bewusstsein unserer Zeit 9

Die Herkunft der Familie 14

Die Ries- und Pfalzgrafen 14
Das elsässische Erbe 17
Die Herzöge von Schwaben 17
Das Land um den Hohenstaufen 20

Die Burg Staufen 20
Die Grablege Kloster Lorch 24
Der Burgenkranz um die Stammburg 28
Städte, Klöster und Kirchen im Stauferland 34

Die Familie der Könige und Kaiser 50

König Konrad III. 50
Kaiser Friedrich I. Barbarossa 51
Kaiser Heinrich VI. 59
König Philipp von Schwaben 67
Kaiser Friedrich II. 68
König Konrad IV. 77
König Manfred 78
König Konradin 81

Bollwerke der Macht 83

Pfalzen und Burgen im Nordreich 83

Die Pfalz Nimwegen (Nijmegen) 84
Die Pfalz Kaiserslautern 86
Die Pfalz Hagenau 87
Die Pfalz Gelnhausen 88
Die Pfalz Kaiserswerth 92
Die Pfalz Eger 94
Die Pfalz Wimpfen 97

Die Pfalz Nürnberg 101
Der Saalhof in Frankfurt am Main 104
Das Palatium in Seligenstadt am Main 105
Stauferzeitliche Burgen – eine Auswahl 107

Kastelle im Südreich 118

Foggia 118
Lucera 121
Fiorentino 123
Castel del Monte 124
Barletta 129
Trani 131
Bitonto 132
Bari 133
Gioia del Colle 137
Altamura 138
Gravina 138
Lagopesole 139
Melfi 142
Capua 143
Kastelle auf Sizilien 146
Prato 148

Die Kunst der Stauferzeit 150

Beispiele stauferzeitlicher Baukunst 150
Bildhauerei 162
Malerei 168
„Schatzkunst" 171

Das Nachleben. Die Staufer in Sage und Legende 177

Literaturverzeichnis 183
Ortsregister 187
Bildnachweis 190

Vorwort

In Göppingen, am Fuß des Hohenstaufen aufgewachsen, ist für mich – zumal als Sohn wanderfreudiger Eltern – die Landschaft um den 684 Meter hohen „Zeugenberg" der Schwäbischen Alb zu einem der bestimmenden Eindrücke meiner Jugendzeit geworden. Schon frühzeitig kam das Interesse für die historische Bedeutung des Berges hinzu – angeregt durch die auf seinem Gipfel noch vor dem Zweiten Weltkrieg vorgenommenen Ausgrabungen, die wesentliche Teile der Grundmauern der mittelalterlichen Burganlage zutage förderten.

Als Gymnasiast lernte ich bei der Einrichtung des Göppinger Heimatmuseums verschiedene aktive Mitglieder des dortigen Geschichts- und Altertumsvereins kennen. Dabei ermunterte mich der damalige Stadtarchivar Karl Kirschmer, als Berufsziel das Amt des Göppinger Stadtarchivars und Museumsleiters anzustreben. Nach einer entsprechenden Ausbildung war ich 18 Jahre in dieser Funktion tätig. Dabei kam es, nachhaltig gefördert durch das große historische Interesse meiner Dienstvorgesetzten, Oberbürgermeister Dr. Herbert König, Bürgermeister Dr. Alfred Schwab und Landrat Gustav Seebich, zu ungezählten Berührungen mit der Geschichte und Kultur der Staufer und ihrer Epoche. Als Stichworte seien genannt: die Einrichtung der „Stauferhalle" im Göppinger Stadtmuseum (1959), die Gründung der heutigen „Gesellschaft für staufische Geschichte" (1968) und die Aufnahme partnerschaftlicher Beziehungen zur einstigen Residenzstadt Friedrichs II., Foggia in Apulien, die zum Auslöser vieler Reisen in das „Südreich der Staufer" wurde.

Auch die Verlagerung meiner beruflichen Tätigkeit nach Heidenheim (1974) und Schwäbisch Hall (1985) tat den Verbindungen ins „Stauferland" keinen Abbruch, wofür zahlreiche Publikationen, Vorträge und Studienfahrten ein beredtes Zeugnis ablegen.

Daher zögerte ich auch nicht, dem Wunsch des Konrad Theiss Verlags zu entsprechen, einen Sachbildband über das Zeitalter der Staufer zu schreiben, in dem die wichtigsten Ereignisse dieser Epoche sowie deren prägende Persönlichkeiten festgehalten sind. Darüber hinaus ging es um die Dokumentation der bedeutendsten, noch heute erhaltenen baulichen und künstlerischen Zeugnisse der Stauferzeit, sowohl im Nord- als auch im Südreich, sowie um die Auswertung der aktuellsten Forschungen.

Bei meiner Arbeit fand ich stets die freundschaftliche Unterstützung meiner Göppinger Kollegen, Stadtarchivar Dr. Karl-Heinz Rueß und Kreisarchivar Walter Ziegler. Die Mitarbeiter des Konrad Theiss Verlags in Stuttgart gaben mir wesentliche Hilfen bei der Erstellung des Manuskripts. Ihnen allen gebührt mein herzlicher Dank. Besonders dankbar bin ich jedoch meiner Frau Renate, die es auf sich genommen hat, den gesamten Text druckfertig zu erfassen und damit manche knappe Terminvorgabe zu bewältigen.

Die persönliche Anteilnahme, die mich beim Schreiben des Buches bewegt hat, möge die Leser dazu veranlassen, sich mit der glanzvollen und zugleich tragischen Geschichte des Staufergeschlechts auseinanderzusetzen und sich der kulturgeschichtlichen Bedeutung dieser Epoche an der großen Zahl ihrer erhalten gebliebenen Zeugnisse bewußt zu werden.

Manfred Akermann

Die Staufer im Bewusstsein unserer Zeit

Im Rückblick auf das vor kurzem zu Ende gegangene 20. Jahrhundert darf man feststellen, dass es die vom 26. März bis 5. Juni 1977 in Stuttgart veranstaltete Ausstellung „Die Zeit der Staufer – Geschichte – Kunst – Kultur" war, die die von den Königen und Kaisern aus dem staufischen Haus für knapp eineinhalb Jahrhunderte geprägte Geschichte und Kultur Mittel- und Südeuropas in das Bewusstsein einer breiten Öffentlichkeit gerufen hat.

Zu Beginn des letzten Jahrhunderts waren es besonders die preußischen Hohenzollern, die die Vorgaben für die allgemeine Geschichtsbetrachtung geliefert hatten. Das Dritte Reich suchte sich seine historischen Leitbilder bevorzugt bei Gruppierungen, die neuen „Lebensraum" im Osten gewonnen hatten. Da genossen die eher nach Süden orientierten Staufer kein allzu hohes Ansehen.

Nach dem Zweiten Weltkrieg lag den Deutschen die Beschäftigung mit „Geschichte" zunächst einmal fern. Die Sorgen und Nöte, aber auch die Chancen der Gegenwart forderten den ganzen Menschen.

Erste Impulse für die Beschäftigung mit der staufischen Geschichte gingen von der am Fuß des Hohenstaufen gelegenen Stadt Göppingen aus. Der systematische Aufbau einer Sammlung stauferzeitlicher Brakteaten und die Verwahrung der vom Zerfall bedrohten Außenplastiken der spätromanischen Faurndauer Kirche im Städtischen Museum im Jahr 1959 führten zur Anregung des damaligen Oberbürgermeisters Herbert König, dort eine „Stauferhalle" einzurichten. Zu ihren wichtigsten Erwerbungen zählten ein Abguss der sog. „Totenmaske" der staufischen Stammmutter Hildegard von Egisheim (1959) und eine Kopie des Cappenberger Barbarossakopfes (1964).

Diese ersten zaghaften Schritte führten zur Gründung einer historischen Vereinigung, die mit wesentlicher Unterstützung des damaligen Tübinger Landeshistorikers Hansmartin Decker-Hauff am 29. Oktober 1968, dem 700. Todestag des letzten Staufers Konradin, unter dem Namen „Gesellschaft der Freunde staufischer Geschichte" (seit 1984: „Gesellschaft für staufische Geschichte") aus der Taufe gehoben wurde. Der Verein setzte sich das Ziel, das Wissen über Herkunft, Geschichte, Zeit und Nachleben der Staufer zu verbreiten. Dabei versteht er sich als Mittler zwischen der wissenschaftlichen Forschung und einem an Geschichte interessierten Laienpublikum.

Im Jahr 1970 hat die Gesellschaft ihrerseits die »Göppinger Staufertage« ins Leben gerufen, die seit einigen Jahren im zweijährigen Wechsel mit dem Symposium „StauferGestalten" abgehalten werden. Die Ergebnisse dieser auf hohem wissenschaftlichen Niveau angesiedelten Veranstaltungen werden in den „Veröffentlichungen zur staufischen Geschichte und Kunst" publiziert, von denen bislang 23 Bände erschienen sind.

Zum Gedächtnis des 800. Geburtstags Kaiser Friedrichs II. verleiht die „Stauferstiftung Göppingen" seit 1994 zweijährlich einen Wissenschaftspreis für grundlegende Forschungsarbeiten zur Staufergeschichte.

In den vergangenen Jahren etablierten sich einige weitere mit den Göppinger Staufertagen vergleichbare wissenschaftliche Kolloquien, so 1994 in Bonn und – als Fortsetzung – 1997 in Landau.

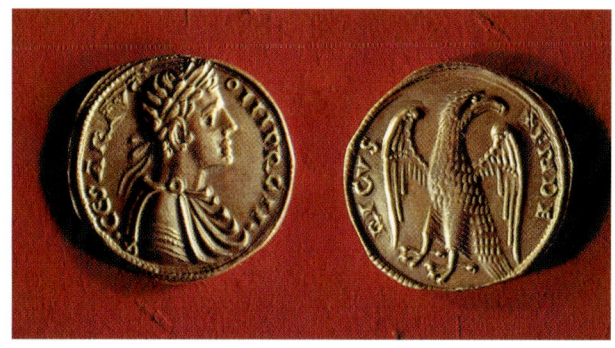

Die Städtischen Museen Göppingen zeigen in der Stauferhalle des Liebensteinschen Schlösschens, dem „Storchen", ein Exemplar der Augustalen, die im Auftrag Kaiser Friedrichs II. 1231 in Brindisi geprägt wurden.

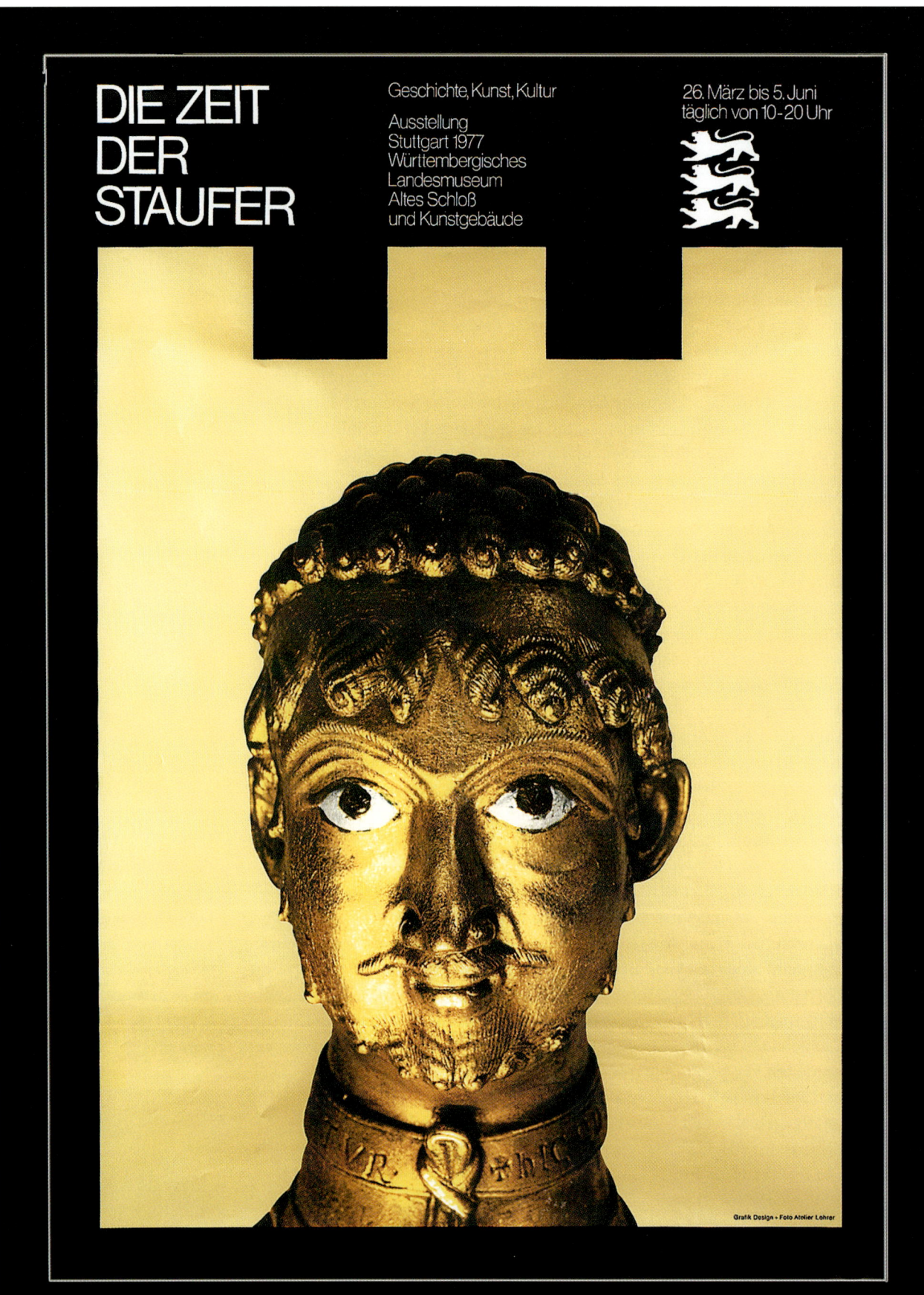

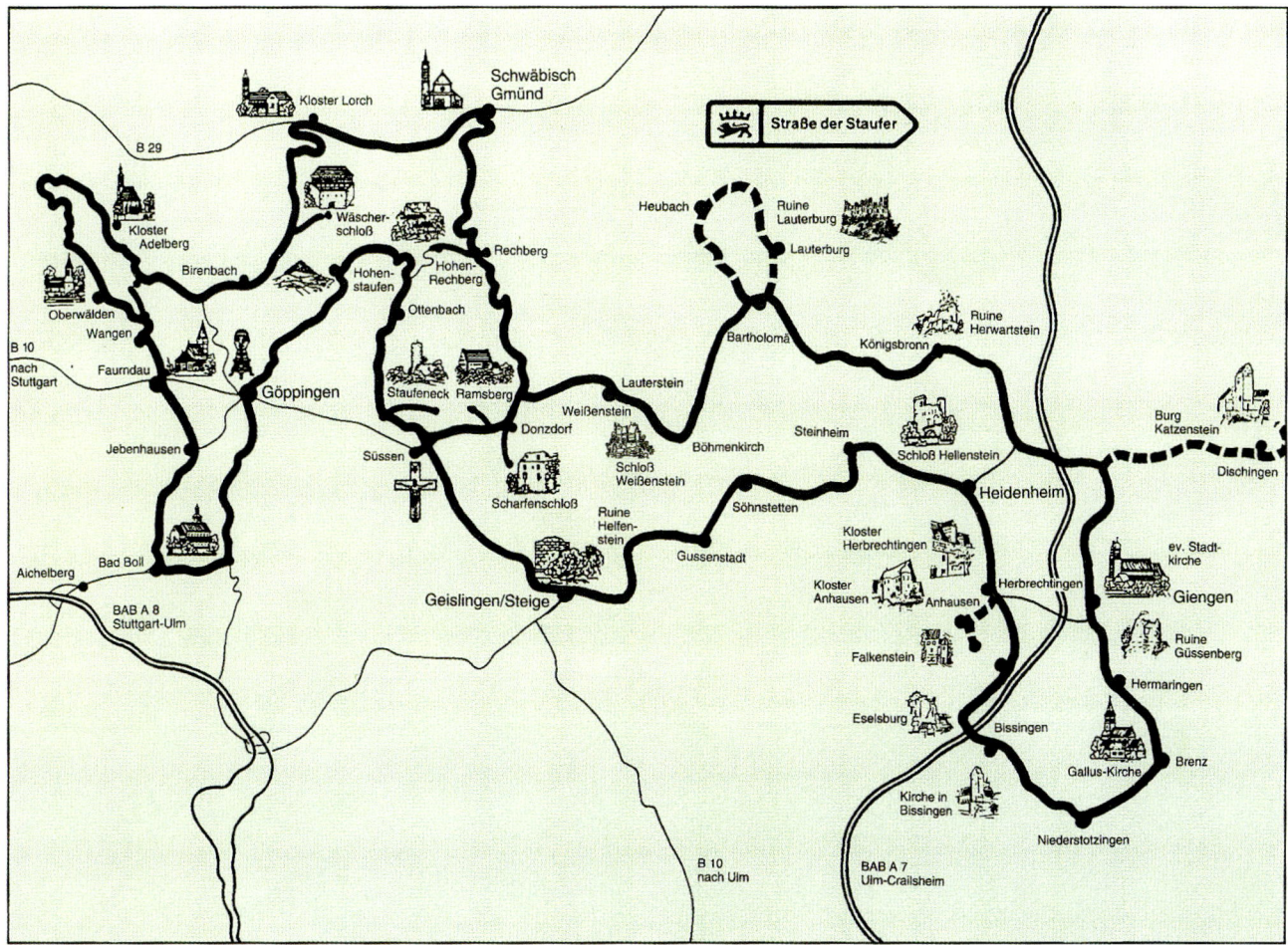

Historische Gemeinsamkeiten liegen den Städtepartnerschaften zugrunde, die mehrere süddeutsche Städte mit staufisch geprägten italienischen Kommunen seit 1971 eingegangen sind, etwa Göppingen mit Foggia, Lorch mit Oria und Waiblingen mit Jesi. In Foggia und in Jesi, seit kurzem auch in Palermo und im Kastell Lagopesole, haben sich ebenfalls Gesellschaften zur wissenschaftlichen Erforschung staufischer Themen etabliert.

Die große Stuttgarter Stauferausstellung von 1977 bezog ihren äußeren Anlass aus dem 25-jährigen Jubiläum des Bestehens des Bundeslandes Baden-Württemberg. Damals wurde auch der Gedanke einer „Straße der Staufer" realisiert. Diese zunächst 130 km, seit 1997 auf mehr als das Doppelte verlängerte Touristikroute erschließt die mit der staufischen Zeit in Beziehung stehenden historischen und kunstgeschichtlichen Sehenswürdigkeiten im „Stammland der Staufer".

In dessen Mittelpunkt, in Hohenstaufen, eröffnete die Stadt Göppingen 1977 einen neu erbauten „Dokumentationsraum für staufische Geschichte", in dem Aufstieg und Niedergang des Herrschergeschlechts sowie die aus jener Epoche überkommenen Zeugnisse in der Region bildhaft dargestellt sind.

Fünfundzwanzig Jahre später, aus Anlass des 50-jährigen Landesjubiläums, wurde am 1. Juni 2002 auf dem 684 m hohen Hohenstaufengipfel eine schlichte Stele aufgestellt. Ihre achteckige Form erinnert an Castel del Monte, das großartigste Bauwerk, das die Staufer der Nachwelt hinterlassen haben, aber auch an die Kaiserkrone des Heiligen Römischen Reichs.

Die beiden nur sechs Jahre auseinanderliegenden Gedenkjubiläen zum 800. Geburtstag Kaiser Friedrichs II. (1994) und zu seinem 750. Todestag (2000) boten sowohl

Die „Straße der Staufer" führt zu den wichtigsten stauferzeitlichen Sehenswürdigkeiten in den Landkreisen Göppingen, Ostalb und Heidenheim.

Linke Seite:
Das Plakat der großen Landesausstellung 1977, „Die Zeit der Staufer – Geschichte – Kunst – Kultur", warb mit dem bekanntesten Exponat, dem „Cappenberger Barbarossakopf".

Der „Dokumentationsraum für staufische Geschichte" in Göppingen-Hohenstaufen, neben der „Barbarossakirche" 1977 neu erbaut, vermittelt eindrucksvoll Geschichte und heutiges Erscheinungsbild des „Stauferlandes".

in Italien als auch in Deutschland mannigfaltige Anlässe, sich dieses letzten Stauferkaisers und des Staufergeschlechts überhaupt zu erinnern.

So nahm die apulische Bezirkshauptstadt Bari die Wiederkehr des Geburtsjahres zum Anlass für eine großartige Ausstellung im Castello Suevo mit dem Titel „Federico Secondo – Immagine e Potere". In Göppingen wurde mit einem „schwäbisch – apulischen Spektakel" unter dem Titel „Friedrich II. und Castel del Monte" dieses Ereignisses gedacht. Einer Anregung der Göppinger Staufergesellschaft war es zu verdanken, dass die Deutsche Bundespost zum 800. Geburtstag Friedrichs II. ein Sonderpostwertzeichen herausgab.

Weitaus vielfältiger waren die Veranstaltungen zum Gedächtnis des 750. Todestags des Kaisers. Exakt am Todestag, am 13. Dezember 1250, wurde am Sterbeort Fiorentino einer Initiative aus Schwaben folgend eine Stele enthüllt, die derjenigen gleicht, die seit dem 1. Juni 2002 auf dem Hohenstaufen aufgestellt ist.

Eine vom Museum der Stadt Foggia gestaltete Ausstellung „Unus ex Apulia – Federico II a Foggia" fand auch in der Partnerstadt Göppingen großes Interesse.

Das Württembergische Landesmuseum in Stuttgart zeigte im Herbst 2000 die Ausstellung „Castel del Monte – Die Krone Apuliens", und der Trifelsverein Annweiler lud – ebenfalls im Rahmen einer Ausstellung – zu einem Vortrag des Biografen Friedrichs II., Wolfgang Stürner, ein.

In mehreren wissenschaftlichen Kolloquien wurden Friedrich II. und seine Zeit behandelt, so an der Universität Würzburg und durch die Deutsche Burgenvereinigung auf der Marksburg.

Die offizielle Gedenkveranstaltung des Landes Baden-Württemberg fand unter der Schirmherrschaft von Ministerpräsident Erwin Teufel am 11. Dezember 2000 in Göppingen statt. Im Mittelpunkt stand der Vortrag von Arnold Esch, dem Direktor des Deutschen Historischen Instituts in Rom, zum Thema „Friedrich II. – Wandler der Welt?"

Den schlüssigsten Beweis dafür, wie stark das Bewusstsein um die Bedeutung des staufischen Zeitalters nicht nur für die deutsche, sondern auch für die europäische Geschichte in den vergangenen Jahrzehnten zugenommen hat, liefern die in ihrer Vielfalt kaum mehr überschaubaren wissenschaftlichen Publikationen. Sie haben in hohem Maße die Aussage des ehemaligen Bundespräsidenten Walter Scheel bei der Eröffnung der Stauferausstellung am 25. März 1977 bestätigt, „Geschichte, Kunst und Kultur der staufischen Zeit" seien „ein Lehrstück für die geistige Gemeinsamkeit und Ausstrahlungskraft Europas".

Das zum 800. Geburtstag Kaiser Friedrichs II. 1994 herausgegebene Sonderpostwertzeichen verwendete ein Motiv aus dem „Falkenbuch" des Kaisers.

Die Herkunft der Familie

Die Ries- und Pfalzgrafen

Wenn man nach den Anfängen des staufischen Geschlechts sucht, stößt man im Jahr 987 auf einen Grafen in Ostschwaben mit dem Namen Friedrich, der im Ries, um Wallerstein und bei Harburg, über Besitzungen verfügte.

Eine schlüssige Beweisführung für die Herkunft der Staufer aus dieser Region lieferte der Heidenheimer Historiker Heinz Bühler in seiner 1977 erschienenen Arbeit „Zur Geschichte der frühen Staufer". Ihm gelang die Klärung bisher unbekannter genealogischer Zusammenhänge, die eindeutige Beweise dafür erbrachten, dass die „frühen Friedriche" bereits um die Jahrtausendwende hohe Reichsämter im Bereich des Nördlinger Rieses und der Donauniederung um die heutige Stadt Donauwörth innehatten. Wahrscheinlich ist, dass der zweite in der Stammfolge genannte Friedrich um 1030 von dem salischen König Konrad II. (1024–1039) zum Pfalzgrafen ernannt wurde und dass er dieses wichtigste Amt nach dem des Herzogs von Schwaben bis zu seinem Tod um 1060/1065 bekleidete.

Nach seiner Berufung zum Pfalzgrafen übertrug Friedrich das Riesgrafenamt seinem gleichnamigen Sohn, der nach dem Tod des Vaters auch mit der Pfalzgrafenwürde belehnt wurde. Er heiratete eine Tochter des Grafen Walter im Filsgau, wohl mit Namen Adelheid, und gelangte so in den Besitz von Büren, das gemeinhin mit dem heutigen Wäschenbeuren im Kreis Göppingen gleichgesetzt wird.

Der vor ca. 14,5 Millionen Jahren durch einen Meteoriteneinschlag entstandene Rieskrater (ca. 30 km Durchmesser) birgt eine Fülle geologischer und paläontologischer Besonderheiten. Sie werden im Rieskratermuseum in Nördlingen dokumentiert.
Im ehemaligen Herrschaftsgebiet der Fürsten von Öttingen lohnt ein Besuch der mit Führung zugänglichen Schlösser Wallserstein, Oettingen, Baldern und Harburg; sehenswert sind auch die Klosterkirchen in Mönchsdeggingen und in Maihingen (dort auch das Rieser Bauernmuseum).

Auszug aus der um 1153 von Abt Wibald von Corvey aufgestellten Verwandtschaftstafel der ersten drei Generationen des Staufergeschlechts.

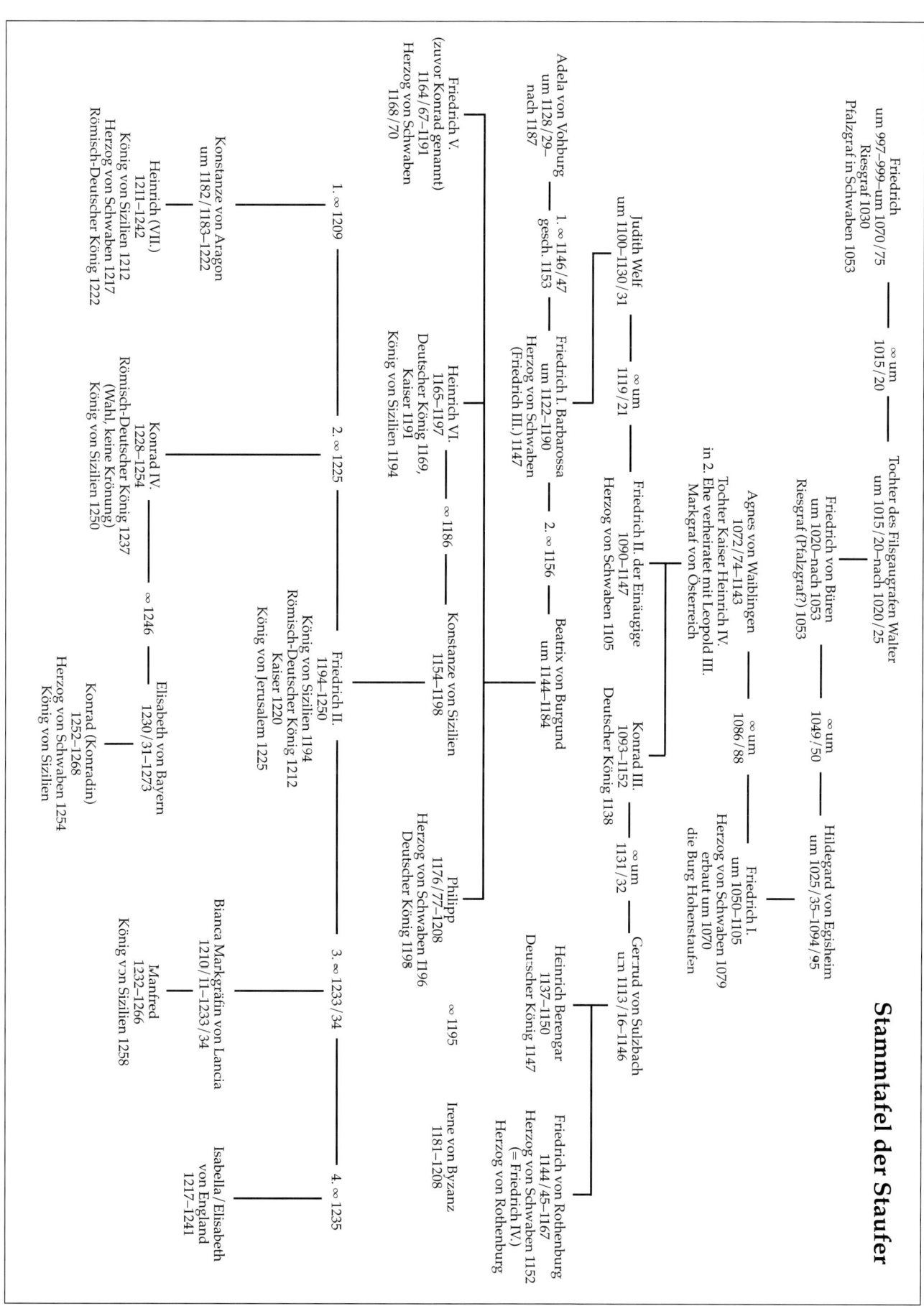

Kaiser Heinrich IV. wird 1077 in Canossa von Papst Gregor VII. im Beisein der Markgräfin Mathilde vom Kirchenbann gelöst.

Skulptur der Tochter Heinrichs IV., Agnes, vom Eingangstor am Südturm der Stiftskirche Klosterneuburg; heute im Stiftsmuseum.

Dieser Friedrich von Büren, wie er in der 1153 von Abt Wibald von Corvey aufgestellten „Tabula consanguinitatis" genannt wird, starb schon wenige Jahre nach seinem Vater, wohl um 1068, und damit zu einer Zeit, als sein eigener ältester Sohn, der um 1050 geborene nachmalige Herzog Friedrich I. von Schwaben, noch zu jung war, um das Pfalzgrafenamt zu übernehmen. Das Amt blieb jedoch in der Familie; neuer Träger wurde Manegold d. Ä. aus der Stifterfamilie des Klosters Anhausen, der Schwager Friedrichs von Büren.

Die Beweisführung Bühlers lässt keinen Zweifel daran, dass die Vorfahren der Staufer das Grafenamt im Ries mindestens über drei Generationen, dazu das hohe Amt des Pfalzgrafen im Herzogtum Schwaben bereits in der zweiten Generation versahen. Damit besaß der Sohn Friedrichs von Büren die besten Voraussetzungen für seine Belehnung mit dem Herzogtum Schwaben im Jahr 1079 durch Kaiser Heinrich IV., der ihm als einem seiner treuesten Gefolgsleute in den schweren Zeiten des Investiturstreits im selben Jahr auch seine Tochter Agnes zur Frau gab.

Aus den „Gesta Friderici", der 1157/58 verfassten Chronik des Bischofs Otto von Freising, geht hervor, dass dieser Friedrich (I.) den vom päpstlichen Bannstrahl getroffenen Kaiser im Jahr 1077 auf seinem berühmten Gang nach Canossa begleitet hatte. Der Kaiser soll dies zwei Jahre später mit folgenden Worten anerkannt und belohnt haben: „Wackerer Mann, den ich vor allen immerdar als den treuesten und tapfersten erfunden habe, du weißt, wie im Römischen Reich die Frevel überhand nehmen, wie durch des Teufels Einwirkung empörerische Verbindungen für heilig gelten, während Gottes Gebot, die Obrigkeit zu ehren, verachtet und mit Füßen getreten wird.

So wie bisher, kämpfe auch künftig gegen dieses verderblichste aller Übel, und als Beweis, wie sehr ich deine früheren Verdienste anerkenne und den künftigen vertraue, gebe ich dir meine Tochter Agnes zum Weibe und das Herzogtum Schwaben zur Mitgift."

Das elsässische Erbe

Auch mütterlicherseits konnte der erste staufische Herzog auf eine erstklassige Ahnenreihe verweisen. Sein Vater Friedrich von Büren hatte um 1045 Hildegard von Schlettstadt, die Tochter des Grafen Gerhard von Egisheim-Dagsburg geheiratet. Sie gehörte einer der vornehmsten Familien des Elsass an. Der Bruder ihres Vaters war Bischof Bruno von Toul, der spätere Papst Leo IX. Hildegard erbte von ihrer Großmutter umfangreichen Besitz im Ober- und Unterelsass, der zu einer der tragenden Säulen der staufischen Hausmacht werden sollte. Von hier aus betrieb vor allem Herzog Friedrich II. von Schwaben, der Vater Barbarossas, seine auf weiteren Zuwachs gerichtete Territorialpolitik.

Hildegard, oft als „Stammmutter der Staufer" bezeichnet, starb 1094 und wurde in dem von ihr gestifteten Kloster St. Fides in Schlettstadt begraben. Neuen Forschungen von Eduard Hlawitschka zufolge war Hildegard von Schlettstadt auch eine Urenkelin König Konrads von Burgund, was ihre vornehme Abstammung eindrucksvoll bestätigt.

Die Herzöge von Schwaben

Das mittelalterliche Herzogtum Schwaben ist in der Völkerwanderungszeit entstanden. Um das Jahr 260 n. Chr. begann der westgermanische Stamm der Alamannen mit der Besiedlung des Gebiets, das von den Römern unter wachsendem Druck geräumt wurde: offensichtlich bot ihnen der vom Main bei Miltenberg über das Remsknie bei Lorch bis zur Donau bei Kelheim verlaufende Limes dort keinen ausreichenden Schutz mehr. In seiner endgültigen Ausdehnung erreichte das alamannische Stammesherzogtum im Westen den Kamm der Vogesen, im Süden die strategisch wichtigen Alpenpässe von Lukmanier und Septimer, im Osten das Lechtal und im Norden – nach heftigen Auseinandersetzungen mit den Franken – eine Linie, die von der Höhe Baden-Badens bis in das Nördlinger Ries verläuft und die bis heute eine lebendige Dialektgrenze bildet. Diese hier grob skizzierte Form behielt das Herzogtum Schwaben bis zum Ende der Stauferzeit bei.

Als Herr dieses wichtigen Bestandteils des Reiches war Friedrich von Staufen von Anfang an nicht unumstritten. Seine Gegenspieler, die Zähringer und die Welfen, saßen südlich der Donau, wobei sich die zähringischen Besitzungen im Breisgau, in der Ortenau und am Oberlauf der Donau zwischen das staufische Kernland und den Besitz im Elsass schoben. Schwerpunkte des ausgedehnten welfischen Allodial- und Lehensbesitzes waren die Gegend um Weingarten/Ravensburg und das Lechtal zwi-

„Totenmaske" aus der St. Fideskirche (Schlettstadt), einer Stiftung der Hildegard von Egisheim-Dagsburg, der Gemahlin Friedrichs von Büren.

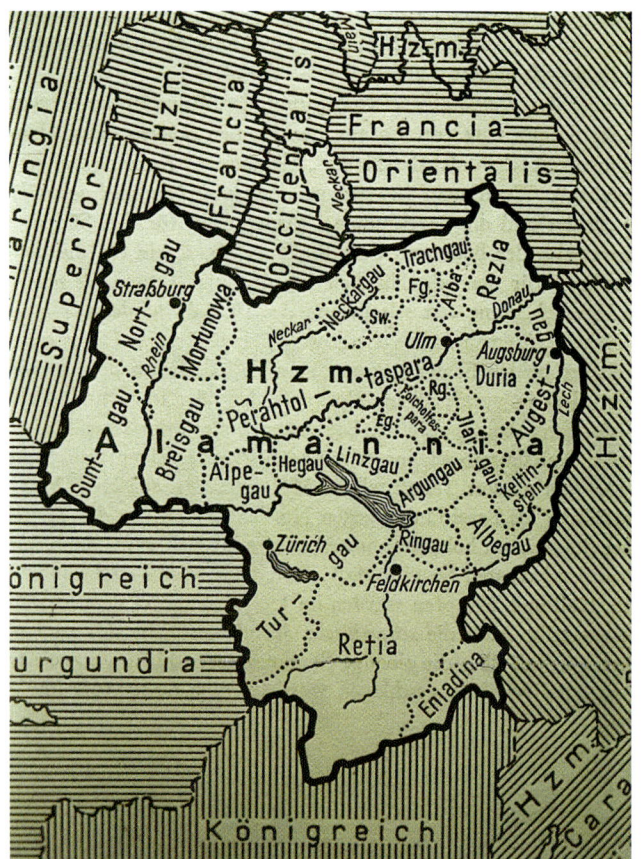

Das Herzogtum Schwaben zur Zeit der Staufer.

schen Augsburg und Füssen. In eine vollends bedrohliche Lage geriet Friedrich, als der seit dem Investiturstreit mehrheitlich antikaiserlich eingestellte schwäbische Adel im Sommer 1092 Berthold II. von Zähringen zum Gegenherzog wählte. Nach heftigen Auseinandersetzungen und langen Verhandlungen gelang es dem Staufer schließlich zwischen 1096 und 1098, sich die Anerkennung seiner Gegner zu verschaffen. Dies war allerdings nur möglich, weil er sowohl den Zähringern als auch den Welfen in ihren Territorien die Ausübung „herzoglicher Rechte" einräumte.

Herzog Friedrich I. von Schwaben war nach dem Urteil eines Zeitgenossen ein „durch Klugheit, Tugend und Adel ausgezeichneter Mann". Er starb 1105 – in der ersten Jahreshälfte – und wurde in Lorch begraben. Seine Witwe, die salische Kaisertochter Agnes, heiratete 1106 Leopold III. (den Heiligen) von Babenberg, der von 1095 bis 1136 das Amt des Markgrafen von Österreich innehatte. Die Babenberger verdankten dieser Verbindung die Belehnung mit dem 1156 von Bayern abgetrennten und zum Herzogtum erhobenen Österreich. So verwundert es nicht, dass einer der Söhne Leopolds III. und der Agnes, Bischof Otto von Freising, zum Biografen Kaiser Friedrich Barbarossas wurde und den Taten seines Neffen einen leuchtenden Glorienschein verlieh.

Dem 1105 verstorbenen ersten staufischen Schwabenherzog war sein gleichnamiger Sohn Friedrich, der „Einäugige" genannt, im Amt gefolgt, dem spätere Chronisten Entschlussfreudigkeit und Tatkraft nachsagten. Ihm ging es hauptsächlich um die Festigung der staufischen Hausmacht in Innerschwaben und in seiner Lieblingsregion, dem Elsass, das er mit einem Netz von Burgen überzog und wo er seit 1119 als „Dux Alsatiae" zahlreiche Urkunden besiegelte. Mit dem letzten Salierkaiser, Heinrich V., seinem Onkel, pflegte er das beste Einvernehmen und wurde von ihm mehrfach zum Reichsverweser bestellt. Seine Heirat mit der Welfin Judith, der Tochter des Herzogs Heinrich des Schwarzen von Bayern, um das Jahr 1120, führte zu einer – nur kurzen – Aussöhnung der beiden einflussreichsten Familien Schwabens. Schon als nach dem Tod des Kaisers 1125 die antisalische Partei den Sachsenherzog Lothar von Supplinburg zum Nachfolger wählte, schlossen sich auch Welfen und Zähringer diesem Votum an. Herzog Friedrich II. und sein Bruder Konrad konnten ihre Erbansprüche dagegen nicht durchsetzen. So kam es zu heftigen Auseinandersetzungen im süddeutschen Raum, in deren Verlauf Herzog Heinrich von Bayern 1134 die staufische Pfalz Ulm eroberte. Diese schmachvolle Niederlage

Herzog Friedrich II. (der Einäugige) von Schwaben (1090–1147). Kolorierter Kupferstich von Johann Sebald Baumeister, 1811.

Die „Weiber von Weinsberg", Kupferstich, 19. Jahrhundert.

wurde erst wettgemacht, als nach dem Tod Lothars III. am 7. März 1138 nun doch der Staufer Konrad III. zum Deutschen König erhoben wurde: er führte im Dezember 1140 eine erfolgreiche Belagerung der welfischen Feste Weinsberg durch, nach deren Kapitulation er den dort eingeschlossenen Frauen großmütig gestattete, ihre Männer auf dem Rücken in die Freiheit zu tragen.

Friedrich II., der Einäugige, blieb auch nach der Wahl seines um drei Jahre jüngeren Bruders Konrad zum König (1138) Herzog von Schwaben und stand Konrad loyal zur Seite. In der Wahrnehmung seiner herzoglichen Aufgaben unterstützte ihn mit zunehmendem Alter sein Sohn, ebenfalls Friedrich genannt (der spätere Barbarossa). Dieser trat am 6. April 1147 – nach dem Tod des Vaters – als Friedrich III. dessen Amt an und beteiligte sich sogleich an dem von seinem Onkel, König Konrad III., geführten Zweiten Kreuzzug.

Konrad hat Herzog Friedrich III. selbst als seinen Nachfolger ausersehen, was nach dem Zeugnis des Chronisten Otto von Freising in dem Umstand begründet war, dass Konrads III. eigener Sohn Friedrich noch minderjährig war, als der König am 15. Februar 1152 in Bamberg starb. Dass Herzog Friedrich III. bereits am 4. März desselben Jahres in Frankfurt zum römisch-deutschen König gewählt und wenige Tage darauf, am 9. März, in Aachen gekrönt wurde, könnte zu der Vermutung Anlass geben, der Schwabenherzog habe den Sohn des Königs von seiner Anwartschaft auf die Thronfolge bewusst verdrängt und ihn mit dem Herzogtum Schwaben „abgefunden". Tatsache ist, dass Friedrich IV. nach 1160 auch in dieser Position mehr und mehr geschwächt wurde, so dass er im weiteren Verlauf seines Lebens – er fiel 1167 vor Rom einer Seuche zum Opfer – nur mehr den Titel eines „Herzogs von Rothenburg" führte. Damit hatte Kaiser Friedrich I. Barbarossa sein Ziel erreicht, das Herzogtum Schwaben als „Königsland" direkt in seine Herrschaft einzubinden und dessen Ende als eines der großen Stammesherzogtümer einzuleiten.

Das Land um den Hohenstaufen

Die Burg Staufen

Die im Auftrag Kaiser Friedrich Barbarossas von Abt Wibald von Stablo und Corvey um 1153 aufgezeichnete Verwandtschaftstafel über drei Geschlechtergenerationen enthält bei dem 1079 zum Herzog ernannten Friedrich I. die Bemerkung „der die Burg Staufen gründete".

Der rundum steil abfallende Bergkegel – umgedreht mit der mittelalterlichen Becherform eines „Stauf" vergleichbar – forderte zum Bau einer großen zentralen Wehranlage geradezu heraus. Dennoch gibt es nur wenige sichere Belege, die einen Bezug der Burg zu Angehörigen der Herrscherfamilie herzustellen erlauben.

So weilte Kaiser Friedrich I. Barbarossa einer am 25. Mai 1181 „in castro Stoufen" ausgestellten Urkunde zufolge mindestens dieses eine Mal auf der schwäbischen Herzogsburg. Barbarossa verordnete in diesem Dokument, dass der jeweilige Herr von Staufen gleichzeitig Vogt des Klosters Adelberg sein solle. Da Friedrich I. im Jahr 1188 bei der Weihe des Hochaltars der Adelberger Klosterkirche zugegen war, ist anzunehmen, dass er auch damals wieder auf dem Hohenstaufen einkehrte. Schließlich ist für das Jahr 1154 ein Aufenthalt Barbarossas in Göppingen belegt, was zweifellos auch zu einem Besuch der staufischen Stammburg geführt hat.

Zu den erschütterndsten Zeugnissen, durch die das staufische Kaisergeschlecht zu seinem Stammland in unmittelbare Beziehung tritt, gehört die Urkunde, welche die Gemahlin König Philipps von Schwaben kurz nach dessen Ermordung am 23. Juni

Der Hohenstaufen, nach Ludwig Uhland „aller schwäb'schen Berge schönster". Im Hintergrund der Hohenrechberg.

1208 auf der Burg Hohenstaufen ausfertigte. Die Königin, als Irene von Byzanz in die mittelalterliche Geschichte eingegangen und von dem Minnesänger Walther von der Vogelweide als „Rose ohne Dorn und Taube sonder Gallen" gepriesen, übereignete in diesem Dokument für das Seelenheil ihres Gemahls einen ihr gehörenden Hof in Oberesslingen dem Kloster Adelberg. Irene war nach der Bluttat von dem Grafen Ludwig von Württemberg auf die Burg Hohenstaufen gebracht worden und sah dort ihrer Niederkunft entgegen; sie starb jedoch an den Folgen der Geburt am 28. August 1208, ihr Leichnam wurde im Kloster Lorch bestattet.

Nach dem Untergang der Staufer bemächtigten sich die Grafen von Württemberg im sogenannten Interregnum der herrenlos gewordenen Reichsburg und setzten gegen harte Widerstände zu Beginn des 14. Jahrhunderts die rechtmäßige Anerkennung des neuen Besitztums durch. Burg, Dorf und Amt Hohenstaufen wurden nun von württembergischen Vögten verwaltet. Strategisch verlor die Burg immer mehr von ihrer einstigen Bedeutung, so dass die dem Burgvogt unterstellte Mannschaft nach und nach so weit zusammenschmolz, dass keine wirkungsvolle Verteidigung mehr möglich war. Dies zeigte sich am 29. April 1525, als an die 300 Bauern unter ihrem Anführer Jörg Bader aus Böblingen vor die Burg Hohenstaufen zogen und deren Mauern im zweiten Ansturm überwanden. Über dieses verhängnisvolle Ereignis, durch welches das Schicksal der Burg besiegelt wurde, berichtete der damalige Obervogt zu Göppingen, Jakob von Bernhausen, mit knappen, in wilder Hast auf ein Blatt Papier hingekritzelten Worten an seinen Schwager von Hartsperg. In dem Schreiben heißt es u. a.: „... Und füg Dir zu wissen, dass uf heut Samstag morgens frie etlich von dem Huffe zu Lorch für Staufen kummen und angeloffen, gestyrmt und wie wol Hans Michel Rys sambt andern, so von Knecht bey ihm gewest, ain Sturm behalten, haben sich doch die Buren gestärckt und wider zuzogen ..." Der in dem Brief erwähnte Hans Michel Rys war der vom seinerzeit abwesenden Burgherrn Jörg Staufer von Bloßenstaufen bestellte Kommandant der Feste, Hans Michael Reuß von Reußenstein zu Filseck. Er entkam noch rechtzeitig den andrängenden Bauern, wobei er durch die Kanonen, die zur Deckung seiner Flucht unter dem Burgtor abgefeuert wurden, schwere Verbrennungen erlitt.

Ein um das Jahr 1490 entstandenes, erst 1938 in der südlichen Eingangshalle der Göppinger Oberhofenkirche entdecktes Detail auf einem großen Stifterinnenfresko überliefert glücklicherweise ein Bild der noch intakten Anlage. Es unterscheidet sich vom Gründungsbau allerdings in Teilen.

Man mag es als besonderen Glücksfall bezeichnen, dass nur etwa 10 Jahre nach der Zerstörung der Burg Hohenstaufen in Ulm als Beweisunterlage zu einem Geleitsstreit mit dem Herzogtum Württemberg ein ca. 3,5 Meter breites Panoramabild der Filstallandschaft zwischen Geislingen und Göppingen als aquarellierte Tuschzeichnung angefertigt wurde. Auf ihm ist die Ruine der Stauferburg in allen Einzelheiten wiedergegeben. So ist deutlich zu erkennen, dass die hohe Mantelmauer samt dem ziegelgedeckten Wehrgang dem Sturm der Bauern mindestens an der Südseite der Anlage widerstanden hat, dass der mächtige Bergfried seines Fachwerkaufsatzes beraubt und anscheinend mit einem Notdach versehen wurde, der niedrige Turm im Westen dage-

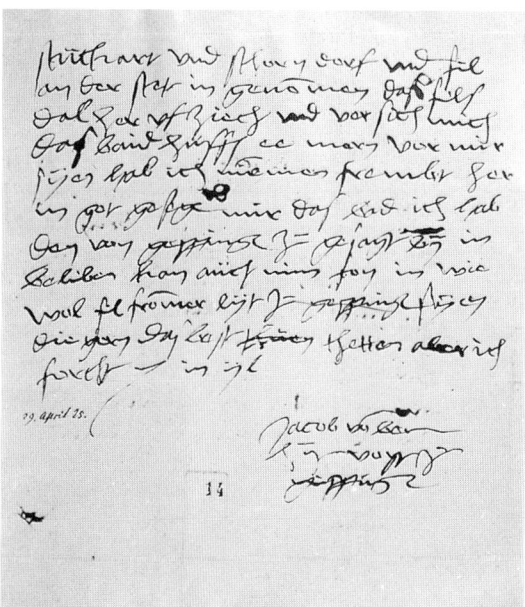

Bericht des Göppinger Obervogts Jakob von Bernhausen über die Zerstörung der Burg Hohenstaufen am 29. April 1525 durch die Bauern.

gen erhalten blieb. Das rechts vom Bergfried sichtbare Türmchen gehörte wohl zum Torbau.

Kurz nach der Mitte des 16. Jahrhunderts ordnete Herzog Christoph von Württemberg an, dass die Steine der Stauferburg zur Errichtung des Schlosses in Göppingen verwendet werden sollten. In der Folgezeit wurden klaffende Lücken in die aus schön behauenen Quadern erbauten Mauern gerissen, und die Bauern der ganzen Umgebung leisteten ungezählte Fronfuhren, um das relativ billige Baumaterial vom Berg herab nach Göppingen zu transportieren.

Dass der Abbruch der umfangreichen Ruine auch noch am Ende des 16. Jahrhunderts andauerte, bezeugen die Eintragungen im Tagebuch des Tübinger Historikers Professor Martin Crusius, der im Jahr 1588 dem Hohenstaufen einen Besuch abstattete: „Als wir unten am Berge unter einem Lindenbaum ein wenig ausgeruht hatten, führte uns der Dorfpfarrer, M. Johann Maier, auf dieses uralte und sehr berühmte Schloß. Ich hoffte, noch etwas gemahltes daselbst zu sehen, als einen römischen Adler oder die Wappen der Schwäbischen Hertzoge. Aber diese sind weiland gewesen; jetzt war nichts zu sehen, als bloße Mauern und Thürme, ohne Ziegel und Holtz. Lieber Gott, soll eine so große Herrlichkeit der mächtigsten Fürsten und Monarchen zu einem so scheußlichen Anblick gediehen seyn? Kein Kayser, kein Fürst, ist mehr da, keine Hofleuthe, keine Ritter, keine griechische Irene, keine andere Kayserin, keine Hertzogin, keine Frauenzimmer, keine Geräusche

Die älteste Ansicht der Burg Hohenstaufen auf dem Stifterinnenfresko in der Göppinger Oberhofenkirche, um 1490.

Die Hohenstaufenburg, 10 Jahre nach ihrer Zerstörung im Bauernkrieg. Ausschnitt aus dem „Filstalpanorama" von 1535.

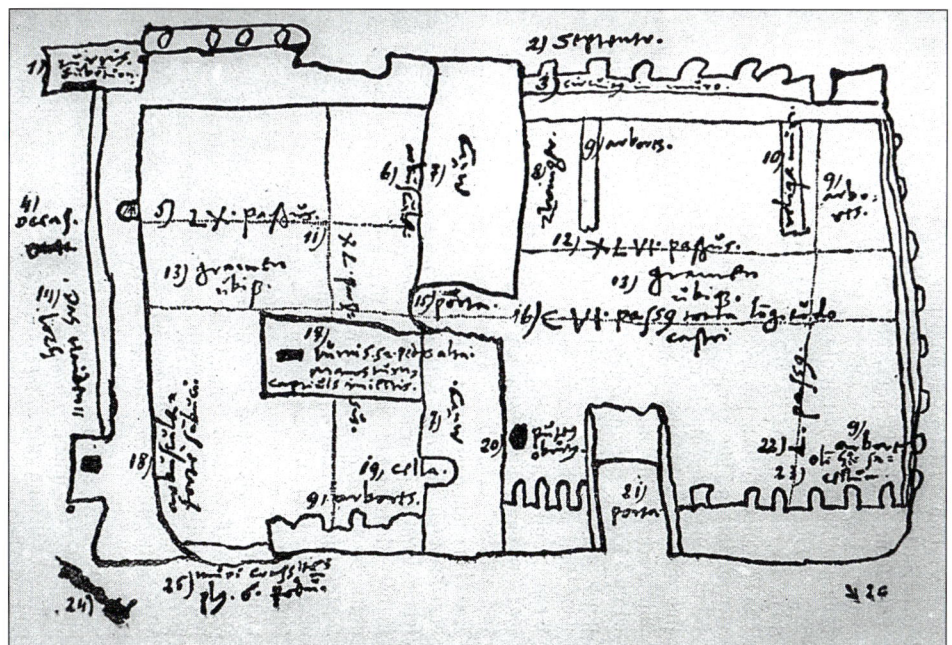

Grundrissskizze des Tübinger Professors Martin Crusius von der Ruine der Burg Hohenstaufen, 1588.

mehr der Menschen, keine Trommete höret man weit und breit erschallen. Alles ist verschwunden, wie ein Rauch, alles ist hinweg geflogen, wie ein Vogel. Ein Bauernschultheiß hat jetzt die Schlüssel zu dem Thor, welches vor Alter fast wurmstichig ist, er mähet das Graß, so im Schloßhof hoch stehet. Der Holderbaum wächst da und dort in den Winckeln. Auch was noch heutigs Tags von Mauern übrig ist, wird nach und nach weniger, da die Steine zu andern Gebäuden nach Göppingen geführt werden. Wir waren bey zwey Stunden in dem Schloß, wir betrachteten alles fleißig mit den Augen und mit einer Erbarmung über das menschliche Elend. Daher ich auch das Lied gesungen ‚Mag ich Unglück nicht widerstahn' und M. Eusebius schoß über die Maur sein Gewehr ab, anstatt eines Abschieds, da wir wieder herunter gehen wollten."

Neben dieser detaillierten Beschreibung hinterließ Martin Crusius drei flüchtig hingeworfene, aber dennoch instruktive Skizzen der Burgruine. Von besonderer Bedeu-

Ruine und Dorf Hohenstaufen nach einem Aquarell von Andreas Kieser, 1686.

Der Gipfel des Hohenstaufen mit den ausgegrabenenen Grundmauern der Burganlage in einer Luftaufnahme.

tung ist der Grundriss, weil auf ihm nicht nur eine ganze Reihe vorhandener Gebäudereste, das Burgtor und die beiden schon auf den Darstellungen von 1449 und 1535 besonders hervortretenden Türme eingetragen sind. Man erfährt aus dieser Skizze auch, dass der Hauptturm der Burg als „Mannsturm", der schwächere Turm an der Westflanke des Berges als „Bubenturm" bezeichnet wurde. Deutlich treten diese beiden Türme auch auf der von Süden gesehenen Ansichtsskizze hervor, während auf dem von Westen aufgenommenen Bild nur der Bubenturm sichtbar ist.

Die nächste und zugleich letzte Abbildung des befestigten Hohenstaufen stammt aus der Reihe jener berühmten Ortsansichten, die den zwischen 1680 und 1688 entstandenen Forstlagerbüchern des württembergischen Kriegsrats Andreas Kieser beigegeben sind. Hier ist noch ein großer Teil der zinnenbewehrten Ringmauer zu erkennen; der Mannsturm steht, an der Lage des deutlich erkennbaren alten Zugangs gemessen, noch bis zu einer Höhe von etwa 10 Metern. Kaum 50 Jahre nach der Entstehung dieses Bildes trugen 1736/37 die Soldaten Herzog Karl Alexanders die Ruinen auf dem Hohenstaufen bis auf wenige unbedeutende Mauerreste ab. Sie planierten den Berggipfel, um Platz für eine große Festungsanlage zu schaffen, deren Bau infolge des frühen Todes des Herzogs jedoch unterblieb.

Heute findet der Besucher des Hohenstaufengipfels nur noch spärliche Reste der einstigen Herzogsburg. Sie sind Resultate der Ausgrabungen, die in den Jahren 1936 und 1938, sowie von 1967 bis 1971 von den staatlichen Denkmalbehörden durchgeführt wurden. Die dabei aufgedeckten Grundmauern des Mannsturms, des Palas' und der Toranlage wurden in ihrem Bestand gesichert und durch werkgerechte Aufmauerung in ihrem Verlauf und ihrer einstigen Funktion verdeutlicht.

Die Grablege Kloster Lorch

Die erste urkundliche Nennung des Klosters Lorch im Remstal geht auf den 3. Mai 1102 zurück, als Herzog Friedrich I. von Schwaben, seine Gemahlin Agnes und seine beiden Söhne Friedrich und Konrad es dem Heiligen Stuhl in Rom übergaben. Diese Übergabe entsprach dem Wunsch und Willen des Vaters des Herzogs, Friedrich von

Büren. Er war 1094 gestorben, was zu der Annahme berechtigt, dass er das Kloster bereits um 1090, wohl anstelle einer älteren Wehranlage, gegründet hatte.

Der These, die Gründung und Besiedlung Lorchs sei von dem kluniazensischen Reformkloster Hirsau im Schwarzwald aus erfolgt, wird in neuerer Zeit mit guten Gründen widersprochen: Es ist nicht gut vorstellbar, dass einer der verlässlichsten Gefolgsleute Kaiser Heinrichs IV., der zum damaligen Zeitpunkt im unversöhnlichen Widerstreit zur römischen Kirche stand, sein Hauskloster mit Mönchen aus dem antikaiserlich eingestellten „gregorianischen" Hirsau besetzt hätte. Dagegen spricht auch, dass der erste Lorcher Abt Harbert vor seiner Berufung im Jahr 1102 die Klöster Comburg, Metz und Maria Laach durchlief, die damals der lothringischen Kongregation Gorze nahe standen; sie unterhielt zum Kaiser ein ausgesprochen gutes Verhältnis.

Seine Bestimmung, Grablege des staufischen Hauses zu werden, erfüllte Lorch nur in einem begrenzten Umfang. Keiner der Kaiser und Könige der Familie fand dort seine letzte Ruhestätte. Lediglich der im Alter von 11 Jahren zum König gewählte und vor seinem Vater verstorbene Sohn Konrads III., Heinrich (1137–1150), liegt sicheren Zeugnissen zufolge in Lorch begraben; über die Begräbnisstätte seiner Mutter, Gertrud von Sulzbach, ist die Quellenlage widersprüchlich. Eindeutig belegt ist Lorch als Ruhestätte der Gemahlin König Philipps von Schwaben, Irene von Byzanz, die am 28. August 1208 in der Burg Staufen gestorben war.

Kloster Lorch im Remstal, 1102 gestiftet und zur Grablege des Staufergeschlechts bestimmt.

Das Stifterpaar des Klosters Lorch, Herzog Friedrich I. und seine Gemahlin Agnes. Kolorierter Kupferstich von Johann Sebald Baumeister, 1811.

Wessen sterbliche Überreste die drei Lorcher Grüfte insgesamt umschlossen, ist nicht mehr exakt zu ermitteln. Der Klosterstifter, Herzog Friedrich I., wurde nach seinem Tod im Jahr 1105 zunächst in der im Tal gelegenen Stiftskirche begraben; seine Gebeine kamen erst 1140 in die Klostergruft. Dass auch seine Gemahlin Agnes in Lorch bestattet wurde, ist nicht wahrscheinlich, heiratete sie nach dem Tod des Staufers doch den Markgrafen Leopold III. von Österreich aus dem Hause Babenberg. Als ihre Ruhestätte gilt Klosterneuburg bei Wien.

Mit einiger Sicherheit kann Lorch als Begräbnisplatz der Mutter Barbarossas, der Welfin Judith, und seines früh verstorbenen Sohnes Konrad gelten.

Dem sogenannten „Roten Buch", das in Lorch gegen Ende des 15. Jahrhunderts unter Verwendung älterer Archivalien angelegt wurde, ist zu entnehmen, dass Abt Nikolaus Schenk von Arberg im Jahr 1475 anlässlich der Erweiterung der Klosterkir-

Tumba von 1475 im Mittelschiff der Lorcher Klosterkirche.

Blick in das romanische Mittelschiff des Langhauses der Lorcher Klosterkirche.

che die Gebeine aus den Staufergräbern „wieder geborgen und darüber einen skulptierten Stein durch einen Künstler von Göppingen gesetzt" hat. Diese spätgotische Tumba steht noch heute im Langhaus der Klosterkirche. Ihre mächtige Deckplatte schmückt das nahezu vollplastisch ausgeführte Relief des schwäbischen Herzogswappens mit den drei schreitenden Löwen. Es wird von zwei Engeln gehalten, als seine Helmzier breitet ein Adler seine gewaltigen Schwingen aus. Den abgefasten Rand der Steinplatte umläuft ein Schriftband mit dem erläuternden Text:

„Anno MCII wart diß closter gestift
Hie lit begraben herzog fridrich von swaben
Er und sin kind dieß closters stiffter sind
Sin nachkimling ligent och hie by
Got in allen gnadig sy
Gemacht im 1475 jar in gloriam deo."

Das Langhaus der Kirche des einstigen Klosters Lorch ist ohne Zweifel das eindrucksvollste Monument staufischer Baukunst im Stammland des Geschlechts. Der Blick aus dem Chor nach Westen vermittelt bis heute das Bild jener schlichten, fünf Joche umfassenden Pfeilerbasilika aus der ersten Hälfte des 12. Jahrhunderts, deren Vierung im frühen 13. Jahrhundert durch reich ornamentierte Kämpferkapitelle besonders hervorgehoben wurde. Langobardische Flechtbänder und Blattfriese zeugen in Verbindung mit fantastischen Tier- und Menschendarstellungen von der Schmuckfreude der spätromanischen Epoche. Die Chorpartie der Klosterkirche wurde um 1470 im spätgotischen Stil neu aufgeführt; weitgehend unverändert erhalten blieb dagegen das vom Langhaus durch einen weitgespannten Rundbogen getrennte Westwerk, dem, ähnlich wie in Maria Laach, ursprünglich noch ein sogenanntes „Paradies" vorgelagert war. Von den beiden Rundtürmen, die die Westfassade flankieren, ist der nördliche längst völlig verschwunden, der südliche, Marsiliusturm genannt, wurde 1881 auf 11 m hohen alten Fundamenten zur ursprünglichen Höhe aufgeführt.

Die staufische Epoche ist an der Lorcher Klosterkirche nicht nur an ganz wesentlichen Teilen der Architektur ablesbar, sie gewinnt darüber hinaus recht einprägsam Gestalt in der monumentalen Bildnisreihe an den Langhauspfeilern. Abt Nikolaus Schenk von Arberg ließ die Porträts der Angehörigen des staufischen Hauses – beginnend mit dem Stifterpaar Friedrich und Agnes, endend mit dem 1268 in Neapel hingerichteten Konradin – wohl in der zweiten Hälfte des 15. Jahhunderts anbringen. Sie wurden später stark übermalt und präsentieren sich heute als fürstliche Gestalten der Renaissancezeit. Dennoch vermag man sich dem fast feierlichen Eindruck nicht zu entziehen, der von jener stummen Reihe staufischer Herzöge, Könige und Kaiser ausgeht, die von den schweren Pfeilern ihrer Grabeskirche auf den mitten im Langhaus stehenden steinernen Sarkophag herabblicken.

Der Burgenkranz um die Stammburg

Den ersten Rang unter den staufischen Ministerialen bekleideten die Herren von Rechberg. Unter dem Stauferkönig Konrad III. übten Herren von Schüpf wichtige Funktionen im schwäbischen Herzogtum aus; ihrem Familienkreis entstammten wohl auch die Rechberger. Urkundlich fassbar wird das Geschlecht erstmals im Jahr 1179 mit Ulrich von Rechberg, dessen hervorragende Stellung unter den schwäbischen Rittern in der Übertragung des einflussreichen Marschallamts zum Ausdruck kommt. Diese Würde ging dann auf seinen Sohn Hildebrand über; wie sein Vater tritt auch er in zahlreichen Urkunden der Staufer als Zeuge auf. Mit Hildebrands Bruder Siegfried besetzte einer der frühen Rechberger den wichtigen Stuhl des Bischofs von Augsburg; er fand im Gefolge Friedrichs II. 1227 in Apulien den Tod. Der rasche Aufstieg ihres Hauses scheint es den Rechbergern ermöglicht zu haben, ihre schon vor 1179 existierende **Burg Hohenrechberg** in den ersten Jahrzehnten des 13. Jahrhunderts grundlegend umzugestalten. Jedenfalls datiert das älteste Mauerwerk der imposanten Ruine aus der Zeit des Marschalls Hildebrand, von dem es zwischen 1194 und 1231 schriftliche Belege gibt. An der Innenburg läßt sich die staufische Buckelquadertechnik geradezu exemplarisch studieren; besonders eindrucksvoll ist die wie ein Schiffsbug hoch aufragende westliche Wand des Palas.

Die Ruine Hohenrechberg befindet sich in Privatbesitz und ist gegen Eintrittsgeld zugänglich. Auf dem zweiten, 707 m hohen Gipfel des Berges steht die 1686/88 erbaute Wallfahrtskirche zur „Schönen Maria".
In Schwäbisch Gmünd sollte man – neben der Johanniskirche – das gotische Heiligkreuzmünster die größte Hallenkirche Süddeutschlands, besuchen; ferner die Franziskaner- und die Augustinerkirche sowie das bedeutende Museum im „Prediger".

Von hohem baulichem Reiz ist die den Burgzwinger nach Norden abschließende Wand mit ihren sieben Rundbogenfenstern, die sich nach innen verengen, und – als einzigem Schmuckelement – einem schmalen gekuppelten romanischen Doppelfenster mit einfachen Zierformen.

Die erstaunliche Tatsache, dass die Burg Hohenrechberg im Laufe der Jahrhunderte nie gewaltsam zerstört wurde und erst am 6. Januar 1865 einem Blitzschlag zum Opfer fiel, brachte es mit sich, dass die staufische Kernanlage mehrfach umgebaut und erweitert wurde. Stattliche, teilweise noch vollkommen erhaltene Teile legen davon Zeugnis ab. Burg Hohenrechberg befand sich bis vor wenigen Jahren im Besitz des Hauses Rechberg. Die Familie verstand es, nach dem Untergang der Staufer eine zielbewusste Territorialpolitik zu treiben und nach und nach die meisten ritterschaftlichen Burgsitze um den Hohenstaufen zu erwerben. Dies führte zur Aufspaltung in mehrere Haupt- und Nebenlinien. Stets fand man Angehörige des Hauses im Dienst von Kaiser und Reich, eine Tatsache, die 1607 durch die Erhebung des Geschlechts in den Reichsgrafenstand anerkannt wurde.

Die gut erhaltene Ruine der Burg Hohenrechberg und der Hohenstaufen.

Zu den eindrucksvollsten erhaltenen Details der Ruine Hohenrechberg zählt eine Reihe rundbogiger Fensterarkaden, die in ein vorzüglich bearbeitetes Buckelquadermauerwerk eingelassen sind.

Die **Burg Staufeneck** war eine wichtige Bastion in dem Fortifikationsgürtel, der planmäßig um die Herzogsburg Staufen herum angelegt wurde. Von einem der südlichen Ausläufer des Rehgebirges aus beherrschte sie die wichtigen Fernwege durch das Fils- und Lautertal. Herren von Staufeneck treten erstmals 1257 urkundlich auf. Der Name kennzeichnet sie als Angehörige der Burgmannschaft der Reichsburg.

Die Burg ist auch in ihrem heutigen ruinösen Zustand ein vorzügliches Beispiel einer staufischen Ministerialenburg. Sie wird beherrscht von dem runden Bergfried, der sich bis zu einer Höhe von 26,60 m erhalten hat und als Landmarke weithin erkennbar ist. Aus Donzdorfer Sandstein gefügt, demonstriert er geradezu virtuos die hohe Kunst des spätstaufischen Buckelquaderbaus der Zeit um 1210/20. Diese Zeitstellung ergibt sich auch aus den zahlreichen, hier wie in Faurndau auftretenden identischen Steinmetzzeichen. Auch die teilweise achteckig ausgeformten Innenseiten des Turms überraschen durch ihre sorgfältige Behandlung der Oberflächen.

Neben dem Bergfried stehen noch die steinernen Sockelgeschosse des einst wesentlich höheren Palasbaus, der ebenfalls um 1200 errichtet wurde und im Unterschied zu dem erst um 1500 an der westlichen Hangkante erstellten Neubau das „Alte Schloss" genannt wird. Die noch erkennbaren Geschosseinteilungen, Fensternischen und ein Kaminschacht vermitteln eine Vorstellung von der Wohnlichkeit dieses staufischen Burgsitzes, der erst seit etwa 1830 abgängig ist.

Ihre Besitzgeschichte führte die Burg nach dem Niedergang derer von Staufeneck um 1333 in die Hände des Hauses Rechberg, dessen Nebenlinie „Rechberg zu Staufeneck" 1599 ausstarb. Über verschiedene Herrschaften kam Staufeneck 1665 an Ferdinand von Degenfeld. Die in Eybach beheimatete gräfliche Familie war bis in die jüngste Zeit Eigentümerin der Ruine.

Auf einem das Fils- und Lautertal beherrschenden Sporn des Rehgebirges liegen die Reste der einstigen Ministerialenburg Staufeneck.

Der aus sorgfältig behauenen Buckelquadern aus Donzdorfer Sandstein errichtete Bergfried der Burg Staufeneck zählt mit über 30 Metern Höhe zu den bemerkenswertesten Turmbauten der Stauferzeit.

Für Wanderer empfiehlt sich der Weg von Donzdorf (mit dem ehemaligen Rechbergschen Schloss, heute Rathaus, und der Martinskirche) – über die Burgruine Staufeneck (lohnende Aussicht; gehobene Gastronomie) – zum Schloss Ramsberg (Privatbesitz) – und wieder zurück nach Donzdorf.

Als Bauherr der **Burg Ramsberg** kommt um 1230 Ulrich von Plochingen, Reichsvogt auf der Achalm, in Frage; 40 Jahre später ist die Burg als Besitztum des Reichsministerialen Konrad von Plochingen eindeutig belegt. Wohl im Erbgang fiel sie 1328 an die Herren von Rechberg, kam 1528 an die Pappenheimer und ging anschließend durch eine Reihe adeliger Hände, bis sie 1805 wieder an Rechberg fiel und erst 1972 in Privatbesitz überging.

Der Nachweis von Buckelquadern bis etwa einen Meter unterhalb der Trauflinie des Wohngebäudes beweist, dass dieses nicht, wie vielfach angenommen, um die Mitte des 16. Jahrhunderts neu errichtet wurde. Vielmehr stecken in dem Bau noch wesentliche Teile des staufischen Palas, dem um 1420–1450 ein Fachwerkgeschoss aufgesetzt wurde und der in der zweiten Hälfte des 16. Jahrhunderts schließlich sein heutiges Aussehen erhielt. Grabungen im Burghof widerlegten auch die Behauptung, der Bergfried des Ramsberg sei 1830 abgebrochen worden. Das völlige Fehlen eines Fundaments läßt nur den Schluss zu, dass ein Bergfried niemals vorhanden war und dass es sich bei dem auf dem Filstalpanorama von 1535 deutlich erkennbaren Turm um einen verhältnismäßig schwachen Mauerturm nahe dem Burgtor handelt. Beachtung fanden die 1994 erstmals veröffentlichten bauhistorischen Untersuchungen von Stefan Uhl zum Alter des „Dürnitzgewölbes" im Untergeschoss des Steinhauses. Die auf vier mächtigen achteckigen Tragepfeilern ruhende Halle – bisher in das 13. Jahrhundert datiert – scheint demnach erst der 2. Hälfte des 16. Jahrhunderts anzugehören.

Das zwischen 1560 und 1580 erbaute Steinhaus der Burg Ramsberg bewahrt nur noch wenige Hinweise auf den stauferzeitlichen Vorgängerbau.

Von Süden das Lautertal beherrschend, zählte die **Burg Scharfenberg** zusammen mit Staufeneck und Ramsberg zu den wichtigen Kontrollstationen des mittelalterlichen Fernwegs zur Donau, der am Messelberg den Albtrauf überwindet.

In einer am 8. Januar 1156 von Kaiser Friedrich Barbarossa für das Kloster Maulbronn ausgestellten Urkunde treten Otto, Friedrich und Berthold von Scharfenberg als Zeugen auf; 1194 wird ein Gottfried von Scharfenberg erwähnt. 1309 war die Burg im Besitz Albrechts I. von Rechberg zu Hohenrechberg, der dort damals von Eberhard von Staufeneck und Ulrich von Helfenstein überfallen und seiner Pfandbriefe beraubt wurde. 1379 gelangte die Linie Rechberg-Illereichen endgültig in den Besitz der Burg. Sie blieb auch nach der Familienteilung von 1426 Herrschaftssitz; erst nach dem Bau des Neuen Schlosses im Jahr 1568 verlegte Hans III. von Rechberg die Residenz nach Donzdorf. Scharfenberg blieb Sitz eines Burgvogts und eines Kaplans. Nach mehreren Blitzschlägen wurde die Burg 1826 verlassen und dem Verfall preisgegeben.

Dennoch ist sie – vor allem auch dank der umfangreichen Sanierungsmaßnahmen des jetzigen Besitzers – ein gutes Beispiel für eine mittelalterliche Höhenburg. Das an die Nordseite der Burghots angrenzende, nahezu rechteckige Hauptgebäude ist im 15. Jahrhundert teilweise unter Einbeziehung der staufischen Anlage entstanden; die aus diamantierten Buckelquadern errichtete Ostwand belegt das eindrucksvoll. Von dem kleineren spätgotischen Südbau ist lediglich die nördliche Giebelwand erhalten. Der zwischen den beiden Gebäuden gelegene Turm wird heute zeitweise bewohnt.

In Sichtweite des Hohenstaufen liegt nordöstlich der Gemeinde Wäschenbeuren auf einem in das Beutental vorstoßenden Bergsporn das **Wäscherschloss**. Die wehrhafte Anlage zählte einst zur Herrschaft Büren, welche der Vater des ersten staufischen Herzogs, Friedrich von Büren, der mutmaßliche Gründer des Klosters Lorch, innehatte. Sie als „Wiege der Staufer" zu bezeichnen, ist zumindest im Hinblick auf die Bausubstanz der erhalten gebliebenen Anlage unrichtig. Während der staufischen Epoche zweifellos im Besitz der Herzogs- und Königsfamilie, setzen die urkundlichen Belege über das Wäscherschloss erst in nachstaufischer Zeit ein: 1271 erwarb ein Ritter Konrad, genannt Wascher, ein Gut in Büren.

An der Burgruine Scharfenberg blieb aus der Stauferzeit nur ein mit Buckelquadern aufgeführtes Mauerstück an der Ostseite erhalten.

Die Burg Wäscherschloss schützt Palas und Hof durch einen nahezu 10 m hohen Mauermantel; ein Musterbeispiel stauferzeitlicher Buckelquadertechnik aus der Zeit um 1220/30.

Seit 1338 ist die Herrschaft im Besitz des Hauses Rechberg nachweisbar, seit 1465 als österreichisches Lehen. Nach dem Aussterben der rechbergischen Seitenlinie Staufeneck gelangte das Wäscherschloss in verschiedene Hände; erst 1857 ging das „österreichische Schwabenlehen" an Württemberg über. Seit 1960 ist in der Burg ein durch private Initiative entstandenes Museum mit umfangreichem Dokumentationsmaterial zur staufischen Geschichte untergebracht.

Die Form der Buckelquader und die zahlreich vorhandenen Steinmetzzeichen ermöglichen eine Datierung der ältesten Teile der Burg – der Sockelgeschosse des Herrenhauses und der trapezförmig verlaufenden, nahezu 10 m hohen Mantelmauer – in die ersten Jahrzehnte des 13. Jahrhunderts. Das Wohngeschoß weist mit seiner alamannischen Ständerbauweise ins 15. Jahrhundert, die darüberliegende Kornschütte wurde 1699 aufgestockt.

Städte, Klöster und Kirchen im Stauferland

Unter dem Begriff „Stauferland" ist hier in etwa das Gebiet zu verstehen, das von der „Straße der Staufer" umschrieben ist. In diesem Bereich im Osten des Bundeslandes Baden-Württemberg begegnet man Geschichte und Baukunst der staufischen Epoche bis heute auf engem Raum in mannigfacher Form.

Fast unabdingbar ist eine Fahrt nach Göppingen-Hohenstaufen, wo der modern ausgestattete Dokumentationsraum für staufische Geschichte zu besuchen und – direkt daneben – die Barbarossakirche zu besichtigen ist. Ein Aufstieg von ca. 20 Minuten führt auf den Gipfel des Hohenstaufen (Rasthaus) mit seinen Ausgrabungen und mit der Stauferstele, die dort am 1. Juni 2002 aufgestellt wurde.
Sehenswert im ehemaligen Kloster Lorch ist das romanische Langhaus der Klosterkirche mit Staufertumba und Bildnissen staufischer Herrscher sowie – im ehemaligen Kapitelsaal – das Staufer-Rundbild von Hans Kloss (2002).
Im Wäscherschloss informiert eine neugestaltete umfangreiche Dokumentation über die Staufergeschichte.

Dem Berg Hohenstaufen am nächsten liegt die Stadt **Göppingen,** die sich seit der Eingliederung der Gemeinde Hohenstaufen im Jahr 1971 besonders eng mit dem für das Kaisergeschlecht namengebenden Berg verbunden weiß. Dass diese Verbindung bereits zu Beginn der Stauferzeit bestand, belegt eine im Jahr 1154 von Friedrich Barbarossa „apud Geppingen" ausgestellte Urkunde, in der er dem Kloster Lorch seine schon von seinen Vorfah-

Im Göppinger Museum im „Storchen" befindet sich eine Kopie der Taufschale Kaiser Friedrichs I. Barbarossa, die dieser seinem Taufpaten Otto von Cappenberg um 1160 zum Geschenk machte.

ren verbrieften Rechte und Freiheiten bestätigte. Darüber hinaus dürfte Friedrich Barbarossa auch während seiner Aufenthalte auf dem Hohenstaufen und in Adelberg in den Jahren 1181 und 1188 in der Stadt Göppingen geweilt haben. Am Ostermontag des Jahres 1425 legte ein verheerender Brand die staufische Stadtanlage in Schutt und Asche. Der Überlieferung nach soll nur ein einziges Haus die Katastrophe überstanden haben. Diesem Umstand ist es zuzuschreiben, dass Göppingen keinerlei bauliche Zeugen aus dem 12. und 13. Jahrhundert vorzuweisen hat. Dennoch „lebt" im wichtigsten historischen Profanbau der Stadt, dem württembergischen Schloss, die Burg Hohenstaufen weiter, hatte doch Herzog Christoph seinen Baumeister Aberlin Tretsch angewiesen, für den kurz nach 1550 begonnenen Bau Steinmaterial von der im Bauernkrieg von 1525 niedergebrannten Burg zu verwenden.

Bedeutsame Erinnerungen an die staufische Epoche bewahrt die Stadt Göppingen in ihrem Museum im Liebensteinschen Schlösschen, dem „Storchen", und im Dokumentationsraum für staufische Geschichte in Hohenstaufen.

Die ehemalige Stiftskirche in der Göppinger Teilgemeinde **Faurndau** ist ein herausragendes Beispiel für die durch rei-

In der Oberhofenkirche in Göppingen befindet sich in der südlichen Eingangshalle das Stifterinnenbild von 1490 mit der Wiedergabe der Burg Hohenstaufen. – Die Stauferhalle des Museums im „Storchen", an der Wühlestrasse, bewahrt die Originalskulpturen vom Ostgiebel des Langhauses der Faurndauer Kirche, außerdem eine bedeutende Brakteatensammlung sowie Abgüsse der Egisheimer Totenmaske und des Cappenberger Barbarossakopfes.

Die Evangelische Pfarrkirche in Faurndau, eine der bedeutendsten romanischen Kirchen Süddeutschlands, ist immer zugänglich (Pfarrhaus nebenan).

Zu den besterhaltenen spätromanischen Kirchen Südwestdeutschlands zählt die ehemalige Stiftskirche in der Göppinger Teilgemeinde Faurndau.

chen plastischen Schmuck sich auszeichnenden spätromanischen Basiliken Schwabens, wie sie auch in Brenz und Schwäbisch Gmünd anzutreffen sind.

Beziehungen der frühen Staufer zu dem Kloster, das in einer St. Galler Urkunde von 875 als „monasteriolum Furentouua" bezeichnet wird, bestanden bereits zur Zeit Herzog Friedrichs I. Der Übergang der Schirmvogtei über das Kloster St. Gallen und seine Besitzungen von Graf Rudolf von Pfullendorf auf Kaiser Friedrich I. Barbarossa im Jahr 1180 verschaffte den Staufern unmittelbaren Einfluss auch auf die Geschicke Faurndaus. Da der Baubeginn für die heutige Basilika kaum 20 Jahre später anzusetzen ist, liegt es nahe, den Staufern einen direkten Einfluss auf die Umwandlung des Klösterchens in ein Chorherrenstift, verbunden mit dem Neubau der Kirche, zuzuschreiben.

Eine Bauzeit von etwa 1200 bis höchstens 1220 ergibt sich aus den eingehenden vergleichenden Untersuchungen, die Rainer Hussendörfer über die Faurndauer Kirche anstellte. Während dieser Bauzeit wurden die Pläne für die dreischiffige Basilika mehrfach geändert, was sich am augenfälligsten aus den Ansätzen für ein Tonnengewölbe im heutigen Altarraum, dem sogenannten „Chorus", und aus den Turmfundamenten an der Südwestecke des Kirchenbaus ergibt.

Den Auftakt zum Innenraum der Faurndauer Kirche bildet die westliche Vorhalle; am Ende der Bauzeit entstanden, wird sie von einem weiten, achtteiligen Rippengewölbe überspannt, das auf westfranzösische Einflüsse schließen lässt. Rippen und Bögen werden von niedrigen Säulchen getragen, deren Kelchknospenkapitelle zu den ersten Zeugnissen frühgotischer Architekturplastik im Land zählen. Im Langhaus bestimmen die stämmigen Säulen, die die 5 Arkadenbögen tragen, das Bild. Die Würfelkapitelle sind meist durch vielfältige Bandverschlingungen geschmückt, während die reicher verzierten Säulenköpfe in der Mitte Blattornamente, korinthisierende Ranken

Besonders eindrucksvoll ist der Blick aus der Westvorhalle in das Langhaus und den Chor der Faurndauer Kirche.

Eine Vielzahl von Ornamenten schmückt die Kapitelle der Faurndauer Langhaussäulen.

und Voluten tragen. Das Rippengewölbe des Chorquadrats ruht auf vier hochangesetzten Eckkapitellen, von denen das südöstliche eine bemerkenswerte Menschengestalt zeigt, die die Hälse von zwei Fabeltieren würgt.

Die bei der Renovierung 1956–1958 in der Apsis, im Chor und im Altarraum freigelegten, teilweise stark beschädigten Wand- und Deckenfresken sind etwa in der Zeit zwischen 1250 und 1320 entstanden. In die staufische Epoche zurück reichen lediglich die in den Gewölbekappen des Chorquadrats angebrachten Symbole der Evangelisten – Engel, Löwe, Stier und Adler – sowie das Bild des Weltenrichters in der Mandorla in der Hauptapsis. Die Darstellungen verraten die Hand eines bedeutenden Meisters aus der Zeit des Übergangs vom romanischen zum gotischen Stil.

Die Faurndauer Kirche ist sowohl in ihren historischen Anfängen als auch durch viele bauliche Übereinstimmungen aufs engste mit der Galluskirche in **Brenz**, einem Teilort der Gemeinde Sontheim im Kreis Heidenheim, verwandt.

Auch diese Kirche wird, wie das „Klösterlein Faurndau", in der am 11. August 875 von König Ludwig dem Deutschen ausgestellten Urkunde erwähnt – als „capella ad Prenza". Sie war eine von mehreren Vorgängerinnen der heutigen Galluskirche, deren älteste Teile mit dem Stauferkaiser Friedrich Barbarossa in enge Beziehung gesetzt werden können. Barbarossa hatte im Jahr 1147 Adela, eine Tochter des Grafen Diepold III. von Vohburg-Giengen, geheiratet, die reiche Güter im Brenztal in die Ehe brachte. Diese Besitzungen verblieben auch nach seiner Scheidung (1153) bei dem Staufer. Es spricht vieles dafür, dass er selbst den Anstoß zum Bau des dreitürmigen Westwerks gab, dessen besonderes Merkmal eine Herrschaftsempore ist. Ins Auge fallen darüber hinaus manche Anlehnungen an die Klosterkirche in Lorch, deren Westbau ebenfalls von 2 Rundtürmen flankiert war.

Als Baubeginn der Brenzer Galluskirche ist die Zeit um 1170 anzusetzen; den Anstoß dazu gab wohl jener staufische Ministeriale Sebolt (von Brenz), dessen nach 1190 gefertigte, an der südlichen Langhauswand eingemauerte Grabplatte ihn als Kreuzfahrer bezeugt. Vollendet wurde der Kirchenbau wohl kurz vor 1200.

In Brenz überrascht, ja fasziniert der unvergleichliche Reichtum an Schmuckformen! Aneinandergereiht ergeben die den Bau umziehenden Rundbogenfriese eine Länge von 105 Metern. Sie sind mit 172 Bildwerken geschmückt, von denen 137 noch

Die Galluskirche in Brenz (Gemeinde Sontheim) zählt wie die Faurndauer Kirche zu den romanischen „Schmuckkirchen" Schwabens. Dieses Prädikat verdankt sie ihren gefüllten Rundbogenfriesen und ihren Säulenkapitellen.

Ausschnitt aus einem Rundbogenfries am Chor der Brenzer Galluskirche.

im originalen Zustand sind; der Rest wurde 1893/96 durch Sandsteinkopien ersetzt. Die überwiegende Mehrzahl der Bogenfüllungen kündet von der überschäumenden Fabulierlust und dem Erfindungsreichtum der am Bau beteiligten Steinmetzen. Menschen, Tiere und Pflanzen wechseln ab mit Jagdszenen, Fabelwesen, Dämonen und Tierkreiszeichen. Ihre Aussage ist uns nur noch zum Teil verständlich. Dasselbe gilt für den Schmuck der mächtigen Kapitelle des Langhauses. Löwe und Greif verkörpern herrscherliche Macht und sieghafte Auferstehung.

Herausragendes Einzelkunstwerk der überreichen Brenzer Plastik ist das innere Portal der südlichen Vorhalle. Eine andere Hand als die an den umlaufenden Friesen tätige hat hier die köstlichen Kapitelle der Gewändesäulen geschaffen und die Christus-Maria-Johannes-Gruppe im Tympanon gemeißelt.

Zu den frühesten Stadtgründungen der Staufer zählt unbestritten das unweit des Hausklosters Lorch im Remstal gelegene **Schwäbisch Gmünd**. Bereits im Jahr 1162 werden in der Zeugenliste einer in Abschrift erhaltenen Urkunde 15 „cives", d. h. Stadtbürger von Gmünd, erwähnt. Peter Spranger zieht daraus den Schluss, es erscheine „als gerechtfertigt, aus der auffallend großen Zahl der Gmünder Zeugen auf das Bestehen einer größeren Ansiedlung zu schließen. Ob dieser bereits terminologisch sämtliche Merkmale einer mittelalterlichen Stadt zuzuschreiben sind, lässt sich allein auf Grund dieser beiläufigen urkundlichen Erwähnung noch nicht mit Sicherheit feststellen."

Nach dem exakten Datum einer Stadtgründung zu suchen, ist ohnedies müßig, da es sich bei einem solchen Gründungsvorgang stets um einen längeren Entwicklungsprozess handelte. Dass sich die zum staufischen Hausgut gehörende und dem Familienkloster Lorch benachbarte Stadt Gmünd zu einem wichtigen Verwaltungszentrum und militärischen Stützpunkt entwickelte, ergibt sich u. a. aus ihrer hohen Veranlagung zur Reichssteuer. Sie betrug um die Mitte des 13. Jahrhunderts etwa das Doppelte dessen, was von Ulm gefordert wurde.

Eindrucksvoll sind bis heute auch die baulichen Zeugnisse aus der Stauferzeit. Sowohl die umfangreichen Reste der Stadtmauer, als auch der die Altstadt teilende Straßenmarkt sind Indizien dafür, dass es sich um eine staufische Stadtgründung handelt.

Zu den Profanbauten, die bis in die Mitte des 13. Jahrhunderts zurückreichen, zählt der Glockenturm des Heiligkreuzmünsters. Seine ursprüngliche Nutzung als Wohnhaus ergibt sich aus den beträchtlichen Abmessungen und aus dem Standort. Stauferzeitliches Mauerwerk ist auch an der „Grät" – der einstigen staufischen Vogtei -, am Schwörhaus und an der Fuggerei erhalten geblieben.

Mit der Johanniskirche besitzt Schwäbisch Gmünd auch ein bedeutendes Zeugnis stauferzeitlicher Sakralarchitektur. Die Kirche stand bis 1297 unter dem Patronat des Benediktinerklosters Lorch; zur staufischen Familie lässt sich über einen sagenhaften Bericht ein direkter Faden spinnen. Danach stiftete die schwäbische Herzogin Agnes, Gemahlin Friedrichs I. von Staufen, den Vorgängerbau der heutigen Kirche an der Stelle, an der sie ihren verlorenen Trauring wiedergefunden hatte.

Der jetzige Kirchenbau stellt sich in seinen Grundzügen als Werk aus der Zeit zwischen 1210 und 1240 dar, wobei für das Langhaus etwa die ersten 15 Jahre dieser Zeitspanne anzusetzen sind; unmittelbar daran anschließend muss das Untergeschoss des Turmes errichtet worden sein, dessen Ausbau sich allenfalls bis 1240 hingezogen hat. Über die Vollendung der ursprünglichen Ostpartie lässt sich heute nichts mehr sagen, da im Zuge eines durchgreifenden Umbaus der Kirche in den Jahren 1406–1429 die Hauptapsis durch einen gotischen Chor ersetzt wurde. Durch die Hochführung der Seitenschiffswände erhielt St. Johannis äußerlich den Charakter einer Hallenkirche, wobei die neu eingebrochenen gotischen Maßwerkfenster zu den romanischen Portalen und Rundbogenfriesen in einem seltsamen Kontrast standen. Auf die Gotisierung folgte kurz vor 1700 noch eine Umgestaltung des Kirchenraumes im barocken Stil. Im Zeitalter des Historismus bemühte man sich schließlich, alle späteren Veränderungen wieder zu beseitigen und die Johanniskirche in „stilreiner" Romanik wiederherzustellen. Dies geschah zwischen 1869 und 1880; bei der Gestaltung der Chorapsis lehnte man sich eng an Faurndauer und Murrhardter Vorbilder an.

Diese einschneidenden baulichen Veränderungen brachten es mit sich, dass von dem einstmals überreichen Bestand an romanischer Bauplastik nur noch wenige originale Stücke vorhanden sind. Sie beschränken sich auf die fünf Eingangsportale der Kirche; die Friese gehören dagegen alle dem 19. und 20. Jahrhundert an.

Mitten in der Stauferstadt Schwäbisch Gmünd steht die heute musealen Zwecken dienende spätromanische Johanniskirche mit ihrem eleganten Ostturm.

Die einst für den Außenbau der Gmünder Johanniskirche geschaffene Muttergottesfigur; sie ist heute aus Sicherheitsgründen im Innenraum des Gotteshauses aufgestellt.

Von den Portalen verdient das Hauptportal an der Westfassade besondere Beachtung. Sein Bogenfeld ist von einer nahezu vollplastischen Kreuzigungsgruppe ausgefüllt, in der Christus als gekrönter Überwinder der Welt zwischen Maria und Johannes dargestellt ist. Von den Portalen, die in das südliche Seitenschiff führen, zeigt eines in seinem Tympanon die stark beschädigten Figuren eines Bischofs und des Hl. Petrus. Das zweite beinhaltet in seinem Bogenfeld eine höchst merkwürdige Darstellung: Zwischen zwei in abwehrender Haltung sitzenden Löwen erscheint, von einer geöffneten Schere umfasst, ein geschorener Kopf – Sinnbild eines Büßers, dem der Eintritt in die Kirche verwehrt war. Er kehrt wieder – mit langem Gewand und erbettelten Münzen – unter einer Kreuzigungsszene, die stilistisch derjenigen des Hauptportals nachfolgt.

Das schönste Bildwerk der Gmünder Johanniskirche ist die früher an der Südwestecke des Bauwerks angebrachte, jetzt im Innern aufgestellte thronende Madonna mit dem die Segenshand erhebenden Christusknaben, beide in statuarischer Haltung dargestellt. Sie steht in einem eigenartigen Gegensatz zur Dynamik der darunter angebrachten Jagdszene, die in ähnlicher Form an der Westfassade und am Turm wiederkehrt. Letzterer ist ein architektonisches Meisterwerk besonderer Art; nicht selten wird er als schönster romanischer Kirchturm in Schwaben bezeichnet. Aus einem würfelförmigen Untergeschoß heraus verjüngt sich der Schaft zum Achteck. Die zweistöckige Glockenstube ist von je 8 Schallfenstern durchbrochen, deren gekuppelte Öffnungen bereits gotische Formelemente aufweisen.

Im Gegensatz zu der überreichen Ornamentik, die die Außenfronten der Johanniskirche überzieht, steht die Schlichtheit des Innenraumes der dreischiffigen Basilika. Einziger Schmuck der quadratischen Pfeiler sind die Knaufsäulchen an ihren Ecken und die die Arkadenbögen einfassenden Wülste.

Im neuromanischen Chor der Kirche hat ein großes Ölbild Platz gefunden, das 1670 von Johann Georg Heberle gemalt wurde und auf die bereits erwähnte Gründungslegende des Gotteshauses Bezug nimmt: die Auffindung des verlorenen Trauringes durch die Kaisertochter Agnes. Über die weite Talaue der Rems erhebt sich beherrschend der Hohenstaufen, gekrönt von einem der Fantasie des Malers entsprungenen Fürstenschloss.

Etwas abseits der „Straße der Staufer", im Tal der oberen Jagst, liegt die Stadt **Ellwangen**, die ihre Anfänge auf die Gründung eines Klosters durch den Edlen Hariolf und seinen Bruder Erlolf, den Bischof von Langres, im Jahr 764 zurückführt.

Der „bedeutendste romanische Gewölbebau Schwabens", die ehemalige Stiftskirche St. Veit in Ellwangen. Der Innenraum wurde in der ersten Hälfte des 18.Jahrhunderts vollständig barockisiert.

Die Kirche Hariolfs machte nach einem verheerenden Brand im Jahr 1100 einem Neubau Platz, der 1124 seine Weihe empfing. In der Stauferzeit führte Abt Adalbert I. (1136–1173) das Kloster aus einem wirtschaftlichen und geistigen Tiefstand heraus. Diese Entwicklung konnte auch die neuerliche Brandkatastrophe des Jahres 1182 nicht ernstlich gefährden. Unverzüglich wurde der Bau der heutigen Kirche in Angriff genommen; der erste der gefürsteten Ellwanger Äbte, Kuno (1188–1221), der zu den engsten Beratern Kaiser Friedrichs II. zählte, vollendete das Werk nahezu; 1233 wurde es geweiht.

Diese Kloster- und spätere Stiftskirche St. Veit ist nach Georg Dehio „der bedeutendste unter den wenig zahlreichen Gewölbebauten Schwabens", und sie war trotz mancher Planänderungen von Anfang an als solcher konzipiert. Der wohl einheimische Baumeister orientierte sich an den Domen in Mainz und Worms und an der mittelrheinischen Zisterzienserarchitektur, setzte die verschiedenartigen Vorbilder jedoch selbständig um und machte die Kirche zum hervorragendsten Baudenkmal der staufischen Epoche im Stammland des Kaisergeschlechts, ja sogar zu einem der eindrucksvollsten Zeugnisse der spätromanischen Architektur rechts des Rheins überhaupt. Die Ellwanger Bauhütte hinterließ ihre Spuren auch am Westturm von St. Michael in Schwäbisch Hall, an der Sechseckkapelle auf der Comburg und an der Fassade der Stadtkirche in Feuchtwangen.

Außer der Stiftskirche St. Veit sollte man in Ellwangen die baulich mit ihr verbundene ehemalige Jesuitenkirche (heute evang. Stadtkirche) besichtigen, ferner die barocke Wallfahrtskirche auf dem Schönenberg sowie das einstige Residenzschloss der Fürstpröpste mit sehenswerten Prunkräumen und einem Museum. Das historische Stadtbild ist gut erhalten.

Dem verhältnismäßig gedrungenen Langhaus, über dessen Westgiebel ein zierlicher Turm aufragt, ist eine zweigeschossige Vorhalle vorgelagert, die, ursprünglich großzügiger geplant, am Ende des 15. Jahrhunderts ummantelt wurde.

An ein durch zwei Apsiden erweitertes Querhaus schließt sich nach Osten eine dreischiffige Choranlage mit dreifachem apsidalem Abschluss an. Die beiden in ihrer äußeren Durchbildung leicht voneinander abweichenden Türme, deren Helme in späterer Zeit erhöht wurden, wachsen aus den Nahtstellen zwischen Querhaus und Chor heraus. Sie machen die Ostpartie der Stiftskirche vollends zu einer ausgereiften Leistung, die sich in einer grandiosen Abfolge der verschiedenen Baukörper, einem ausgewogenen Verhältnis der einzelnen Teile zum Ganzen, verbunden mit einer – durch spätere Zubauten leider gestörten – strikten Symmetrie manifestiert.

Ihre eigentliche Schauseite hat die Kirche zur Stadt hin, also nach Süden. Diese Längsfront war einst viel reicher geschmückt, wie es die berühmte spätgotische Bronzetafel im südlichen Querschiff ausweist, die das Andenken an die beiden Klostergründer bewahrt. Heute zieht neben dem prächtigen Hauptgesims des Mittelschiffs vor allem das von Flechtbändern und einem Zinnenkranz eingefasste Portal den Blick auf sich. Im Tympanon thront Christus als Weltenrichter, von einer mandelförmigen Umrahmung umgeben und begleitet von Maria und Johannes. Die Haltung der Figuren ist feierlich; ihre künstlerische Ausdruckskraft geht über ein mittleres Maß nicht hinaus.

Die Westvorhalle, die kurz vor der 1233 erfolgten Schlussweihe der Kirche fertiggestellt wurde, ist in ihrem Grundriss trotz der späteren Ummauerung noch klar zu erkennen; sie ist aus drei Balken eines gleicharmigen Kreuzes gebildet.

Ein mehrfach gestuftes, mit einer lateinischen Inschrift versehenes Rundbogenportal führt aus der Vorhalle in das Mittelschiff der Kirche, das nach dem Willen des Fürstpropsts Franz Georg von Schönborn (1732–1756) von den Italienern Retti, Carlone und Pighini ab 1737 vollkommen neu gestaltet wurde. Eine der schwierigsten Barockisierungen romanischer Kirchen wurde hier mit Bravour gelöst; es gelang, den Kirchenbau neu zu interpretieren, ohne seine mittelalterliche Substanz zu zerstören.

Das ehemalige Prämonstratenserkloster **Adelberg** liegt auf der Höhe des östlichen Schurwalds zwischen den Tälern von Fils und Rems. Die Anlage erstreckt sich über eine Fläche von ca. 6 ha und ist bis heute von einer etwa 1100 m langen Mauer umschlossen.

Nach Aufzeichnungen in der um 1240 niedergeschriebenen Klosterchronik weihte der schottische Bischof Thiallin von Sodor im Jahr 1054 auf dem Areal des späteren Klosters eine Kapelle zur Ehre des heiligen Ulrich von Augsburg. Die Kapelle war von zwei Ehepaaren, von Remigius und Bilifrid sowie von deren Sohn Hemehard und dessen Frau Gutta, gestiftet worden. Dass Remigius dem Geschlecht der Grafen von Comburg entstammte, seine Frau Bilifrid eine Schwester des Ries- und Pfalzgrafen Friedrich von Büren war und die Schwiegertochter Gutta vielleicht sogar dem salischen Herrscherhaus zuzurechnen ist, lässt erkennen, dass die Stifter der Kapelle dem Hochadel angehörten.

Der Ehe Hemehards mit Gutta entstammte eine Tochter, Meregard, die den Sohn des Pfalzgrafen Ludwig I. von Staufen (und Neffen Herzog Friedrichs I. von Schwaben) heiratete. Dieser Sohn, Ludwig II., war ein Graf von Westheim. Eine aus dieser Ehe hervorgegangene Tochter wiederum heiratete Volknand II. von Toggenburg, dessen Familie in der Ostschweiz bei St. Gallen beheimatet war. Beider Sohn, Volknand III., gründete 1178 das Prämonstratenserkloster Adelberg. Seine enge Verwandtschaft mit den Staufern – Volknand war ein Vetter dritten Grades von Kaiser Friedrich Barbarossa – macht es verständlich, dass diese dem Kloster stets in besonderer Weise verbunden waren.

An der Nordwand der im Jahr 1500 erbauten Ulrichskapelle hält ein Zyklus von sechs Freskobildern aus der zweiten Hälfte des 16. Jahrhunderts die Stationen der Adelberger Klostergründung fest. Auf dem ersten Bild macht der Klosterstifter Volk-

Auch wenn in Adelberg nichts mehr an die Gründungszeit des Prämonstratenserklosters erinnert, lohnt ein Besuch der idyllischen, noch gänzlich ummauerten Anlage auf dem Schurwald. In der um 1500 erbauten Ulrichskapelle steht einer der bedeutendsten spätgotischen Altäre aus der Ulmer Schule. Zu empfehlen ist ein Spaziergang zur Herrenmühle unterhalb des Klosters und nach Oberwälden mit seiner schönen Chorturmkirche.

Von dem ehemaligen Prämonstratenserkloster Adelberg ist als Sakralbau lediglich die spätgotische Ulrichskapelle erhalten. Ein Freskenzyklus hält u.a. die Weihe des Hochaltars der Kirche im Jahr 1188 im Beisein Kaiser Friedrichs I. Barbarossa fest.

nand den „Eremiten" – gemeint sind die Zisterzienser – vergeblich ein Angebot zum Bau eines Klosters. Den „grauen Brüdern" ist der Schurwald zu „unwirtlich". Bei den Prämonstratensern von Roggenburg, heute Kreis Neu-Ulm, hat Volknand, nachdem er es vorher schon in Rot an der Rot versucht hat, mehr Erfolg, wie das zweite Bild ausweist. Unter ihrem Propst Ulrich machen sich 1178 zwölf Mönche an die Rodungs- und Bauarbeiten. Dabei bezeichnete ihnen der Apostel Andreas – siehe das dritte Bild – den richtigen Platz.

Während seines Aufenthalts auf der Burg Staufen fertigte Friedrich Barbarossa jene berühmte Urkunde aus, in der er die „Herren von Staufen" mit der Vogtei über das Kloster betraute. Aus diesem Anlass stattete der Kaiser mit seinen Söhnen Heinrich und Philipp dem im Bau befindlichen Kloster einen Besuch ab. Die Inschrift des vierten Bildes vermeldet: „Volknandus übergibt das Gotteshaus den Herzögen von Schwaben in ihren Schirm".

Der Bau schritt zügig voran, so dass 1188 der Hochaltar in der damals noch unvollendeten Kirche geweiht werden konnte. Wiederum weilte Kaiser Friedrich I., diesmal mit seinen Söhnen Heinrich, Friedrich und Philipp, in Adelberg, um der feierlichen Konsekration beizuwohnen, die von Bischof Hermann II. von Münster vorgenommen wurde. Das fünfte Fresko hält dieses wichtige Ereignis fest.

Auf dem letzten Bild verdient weniger der um Spenden für das Kloster bittende Mönch Beachtung, als die darauf wiedergegebenen Klausurgebäude mit der Kirche. Diese war am 16. Juli 1202, nach fast 25-jähriger Bauzeit, zu Ehren der Jungfrau Maria und des Bischofs Ulrich II. von Konstanz geweiht worden. Wenige Jahre später, am 12. August 1208, übertrug Königin Irene, die Witwe Philipps von Schwaben, kraft einer auf der Burg Staufen ausgefertigten Urkunde dem Kloster einen Hof in Oberesslingen. Kaum 20 Jahre später wurde 1227 die bauliche Erneuerung der alten Ulrichskapelle fällig. Ihre Weihe nahm der dem Haus Rechberg entstammende Bischof Siegfried von Augsburg vor.

Ein Ereignis, das ebenfalls noch in die Stauferzeit zurückreicht, fand in der Ulrichskapelle eine drastische Darstellung: die Misshandlung des Präzeptors Rudolf auf der Tobelwiese durch des „Kaisers Friderici Barbarossae drey Edelknaben" im Jahr 1188. Dem Magister wurden dabei die Augen ausgestochen.

Die aus der Stauferzeit stammenden Teile des Klosters fielen 1525 dem von den Gaildorfer und Limpurger Bauern gelegten Brand und dem nach der Auflösung des Konvents am 25. November 1535 systematisch betriebenen Abbruch zum Opfer.

Unweit von Adelberg liegt am Rand des Schurwalds die Ortschaft **Oberwälden**. Das Dorf taucht erstmals in einem 1185 zwischen Kaiser Friedrich Barbarossa und Herzog Welf VI. abgeschlossenen Tauschvertrag urkundlich auf. Damals erhielt das Kloster Adelberg eine Reihe von Gütern in Oberwälden. Weiteren Besitz erwarb es 1274 aus der Hand der Herren von Staufeneck. Bereits 1185 ist erstmals auch von der Nikolauskirche die Rede. Ihr massiger quadratischer Chorturm, der nach oben in ein schlankes Oktogon übergeht, wird um 1220 datiert. Den Chorraum überspannt ein mächtiges, kuppeliges Kreuzrippengewölbe ohne Schlussstein, in dessen Kappen jeweils ein Evangelist, flankiert von einem jüdischen Propheten und einer heidnischen Sibylle, dargestellt ist. An der Nordwand lenken der Kirchenpatron Nikolaus als Retter zweier Seeleute und ein Marienzyklus den Blick auf sich. Die höchste künstlerische Aussagekraft besitzen die beiden Bilder an der Ostwand, eine monumentale Schutzmantelmadonna – die früheste derartige Darstellung in Württemberg – und Christus als Schmerzensmann, umgeben von seinen Marterwerkzeugen. Über dem kleinen romanischen Chorraum harren die klugen und die törichten Jungfrauen des „Bräutigams".

Bei einem Besuch der stauferzeitlichen Kirchenbauten im Kernland des schwäbischen Herzogtums verdient auch die dem heiligen Cyriakus geweihte ehemalige

In der ehemaligen Stiftskirche St. Cyriakus in Boll bestimmen die schlichten achtseitigen Pfeiler der Rundbogenarkaden das Raumbild.

Stiftskirche in **Boll** im Landkreis Göppingen Beachtung. Kaiser Friedrich Barbarossa hatte im Jahr 1155 die dem Hochstift Konstanz in der Propstei „Bolla" zustehenden Güter und Rechte bestätigt. Wenige Jahrzehnte danach entstand die schlichte dreischiffige, flachgedeckte Basilika.

Das Bild des Kirchenraums bestimmen die kräftigen, an den Ecken abgefasten Arkadenpfeiler mit einfachen Kämpferplatten und der hochragende Triumphbogen. Von der ursprünglichen Ausstattung sind noch der schöne achteckige Taufstein und das zu einem Opferstock umgearbeitete Weihwasserbecken erhalten.

Das Schloss Hellenstein liegt auf einem gewaltigen Massenkalkfelsen ca. 90 m über der Stadt Heidenheim. In seinen erhalten gebliebenen, um 1600 erbauten Teilen empfehlen sich zwei Museen, darunter das Landesmuseum für Kutschen, Chaisen und Karren, dem Besucher. In der stauferzeitlichen Ruine des Schlosses finden jährlich Opernfestspiele statt. In der mehrfach umgebauten Stadtkirche in Giengen ist der stauferzeitliche Kernbau noch gut erkennbar.

Zum ältesten Hausgut der Staufer zählten im Osten des heutigen Bundeslandes Baden-Württemberg die Städte Giengen an der Brenz und Heidenheim. Sie waren Friedrich Barbarossa 1147 mit dem Heiratsgut Adelas von Vohburg, der Tochter des Markgrafen Diepold III. vom bayerischen Nordgau, zugefallen.

Der Kaiser weilte dreimal in **Giengen:** Am 1. Mai 1171 verfügte er von hier aus die Reformierung des nahe gelegenen Kanonikerstifts Herbrechtingen durch die Berufung von Augustiner-Chorherren aus Hördt bei Germersheim. In den Jahren 1187 und 1189 sind weitere Aufenthalte Barbarossas in Giengen nachweisbar. Sein jüngster Sohn Philipp von Schwaben bestätigte 1206 in der Burg auf dem Schießberg Privilegien der Propstei Herbrechtingen.

In Giengen an der Brenz, wo drei Aufenthalte Kaiser Friedrichs I. Barbarossa urkundlich belegt sind, hat sich noch ein Teil der stauferzeitlichen Stadtmauer erhalten.

Neben einem imposanten Rest der stauferzeitlichen Stadtbefestigung verbergen sich in der mehrfach veränderten evangelischen Stadtkirche noch große Teile einer romanischen Pfeilerbasilika.

Zur reichen Mitgift Adelas von Vohburg zählten auch Güter in und um **Heidenheim**: so die auf einem mächtigen Massenkalkfelsen über der Stadt gelegene Burg Hellenstein. Dort saß als Lehnsmann Diepolds III. seit etwa 1100 Gozpert von Hellenstein. Sein Enkel Degenhard ist zwischen 1150 und 1182 häufig als Zeuge in den von Friedrich Barbarossa ausgefertigten Urkunden zu finden. Er begleitete ihn auf mehreren Italienzügen und nahm auch an der Belagerung von Mailand (1161/62) teil. Der Kaiser bestellte ihn schließlich zum „Prokurator", d. h. zum Verwalter aller Königsgüter im Herzogtum Schwaben.

In den ältesten Teilen des heutigen Schlosses Hellenstein, im sogenannten „Rittersaal", haben sich noch stattliche Reste der um das Jahr 1100, also zu Beginn der staufischen Epoche, erbauten Burg Gozperts von Hellenstein erhalten. Typische Buckelquader sprechen dafür, dass Degenhard von Hellenstein in der 2. Hälfte des 12. Jahrhunderts diese Burg weiter ausbaute. So machte er sie zu einem starken Bestandteil des von den Staufern in ihrem Herzogtum systematisch angelegten Verteidigungssystems, dessen militärische Besatzung von treu ergebenen Vasallen des staufischen Hauses befehligt wurde.

Die Stadt Heidenheim gehörte mit der Burg Hellenstein seit 1147 zu den Hausgütern der Staufer. An dem ruinösen Westteil der Anlage ist die Buckelquadertechnik des 12. Jahrhunderts exemplarisch ablesbar.

Die Familie der Könige und Kaiser

König Konrad III.

Als der letzte männliche Angehörige der salischen Herrscherfamilie, Kaiser Heinrich V., am 23. Mai 1125 in Utrecht starb, schien für den ältesten Sohn seiner Schwester Agnes, der ersten Gemahlin Herzog Friedrichs I. von Schwaben, die Gelegenheit gekommen, das deutsche Königtum zu erlangen. Gewählt wurde am 30. August 1125 jedoch nicht der Stauferherzog Friedrich II., sondern der bisher politisch kaum in Erscheinung getretene Graf Lothar von Supplinburg. Heftige Auseinandersetzungen mit den staufischen Brüdern waren die Folge. Konrad, der jüngere der beiden, versuchte 1127 vergeblich, sich als Gegenkönig durchzusetzen; immerhin gelang es ihm, sich von Erzbischof Anselm von Mailand am 29. Juni 1128 zum König des „Regnum Italiae" krönen zu lassen. Allerdings scheiterte sein Versuch, die erstrebte Machtgrundlage in Oberitalien und in der Toskana, die sogenannten „Mathildischen Güter", den einstigen reichen Besitz der Markgräfin Mathilde von Tuszien, an sich zu bringen. 1135 legte Konrad den Königstitel wieder ab und unterwarf sich mit seinem Bruder Friedrich in Bamberg Kaiser Lothar III.. Die beiden Staufer nahmen anschließend an dessen Italienzug teil, bei dem das deutsche Heer bis Bari in Apulien vorstieß. Auf dem Rückweg erkrankte der Kaiser schwer; er starb am 3. oder 4. Dezember 1137 bei Reutte in Tirol. Zuvor hatte er die Reichsinsignien seinem Schwiegersohn, dem Welfen Heinrich dem Stolzen, übergeben und ihn, den Bayernherzog, zusätzlich mit dem Herzogtum Sachsen belehnt.

Konrad III., der erste deutsche König aus dem staufischen Haus (1138–1152). Miniatur aus der Brüsseler Königschronik, um 1240.

Trotz dieser eindeutigen Willensbekundung wählte am 7. März 1138 eine Mehrheit der deutschen Fürsten unter Führung von Erzbischof Adelbero von Trier den Staufer Konrad in Koblenz zum deutschen König. Seine Krönung durch den päpstlichen Legaten Dietwin erfolgte am 13. März 1138 in Aachen.

Heinrich der Stolze lieferte zwar die Reichsinsignien aus, verweigerte jedoch die Huldigung und die Herausgabe Sachsens. Daraufhin verhängte König Konrad III. die Reichsacht über ihn und sprach das Herzogtum Sachsen dem Askanier Albrecht dem Bären, Bayern seinem babenbergischen Halbbruder Leopold IV. von Österreich zu. Der danach offen ausbrechende Konflikt zwischen Staufern und Welfen überschattete die gesamte Regierungszeit Konrads III. Die Lage besserte sich, als 1142 nach dem Verzicht des Askaniers der Sohn Heinrichs des Stolzen, Heinrich der Löwe, das Herzogtum Sachsen zurückerhielt; Bayern aber bekam er erst 1156 – nach Abtrennung des Herzogtums Österreich – von Kaiser Friedrich I. Barbarossa, seinem Vetter, wieder zugesprochen.

In den Augen des Papstes vernachlässigte der König seine Pflichten als Verteidiger der römischen Kirche, die durch den Vorstoß der Normannen in Süditalien und die Aufmüpfigkeit der Bürger der Stadt Rom vordringlich geworden waren. Bevor aber der König reagieren und in Italien eingreifen konnte, ließ er sich durch eine mitreißende Predigt Bernhards von Clairvaux am 27. Dezember 1146 in Speyer bewegen, im Mai des darauffolgenden Jahres von Regensburg zu dem folgenschweren Zweiten Kreuzzug aufzubrechen. Diesem blieb der Erfolg, die Rückeroberung der Heiligen Stätten des Christentums, versagt; es kam vielmehr zu einer Verschärfung der Gegensätze zwischen den europäischen Mächten. Konrad III. verbündete sich 1148 in Saloniki mit dem byzantinischen Kaiser Manuel gegen Sizilien und sagte ihm die Rückerstattung dort verlorener Gebiete zu. Dagegen ging Herzog Welf VI. zusammen mit dem französischen König Ludwig VII. ein Bündnis mit Roger II. von Sizilien ein, das gegen Byzanz gerichtet war. Die Lage entspannte sich, als Konrad auf ein militärisches Vorgehen gegen Sizilien und auf die Durchsetzung seiner Kaiserkrönung durch den Papst verzichtete und gesundheitlich angeschlagen nach Deutschland zurückkehrte. Dort war der Konflikt mit den Welfen erneut offen entbrannt. Am 8. Februar 1150 besiegte Konrads Sohn Heinrich den bis in das Ries vorgedrungenen Welf VI. bei der staufischen Grenzburg Flochberg nahe Bopfingen entscheidend, so dass der anschließend durch Herzog Friedrich III. von Schwaben vermittelte Friede die staufisch-welfischen Auseinandersetzungen für längere Zeit beendete.

König Konrad III. beabsichtigte, im September 1152 erneut nach Rom zu ziehen, um sich vom Papst zum Kaiser krönen zu lassen. Dazu kam es aber nicht mehr: der König starb am 15. Februar 1152 in Bamberg im Alter von 59 Jahren. Er wurde im Bamberger Dom neben Kaiser Heinrich II. beigesetzt und später in den Dom zu Speyer überführt.

König Konrad III. war in erster Ehe mit Gertrud von Comburg, der Erbtochter des Grafen Heinrich von Comburg und Rothenburg, verheiratet gewesen. Nach deren Tod um 1130 hatte er Gertrud von Sulzbach, eine Tochter des Grafen Berengar I. von Sulzbach und der Adelheid von Wolfratshausen geheiratet. Aus dieser Ehe stammte der 1137 geborene Sohn Heinrich Berengar, den sein Vater im Alter von 10 Jahren zum Mitkönig ernannte, der jedoch bereits im Frühjahr 1150 verstarb. Demzufolge bestimmte Konrad III. unter Umgehung seines erst sechsjährigen Sohnes Friedrich von Rothenburg noch auf dem Sterbelager seinen Neffen, Herzog Friedrich III., zum Nachfolger.

Kaiser Friedrich I. Barbarossa

Der Schwabenherzog Friedrich III. stand im 30. Lebensjahr, als er sich am 4. März 1152 in Frankfurt am Main den von den Erzbischöfen von Mainz, Köln und Trier angeführten deutschen Fürsten zur Königswahl stellte. Sie erfolgte einstimmig; nur vier Tage später krönte ihn Arnold von Köln „am rechten Ort", im Dom zu Aachen.

Durch den erst von der neueren Forschung erkannten erfolgreichen Ausbau der staufischen Hausmacht im Südwesten des Reiches verfügte König Friedrich I. über eine beträchtliche Machtbasis, die er bereits in den ersten Jahren seiner 38-jährigen Regierungszeit klug zu nutzen wusste.

Ein besonderes Anliegen war ihm die Aussöhnung mit den Welfen. Sie gelang ihm zunächst auch durch die Erhebung Welfs VI. zum Markgrafen von Tuszien, Herzog von Spoleto und Fürsten von Sardinien und Korsika sowie durch die Übertragung der „Mathildischen Güter". Heinrich dem Löwen, dem Neffen Welfs VI., übertrug der Kaiser wiederum 1156 die Herzogsgewalt über Sachsen und Bayern, wobei von letzterem die Mark Österreich an Heinrich Jasomirgott von Babenberg abgetreten wurde. Zu den besonderen Privilegien Heinrichs des Löwen zählte das Recht zur Investitur

Kaiser Friedrich I. Barbarossa (1152–1190). Relief im Kreuzgang des Klosters San Zeno bei Bad Reichenhall.

der Bischöfe von Oldenburg, Ratzeburg und Mecklenburg. Darüber hinaus hatte er freie Hand bei der Erweiterung seines sächsischen Territoriums in den benachbarten slawischen Gebieten. Dass die Rechnung Barbarossas, sich mit dieser jedes normale Maß übersteigenden Großzügigkeit die Gefolgschaft und die militärische Hilfeleistung seines mächtigen Vetters in Braunschweig zu sichern, nicht aufging, war eine der leidvollsten Erfahrungen des Kaisers. So kam es zum endgültigen Bruch, als der Welfenherzog nur gegen die Abtretung der Silberstadt Goslar beim fünften Italienzug Barbarossas – 1174 bis 1178 – Heeresfolge leisten wollte. Dieser wies die Forderung empört zurück; die Folge war die Niederlage des kaiserlichen Heeres gegen die Lombarden bei Legnano am 29. Mai 1176. Der tief verbitterte Kaiser verhängte nach seiner Rückkehr nach Deutschland im Jahr 1179 die Reichsacht über Heinrich den Löwen und verlieh von dem nunmehr geteilten Herzogtum Sachsen den westlichen Teil dem Erzbischof von Köln, den östlichen dem Herzog Bernhard von Anhalt. Bayern fiel nach Abtrennung der Steiermark an den Pfalzgrafen Otto von Wittelsbach. Schon Jahre zuvor hatte Barbarossa die süddeutschen und italienischen Besitzungen Welfs VI., dessen Sohn 1167 vor Rom einer Seuche erlegen war, erwerben können, so dass er sich der Hoffnung hingeben konnte, das „Welfenproblem" mit dem Sturz Heinrichs des Löwen endgültig gelöst zu haben.

Weit mehr als der Konflikt mit den welfischen Verwandten überschatteten die Auseinandersetzungen mit der römischen Kirche den größten Teil der Regierungszeit Barbarossas. Die Anwartschaft auf die Kaiserkrone, die die deutschen Könige als Selbstverständlichkeit betrachteten, beinhaltete vielfältige Verpflichtungen gegenüber dem Papst, dem allein das Recht der Kaiserkrönung zustand. Diese erreichte Friedrich I. auf seinem ersten Italienzug 1154/55: Am 18. Juni 1155 krönte ihn Papst Hadrian IV. in der Peterskirche in Rom zum Kaiser.

In der Folgezeit aber wurden die unterschiedlichen Auffassungen vom Verhältnis der beiden „Universalgewalten", in deren Rolle sich Papst und Kaiser sahen, immer deutlicher sichtbar. Barbarossa nutzte jede Gelegenheit, um die gleichrangige Stellung beider Gewalten zu postulieren. Dies ging so weit, dass er bei einer Begegnung mit dem Papst in Sutri die traditionelle Zeremonie des Steigbügelhaltens so lange umging, bis sie der Papst als Ehren- und nicht als Vasallendienst deklarierte. Zu einem späteren

Siegel der Stadt Gelnhausen mit den Darstellungen Barbarossas und seiner Gemahlin Beatrix.

Vermählung Kaiser Friedrichs I. Barbarossa mit Beatrix von Burgund am 9. Juni 1156 in Würzburg. Entwurf für das Deckengemälde im Kaisersaal der Würzburger Residenz von Giovanni Battista Tiepolo (1696–1770).

Zeitpunkt betonte Friedrich, dass ihm das Kaisertum durch den Willen Gottes zugefallen sei; bei den Krönungen in Aachen und Rom sei dieser Wille lediglich vollzogen worden.

Dem Kaiser war klar, dass es zur Stärkung seiner Stellung gegenüber dem Papst einer Wiederherstellung der königlichen Hoheitsrechte in den oberitalienischen Städten bedurfte. Diese Rechte hatten die Städte seit dem Investiturstreit nach und nach an sich gezogen; vor allem die ungestüme Expansionspolitik Mailands musste Barbarossa beunruhigen. Er versuchte zunächst, kleinere Städte wieder in die Reichspolitik einzubinden und ließ schließlich 1158 auf dem Reichstag von Roncaglia den von Bologneser Juristen aufgestellten „Regalienkatalog" verkünden, aus dem die nach wie vor gültige Rechtslage unmissverständlich hervorging. Ein Teil der oberitalienischen Städte erkannte das Dokument an, andere, allen voran Mailand, lehnten es ab.

Da Friedrich auch im Kirchenstaat und selbst in Rom alte Reichsrechte reklamierte, war der Streit mit dem Stuhl Petri vorgezeichnet. Diesen hatte seit 1159 Alexander III. inne, dem allerdings eine Minderheit der Kardinäle den kaiserfreundlichen Viktor IV. entgegengestellt hatte. Friedrich suchte dieses Schisma auf der Synode von Pavia 1160 zu beenden, was jedoch scheiterte. Dem Kaiser wurde vorgeworfen, er wolle Rom zu einem Reichsbistum herabwürdigen und letzten Endes den römischen Weltherrschaftsgedanken wieder aufleben lassen. Dazu trug seine offenkundige Sympathie für Karl den Großen und dessen europäisches Reich ein Übriges bei. Dass Barbarossa die Heiligsprechung Karls am 29. Dezember 1165 bei dem seit 1164 regierenden Gegenpapst Paschalis III. durchsetzte, führte in Frankreich zu offenen Verstimmungen.

Die Exkommunikation des Kaisers durch Papst Alexander III. nach der Belagerung und anschließenden Zerstörung Mailands im März 1162 veranlasste Barbarossa 1166 zu seinem vierten Italienzug. Wieder hatte er Mühe, sich in Oberitalien gegen den Widerstand der erstarkten „Lega Lombarda" durchzusetzen. Ende Mai 1167 erreichte ihn die Nachricht, dass seine beiden Reichslegaten, die Erzbischöfe Rainald von Köln und Christian von Mainz, das römische Heer bei Tusculum entscheidend geschlagen hatten. Bereits am 22. Juli 1167 vereinigte sich das Heer Barbarossas, in dem sich auch der Gegenpapst Paschalis III. befand, mit den Truppen der Reichslegaten vor Rom und begann mit der Belagerung der Ewigen Stadt. Nach wenigen Tagen ergaben sich die Römer, nicht ohne vorher ihrem Papst zur Flucht verholfen zu haben.

Am 30. Juli 1167 bestieg Paschalis III. den Stuhl Petri; zwei Tage später krönte er die Gemahlin Barbarossas, Beatrix von Burgund, zur Kaiserin.

Unmittelbar danach bahnte sich jene Katastrophe an, die den Zeitgenossen als furchtbares Gottesgericht erschien, waren doch bei der Belagerung Roms auch Kirchen zerstört worden: Im Heer des Kaisers breitete sich in rasender Geschwindigkeit die aus den Tibersümpfen aufsteigende Sommermalaria aus. Tausende von Kriegern erlagen dem Fieber binnen weniger Tage, darunter viele ihrer Anführer, wie der Kölner Erzbischof Rainald von Dassel, die Bischöfe von Augsburg, Lüttich, Prag, Regensburg, Speyer und Verden, die Herzöge Friedrich von Schwaben, Welf VII. und Theobald von Böhmen. Der Kaiser selbst zeigte sich – wohl wegen einer auf dem Kreuzzug Konrads III. durchgestandenen Fiebererkrankung – gegen die Seuche immun. Überstürzt verließ er am 6. August 1167 mit den kläglichen Resten seiner Truppen das römische Lager und erreichte über Viterbo in Gewaltmärschen am 31. August die ihm treu ergebene Stadt Pisa. Seinem weiteren Zug nach Norden stellte sich die Lega Lombarda entgegen; Friedrich musste auf beschwerlichen Wegen in das stauffertreue Pavia ausweichen. Der Zug des Kaisers glich immer mehr einer Flucht, deren letzte Etappen er unter falscher Identität, nur begleitet von Herzog Berthold von Zähringen, zurücklegte. Am 15. März 1168 traf er in Basel ein.

Die Anwesenheit des Kaisers in Deutschland erwies sich als dringend erforderlich. Zum einen galt es über die Zukunft der durch den Tod so zahlreicher Fürsten und anderer Lehensträger herrenlos gewordenen Güter und Territorien zu entscheiden. Dabei kam es auch zur Einsetzung seines ältesten Sohnes Heinrich in das Amt des Herzogs von Schwaben. Vor allem im südschwäbischen Raum konnte Barbarossa manches vakante Erbe seinem Hausgut einverleiben.

Kaiser Friedrich I. Barbarossa. Ausschnitt aus einer Figurengruppe am Hauptportal des Doms zu Freising.

Verhalf demnach die Katastrophe vor den Toren Roms dem Kaiser zum Ausbau seiner territorialpolitischen Stellung, standen ihm schon bald wieder Unruhen ins Haus, die dem neuerlichen Vorgehen Heinrichs des Löwen gegen die ostsächsischen Reichsfürsten von Magdeburg und Brandenburg entsprangen. Aus Italien kam die Nachricht, dass am 20. September 1168 mit Paschalis III. bereits der zweite „staufische" Gegenpapst verstorben war, was Alexander III. wieder zu einer unangefochtenen Stellung als Oberhaupt der römischen Kirche verhalf.

Friedrich I. unternahm einen Annäherungsversuch auf diplomatischem Weg, aber der schlug fehl und so entschloss er sich 1175 zum fünften Italienzug. Dabei erkaufte er sich den Weg durch Oberitalien durch großzügige Zugeständnisse an die Lombarden, die ihm am 29. Mai 1176 bei Legnano dennoch eine empfindliche Niederlage beibrachten.

Im November 1176 erreichte Barbarossa von Alexander III. die Lösung vom Kirchenbann. Im Gegenzug verpflichtete er sich zur Rückerstattung der päpstlichen Regalien und Besitzungen, außerdem zum Verzicht auf die „Mathildischen Güter", die er jedoch nach Abschluss des Friedens von Venedig vom 24. Juli 1177 für weitere 15 Jahre für das Reich sicherte.

Die Tatsache, dass seine Autorität in Deutschland durch den Bannfluch des Papstes nie erschüttert war, veranlasste den Kaiser, vor seiner Rückkehr über die Alpen in Burgund Präsenz zu zeigen und sich 1178 in Arles zum König von Burgund krönen zu lassen. Im Frieden von Konstanz erreichte er schließlich am 25. Juni 1183 die endgültige Aussöhnung mit den Lombarden, denen er weitgehende Souveränitätsrechte einräumte und wesentliche Regalien gegen hohe Ablösungszahlungen überließ.

Das „Mainzer Pfingstfest" am 20. Mai 1184 sah Kaiser Friedrich Barbarossa auf dem Höhepunkt seiner Macht. Es war der glanzvollste Reichstag in der gesamten Regierungszeit des Staufers, zu dem neben allen Großen des Reiches auch Gäste aus aller Herren Länder geladen waren. Die Festlichkeiten gipfelten in der „Schwertleite" der beiden ältesten Söhne des Herrschers, König Heinrichs VI. und Herzog Friedrichs von Schwaben. Dichter und Minnesänger verbreiteten den Glanz dieser Festtage über den Kontinent.

Wenige Monate danach, Ende Oktober 1184, gab der Kaiser in Augsburg die Verlobung seines Sohnes und designierten Nachfolgers Heinrich VI. mit Konstanze, der

Kaiser Friedrich I. Barbarossa. Kopfreliquiar in der Katholischen Pfarrkirche in Cappenberg, um 1160.

Tochter des 1154 verstorbenen Königs Roger II. von Sizilien bekannt. Die Hochzeit fand am 27. Januar 1186 in Mailand statt, das inzwischen zu einem „treuen Bollwerk der Reichsgewalt" geworden war. Zu diesem Zeitpunkt war noch keineswegs absehbar, dass der Regent des Normannenreichs, König Wilhelm II., der Neffe Konstanzes, 1189 kinderlos sterben und ihr damit das sizilische Erbe allein zufallen würde.

Als sich bald darauf die Nachricht von der Eroberung Jerusalems durch Sultan Saladin am 20. Oktober 1187 im Reich verbreitete, entschloss sich der Kaiser auf dem Hoftag Jesu Christi 1188 in Mainz zum Kreuzzug. Der Aufbruch des christlichen Heerbanns – von Regensburg aus – wurde auf den Tag des hl. Georg, den 23. April 1189, festgesetzt. Gemeinsam mit den Truppenkontingenten der Könige von England und Frankreich sollten die heiligen Stätten der Christenheit den „Ungläubigen" wieder entrissen werden.

Am 11. Mai 1189 setzte sich das zwischen 12000 und 15000 Mann starke Kreuzfahrerheer in Bewegung. Der Kaiser nahm, soweit es möglich war, den Wasserweg auf der Donau. Bis zur Grenze des byzantinischen Reiches verlief das Unternehmen ohne größere Zwischenfälle, auch die Schwierigkeiten, die der misstrauische Kaiser Isaak dem Heer bereitete, konnten aus dem Weg geräumt werden. Im Januar 1190 gelang es sogar, Isaak derartig unter Druck zu setzen – es wurde schließlich mit der Belagerung Konstantinopels gedroht –, dass der sich zur bedingungslosen Unterstützung des Kreuzzugs verpflichtete.

Kaiser Friedrich I. Barbarossa mit seinen Söhnen auf dem 3. Kreuzzug (1189/90). Aus der Chronik des Petrus von Ebulo, um 1190.

Im zeitigen Frühjahr 1190 trieben der Kaiser und sein Sohn, Herzog Friedrich von Schwaben, das Heer zu immer größerer Eile an. Am 21. März begann von Gallipoli aus die Überquerung des Hellespont; zu Beginn des Monats Mai erreichte man nach unsäglichen Strapazen das anatolische Hochland. Dennoch eroberten die deutschen Ritter, vom Kaiser persönlich angeführt, am 13. Mai 1190 die seldschukische Hauptstadt Ikonium, das heutige Konya.

Mühelos erreichte das Heer Barbarossas bald darauf die Grenze des christlichen Königreichs Armenien. Dort erfüllte sich am 10. Juni 1190 das Schicksal des im 68. Lebensjahr stehenden Kaisers. Er suchte Erfrischung im kühlen Wasser des Gebirgsflusses Saleph und erlag dabei einem plötzlichen Kälteschock.

Der Tod Friedrich Barbarossas löste im Kreuzfahrerheer tiefste Bestürzung, ja lähmendes Entsetzen aus. Ein zeitgenössischer Kölner Chronist beklagte das Ereignis mit den Worten: „An dieser Stelle und bei diesem traurigen Berichte versagt unser Griffel und verstummt unsere Rede". Dennoch entschloss sich sein Sohn, den Zug auf Jerusalem fortzusetzen. Dort sollte der Leichnam des Kaisers in der Grabeskirche beigesetzt werden. Dazu kam es jedoch nicht. Die Kreuzritter kämpften sich, geschwächt durch Überfälle und Krankheiten, nur noch langsam vorwärts. In Tarsos ließ Herzog Friedrich die Eingeweide seines Vaters beisetzen, die Spur seines Leichnams verliert sich zwischen Antiochia (heute: Antakya) und Tyros an der libanesischen Küste. Unter Aufbietung der letzten Kräfte erreichten die Reste der deutschen Kreuzritter im Oktober 1190 die Stadt Akkon. Dort erlag ihr Anführer, Herzog Friedrich von Schwaben, am 20. Januar 1191 einer seuchenartigen Erkrankung.

Kaiser Friedrich I. Barbarossa mit seinen Söhnen König Heinrich VI. und Herzog Friedrich V. von Schwaben. Miniatur aus der Welfenchronik des Klosters Weingarten, um 1180.

Hier in Akkon gründeten 1190 Lübecker und Bremer Bürger eine deutsche Hospitalgenossenschaft, aus der sich bis 1196 der Deutsche Ritterorden entwickelte. Er war zunächst ausschließlich mit der Krankenpflege befasst; ab 1198 erhob er den Kampf gegen die „Ungläubigen" zu seiner Hauptaufgabe.

Nachdem die erste Ehe Friedrich Barbarossas mit Adela von Vohburg wegen angeblich zu naher Blutsverwandtschaft 1153 nach sechsjähriger Dauer geschieden worden war, hatte der Kaiser am 10. Juni 1156 in Würzburg Beatrix von Burgund, Tochter des Grafen Rainald III. von Burgund und der Agathe von Lothringen, geheiratet. Aus der Ehe gingen 12 Kinder hervor, darunter der spätere Kaiser Heinrich VI., außerdem König Philipp von Schwaben und die Herzöge Friedrich und Konrad von Schwaben.

Kaiser Heinrich VI.

Heinrich VI. war der erste Sohn aus der (zweiten) Ehe Kaiser Friedrich Barbarossas mit Beatrix von Burgund, der das Kindesalter überlebte. Er wurde zwischen Oktober und Dezember 1165 in der kaiserlichen Pfalz Nimwegen in den heutigen Niederlanden geboren, genoss eine sorgfältige Erziehung und wurde auf Drängen seines Vaters bereits im Juni 1169 in Bamberg zum deutschen König gewählt und am 15. August, am Tag Mariä Himmelfahrt, in Aachen von Erzbischof Philipp von Köln gekrönt. Bei der „Schwertleite" während des großen Mainzer Hoftags wurden Heinrich und sein zwei Jahre jüngerer Bruder Friedrich am 21. Mai 1184 für mündig erklärt. Im gleichen Jahr, am 29. Oktober 1184, verlobte sich König Heinrich mit der 11 Jahre älteren Konstanze, der Tante des Normannenkönigs Wilhelm II. von Sizilien. Die Hochzeit fand am 27. Januar 1186 in der Kirche Sant'Ambrogio zu Mailand statt. Dabei wurde Konstanze zur deutschen Königin und Heinrich zum König von Italien gekrönt. Friedrich erhob seinen Sohn zum „Caesar", d. h. zum „Mitkaiser". In dieser Eigenschaft besetzte er 1187 den Kirchenstaat, nachdem er sich zuvor der Bündnistreue wichtiger oberitalienischer Städte, insbesondere Cremonas, versichert hatte.

Nach dem Aufbruch des Kaisers zum Dritten Kreuzzug im Mai 1189 regierte Heinrich VI. das Reich im väterlichen Auftrag und bemühte sich dabei um eine Ausweitung des „Königstaats", d. h. eine immer stärkere Bindung der großen Territorialherrschaften an das Königshaus. Dies gelang allerdings nur in seltenen Fällen.

Der unerwartete Tod König Wilhelms II. von Sizilien am 18. November 1189 schuf eine neue machtpolitische Situation von europäischen Dimensionen. Da die Ehe Wilhelms mit Johanna von England kinderlos geblieben war, fiel das Erbe des süditalienisch-

Kaiser Heinrich VI. (1190–1197). Miniatur aus der Großen Heidelberger Liederhandschrift (Codex Manesse), um 1310–1340.

Kaiser Heinrich VI. erhält die Insignien seiner Macht. Aus der Chronik des Petrus von Ebulo, um 1190.

sizilischen Normannenreichs der Kaiserin Konstanze zu und wurde damit zum Bestandteil des Reiches. Damit wollten und konnten sich die sizilischen Großen nicht abfinden. Sie wählten daher einen nicht ehelich geborenen Neffen Konstanzes, den Grafen Tankred von Lecce, zum König von Sizilien. Dieser schloss unverzüglich ein Bündnis mit dem englischen König Richard Löwenherz.

Bevor Heinrich VI. Maßnahmen zur Gewinnung des sizilischen Erbes seiner Gemahlin ergreifen konnte, musste er die durch den Tod Friedrich Barbarossas am 10. Juni 1190 entstandene neue Situation verkraften. Als Heinrich die Nachricht in Augsburg erreichte, stand er mitten in den Vorbereitungen seines ersten Romzugs. Er entschloss sich, diesen trotz zu erwartender unsicherer Witterungsverhältnisse auf das Spätjahr 1190 zu verschieben. Weihnachten verbrachte der Staufer noch in Thüringen, dessen Landesfürst, Landgraf Ludwig, am 15. Oktober 1190 vor Akkon verstorben war.

Nach einem Gewaltritt langte Heinrich am 6. Januar 1191 in Bozen an und holte 12 Tage später sein von Erzbischof Philipp von Köln geführtes Heer bei Lodi ein. Mit Unterstützung der staufertreuen Stadt Tusculum erzwang der König den Einzug in Rom und empfing am 15. April 1191 – wenn auch widerwillig – von Papst Coelestin III. die Kaiserkrone. Dieser hatte zuvor alles unternommen, um den Italienzug des Staufers zu vereiteln, sah er doch in der „Umklammerung" des Kirchenstaats von Norden und Süden durch das Imperium seine eigenen Machtinteressen entscheidend bedroht.

Nach den Krönungsfeierlichkeiten hielt sich der Kaiser mit seinem Heer einige Tage in seinem Lager vor den Toren Roms auf. Er musste das dem Papst gegebene Versprechen einlösen, den Römern die ihnen verhasste Stadt Tusculum zur Plünderung und Zerstörung zu öffnen, was diese unter seinen Augen unbarmherzig in die Tat umsetzten.

Nächste Station des kaiserlichen Heereszugs nach Süden war die Abtei Montecassino, das Mutterkloster der Benediktiner, dem Heinrich VI. bedeutende Privilegien und Schenkungen bestätigte. Am 24. Mai 1191 erreichte der Staufer Neapel, das seine Tore verschlossen hielt und das Heer zu einer Belagerung zwang. In der Stadt hielten sich führende Anhänger Tankreds, darunter der Erzbischof von Salerno und Graf Richard von Acerra, auf. Auf der Seeseite schlossen die Flotten von Pisa und Genua den Belagerungsring. Dennoch gelang es dem Kaiser, der sich mutig an die Spitze seiner Sturmtruppen gesetzt hatte, nicht, die Stadt zu erobern. Auf der anderen Seite konnte die sizilische Flotte der Stadt wieder die freie Zufahrt vom Meer her freikämpfen.

Die Aufhebung der Belagerung erzwang schließlich der Ausbruch von Seuchen im Heer der Belagerer, denen u. a. die erfolgreichen Anführer der Truppen, Erzbischof

Philipp von Köln und Marschall Heinrich Testa, zum Opfer fielen. Auch der Kaiser erkrankte schwer; gezielt wurde von seinen Gegnern das Gerücht ausgestreut, er sei tot. In Montecassino erreichte Heinrich die Nachricht, dass seine Gemahlin Konstanze, die in Salerno den Rat der dortigen berühmten Ärzte gesucht hatte, von den Anhängern Tankreds verhaftet und nach Messina gebracht worden war. Tankred hatte damit ein wichtiges Faustpfand in Händen.

Auf seinem Zug nach Norden versicherte sich der Kaiser der Treue und finanziellen Unterstützung durch die wichtigen toskanischen und lombardischen Städte, wofür er ihnen eine Reihe lukrativer Privilegien gewährte. Im Dezember 1191 überquerte Heinrich mit seinem stark dezimierten Heerbann den Splügenpass und konnte das Weihnachtsfest in der Pfalz zu Hagenau feiern. Insgesamt gesehen verbuchte er den Italienzug als Erfolg.

In Deutschland gab es dann heftige Auseinandersetzungen wegen der Besetzung der Bischofsstühle in Köln und vor allem in Lüttich, wo es zu keiner Einigung kam und der Kaiser mit der Einsetzung von Lothar von Hochstaden eine völlig unerwartete und stark kritisierte Entscheidung traf. Sie eskalierte zum offenen Widerstand gegen ihn, als der unterlegene Kandidat, Albert von Löwen, am 24. November 1192 vor den Toren von Reims von deutschen Rittern erschlagen wurde. Die Lage im Reich wurde für Heinrich VI. vollends bedrohlich, als sich die aufgebrachten Fürsten am Mittel- und Niederrhein zu einem Bündnis gegen ihn zusammenschlossen, das auch beim Papst und bei den Kaisergegnern in Sizilien und England Unterstützung fand.

Der Dritte Kreuzzug, der für das deutsche Kontingent nach dem Tod Kaiser Friedrich Barbarossas und seines Sohnes, Herzog Friedrichs von Schwaben, im zeitigen Frühjahr 1191 zu Ende gegangen war, fand unter König Philipp II. August von Frankreich und König Richard Löwenherz von England eine gewisse Fortsetzung, die jedoch das Ziel, die Eroberung Jerusalems, nicht erreichte. Ihre Truppen verstärkten lediglich den seit August 1189 durch Guido von Lusignan gehaltenen Belagerungsring um Akkon, das endlich am 11. Juli 1191 zur Kapitulation gezwungen wurde. Unmittelbar danach brach ein Streit um die reiche Beute aus, der nicht nur die beiden siegreichen Könige entzweite, sondern auch zu schweren Verstimmungen unter den übrigen Anführern der an der Belagerung beteiligten Gruppen führte. Dazu gehörte Herzog Leopold V. von Österreich, ein bedeutender Reichsfürst und Blutsverwandter der Staufer. Ihm wollte der arrogante englische König jeden Anteil an der Beute verweigern. Weiterhin soll er das österreichische Banner von einem der Türme der eroberten Stadt heruntergerissen haben, was ihn vollends zum Todfeind Leopolds machte. Dieser nutzte die Gelegenheit, Richard im Dezember 1192 in Erdberg bei Wien gefangen zu nehmen und auf der Burg Dürnstein an der Donau unter die scharfe Bewachung Hadmars von Kuenring zu stellen.

Karte des „Südreichs" der Staufer.

Stammtafel des normannischen Königshauses der Hauteville

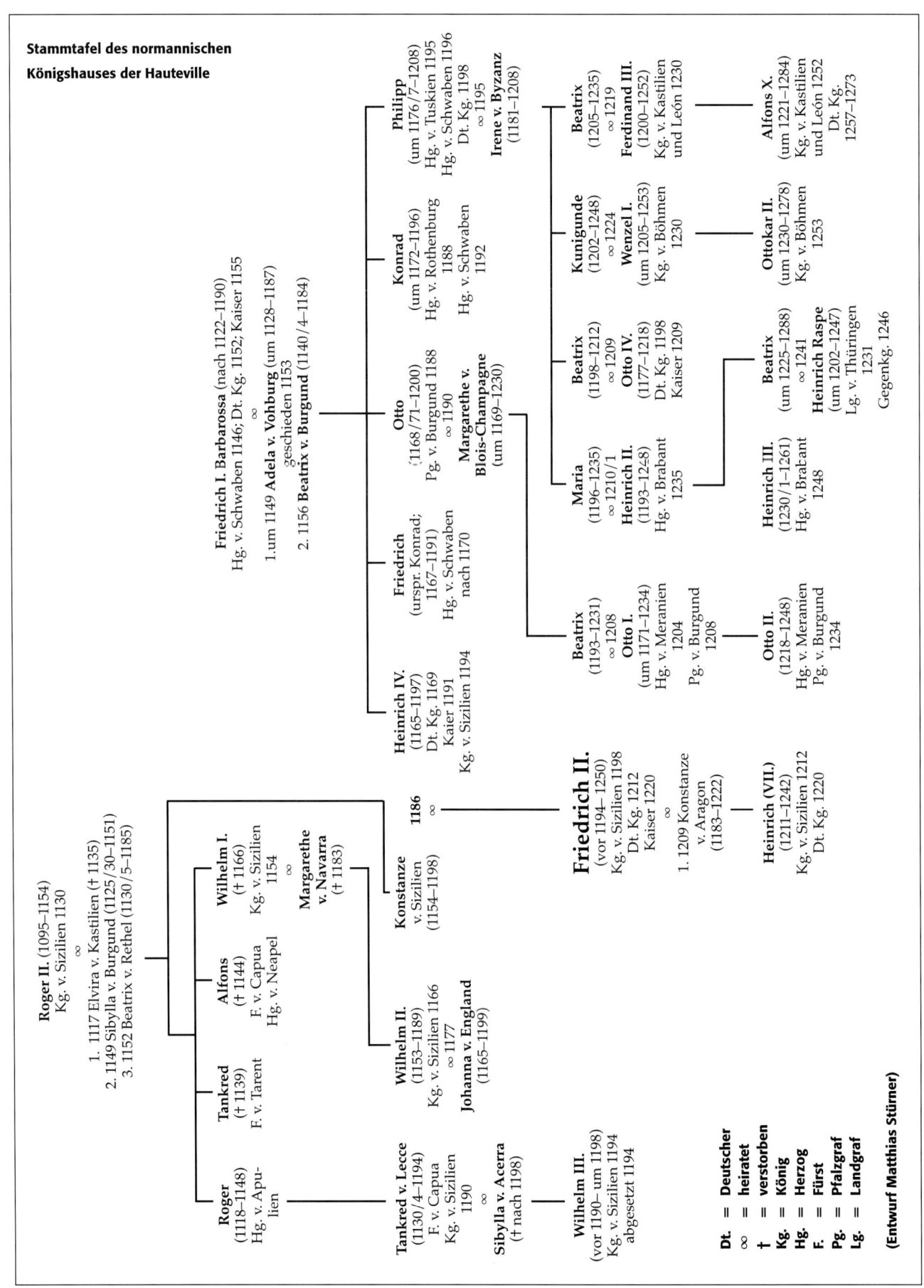

(Entwurf Matthias Stürner)

Kaiser Heinrich VI., der das Weihnachtsfest 1192 in der Pfalz in Eger verbracht hatte, nutzte die Gunst der Stunde. Unverzüglich verständigte er sich mit Herzog Leopold, der inzwischen vom Papst wegen Gefangennahme eines Kreuzfahrers gebannt worden war, über eine Auslieferung des englischen Königs. Dieser sollte zunächst 100 000 Mark Silbers bezahlen, die sich Kaiser und Herzog je zur Hälfte teilen wollten. Darüber hinaus forderte Heinrich die Bereitstellung einer gut ausgerüsteten Flotte zu der noch überfälligen Eroberung Siziliens. Diese und weitere Forderungen wurden durch die Gestellung von Geiseln abgesichert. Gegen den gefangenen König erhob der Kaiser auf einem nach Speyer einberufenen Reichstag Anklage wegen verschiedener Verbrechen, was Richard souverän zurückwies. Er verpflichtete sich aber zur Zahlung des enorm hohen Lösegelds und zur Ausrüstung von 50 Kriegsschiffen. Bis zur Erfüllung dieser Bedingungen blieb der englische König in ritterlicher Haft auf der Burg Trifels gefangen. Sie endete im Frühjahr 1194; am 13. März betrat Richard in Sandwich wieder englischen Boden.

Gefangennahme des englischen Königs Richard I. Löwenherz (oben). Richard huldigt Kaiser Heinrich VI. im Jahr 1194 (unten). Aus der Chronik des Petrus von Ebulo, um 1195.

Kaiser Heinrich VI. richtete nun seine ganze Politik auf die Inbesitznahme seines sizilischen Erbes aus. Er ordnete die durch die Auseinandersetzungen zwischen einzelnen einflussreichen Reichsfürsten recht komplizierten Verhältnisse im Reich. Zuletzt söhnte er sich zu Beginn des Jahres 1194 in der Pfalz von Tilleda am Fuß des Kyffhäuser mit Heinrich dem Löwen aus, der sich daraufhin zur Teilnahme am bevorstehenden Italienzug bereit fand. Wenig später erreichte den Staufer die Nachricht, dass Tankred von Lecce am 20. Februar 1194 gestorben war. Zuversichtlich konnte er nun die letzten Vorbereitungen für den Zug nach Süden treffen, zu dem er am 12. Mai 1194 von der Burg Trifels in Begleitung Konstanzes aufbrach.

Ohne nennenswerten Widerstand durchquerte das Heer Ober- und Mittelitalien, während die Flotten der Pisaner und Genuesen unter dem Kommando Markwards von Annweiler und anderer fähiger Nautiker entlang der Küste südwärts segelten und am 23. August 1194 kampflos in den Hafen von Neapel einliefen. Der Podestà von Genua wandte sich mit seinen Schiffen alsbald Sizilien zu und besiegte vor Syrakus die von der Königinwitwe Sibylle befehligte Streitmacht.

In der Zwischenzeit war der kaiserliche Heerbann mit dem schwäbischen Aufgebot unter der Führung Konrads von Lützenhardt bis Salerno vorgerückt. Die Stadt, in der wenige Jahre zuvor die Kaiserin Konstanze gefangen genommen worden war, wurde am 17. September 1194

Die Burg Trifels bei Annweiler in der Pfalz, „Staatsgefängnis" und zeitweiliger Aufbewahrungsort der Reichskleinodien.

erstürmt und niedergebrannt. Nach dieser Strafaktion zog Heinrich landeinwärts über Melfi und das Ofantotal an die apulische Adriaküste, die er bei Barletta erreichte. Er folgte der alten Küstenstraße bis Brindisi, wechselte von dort über Tarent nach Kalabrien und stand Ende Oktober an der Straße von Messina. Die Stadt erhielt vor dem Aufbruch des Kaisers bedeutende Privilegien zuerkannt. Vor Palermo stellte er Sibylle von Acerra und ihrem Sohn Wilhelm die Grafschaft Lecce und das Fürstentum Tarent als erbliches Lehen in Aussicht und sicherte sich damit die kampflose Übergabe der Hauptstadt am 20. November 1194. Der Einzug des Kaisers und seiner Truppen in die normannische Residenz glich einem Triumphzug; tief bewegt betrat er den von Sarazenen erbauten und von dem großen Roger II., seinem Schwiegervater, erweiterten und prächtig ausgestatteten Palast. Am Weihnachtstag, dem 25. Dezember 1194, ließ sich Heinrich im Dom zu Palermo in feierlicher Zeremonie zum König von Sizilien krönen.

Einen Tag danach schenkte die Kaiserin Konstanze, die dem Zug nach Sizilien nur langsam folgen konnte, in der Stadt Jesi in den Marken einem Sohn das Leben. Spätere Legenden wollten wissen, dass sie in einem Zelt auf dem Hauptplatz der Stadt entbunden habe, um jeden Zweifel an der legitimen Geburt des Kindes, das den Namen Friedrich Roger tragen sollte, auszuschließen. Der Kaiser hatte kaum die frohe Kunde von der Geburt seines Sohnes erhalten, als er sich in Palermo einer Verschwörung gegenübersah, in die zahlreiche Mitglieder der normannischen Herrscherfamilie verwickelt waren. Sofort wurde Sibylle von Acerra mit ihren Kindern verhaftet; der Knabe Wilhelm starb nach drei Jahren auf Burg Hohenems in Vorarlberg. Sibylle überlebte mit ihren Töchtern den Tod des Kaisers im elsässischen Kloster Hohenburg. Ihre Schwiegertochter, die byzantinische Prinzessin Irene, wurde mit dem jüngsten Bruder Heinrichs VI., Philipp von Schwaben, verlobt und zu Pfingsten 1197 unter dem Namen Maria dessen Gemahlin.

Den unermesslichen normannischen Kronschatz ließ der Kaiser, wie glaubhaft berichtet wurde, auf 150 Saumtiere packen und unter schwerer Bewachung nach Deutschland bringen, wo er in den Gewölben der pfälzischen Burg Trifels sicher verwahrt blieb. Zu den besonderen Kostbarkeiten zählte der prachtvolle Krönungsmantel, den 1133/34 arabische Handwerker für König Roger II. angefertigt hatten und der heute, zusammen mit anderen damals überführten Stücken, in der Wiener Hofburg gehütet wird.

Zu Beginn des Jahres 1195 trat Heinrich VI. den Rückweg nach Deutschland an. In Apulien hatte er zuvor seine bewährtesten Ministerialen mit wichtigen Ämtern betraut und Konrad von Urslingen als „regni Siciliae vicarius" mit seiner Stellvertretung im Südreich beauftragt. Das Amt der „Regentin" von Sizilien hatte er seiner Gemahlin Konstanze vorbehalten. Er traf mit ihr am Osterfest 1195 in Bari zusammen und sah dabei erstmals seinen Sohn, der künftig in der Obhut der Gattin Konrads von Urslingen in Foligno zurückblieb. Konstanze begab sich nach Palermo, der Kaiser zog weiter nach Norden. Mit dem Papst, der die Vereinigung des Normannenreichs mit dem Imperium mit starkem Misstrauen beobachtete, versuchte er wieder zu einer Übereinkunft zu gelangen und teilte ihm noch im März 1195 mit, dass er sich entschlossen habe, einen Kreuzzug zu unternehmen, der in Bari, der Stadt des hl. Nikolaus, des Schutzpatrons der Seefahrer, seinen Ausgangsplatz haben sollte.

Während der umfangreichen Vorbereitungen suchte der Kaiser eine Regelung in der Nachfolgefrage herbeizuführen. Nachdem es die Reichsfürsten abgelehnt hatten, im Dezember 1195 seinen ein Jahr alten Sohn zum König zu krönen, versuchte er mit der Vorlage eines Erbreichsplans, die Thronfolge im Reich und in Sizilien nach den Regeln des Erbrechts festzulegen. Dafür war er bereit, den weltlichen Fürsten die Erblichkeit ihrer Reichslehen zuzugestehen und auch den Bischöfen großzügige Rechte einzuräumen. Doch auch dieser Plan verfiel der Ablehnung. Insbesondere der Papst wehrte sich gegen die dadurch festgeschriebene Umklammerung des Kirchenstaats. Immerhin erreichte der Kaiser im Dezember 1196 doch noch die Königswahl seines Sohnes Friedrich.

Als die Vorbereitungen für den Kreuzzug nahezu abgeschlossen waren, brach im Mai 1197 in Sizilien ein gefährlicher Aufstand aus. Die Angehörigen des eingesessenen Adels machten ihrer Empörung gegen den von den kaiserlichen Beamten ausgeübten rigorosen Steuerdruck und gegen andere Drangsale Luft. Der Kaiser sagte seine Teilnahme am Kreuzzug ab, beauftragte den Bischof Konrad von Hildesheim und den Reichsmarschall Heinrich von Kalden mit dessen Leitung und rüstete selbst eine Strafexpedition gegen die sizilischen Empörer aus. Ihre Anführer wurden mit einer nur schwer vorstellbaren Grausamkeit bestraft. In mehreren Quellen wird die Kaiserin Konstanze der Mitwisserschaft an den Vorbereitungen der Revolte ihrer Lands-

Christus krönt den Normannenkönig Roger II. Mosaik in der Kirche La Martorana in Palermo.

Krone der Kaiserin Konstanze von Sizilien, der Gemahlin Kaiser Heinrichs VI. Kopie des Originals im Domschatz zu Palermo.

leute bezichtigt; Gewissheit gibt es jedoch nicht.

Am 6. August 1197 befiel den Kaiser während eines Jagdausflugs bei Linaria ein heftiger Schüttelfrost, der vermutlich von einem Malariaanfall herrührte. Der Staufer ließ sich in die ihm stets treu ergebene Stadt Messina bringen, wo sich sein Zustand zunächst besserte. Er wies seine Gemahlin Konstanze an, im Falle seines Todes den Papst als Lehnsherrn Siziliens anzuerkennen und ihm die Mathildischen Güter und die besetzten Teile des Kirchenstaats herauszugeben.

Am 28. September 1197 hatten sich die Kräfte Heinrich VI. erschöpft. Noch nicht 32 Jahre alt starb der Römische Kaiser und König von Sizilien auf dem Höhepunkt seiner Macht in seiner geliebten Stadt Messina. Die Kaiserin Konstanze war am Totenbett zugegen.

Da der Kaiser seit der Gefangennahme des englischen Königs Richard Löwenherz noch immer als exkommuniziert galt, bemühte sie sich bei Papst Coelestin um die Aufhebung des Kirchenbanns, um den Leichnam christlich bestatten zu können. Dazu erklärte sich jedoch erst der Nachfolger Coelestins, Papst Innozenz III., im Frühjahr 1198 bereit, so dass Heinrich VI. erst im Mai dieses Jahres im Dom zu Palermo zur letzten Ruhe gebettet werden konnte.

Als Regentin Siziliens hat Konstanze nicht gezögert, das Heft in ihrer Heimat selbst in die Hand zu nehmen. Noch im Todesjahr Heinrichs hatte sie ihren Sohn aus Foligno nach Sizilien holen lassen; die Absicht seines Onkels, Herzog Philipps von Schwaben, den Thronerben nach Deutschland zu bringen, scheiterte. Mit der Krönung des kaum vierjährigen Friedrich zum König von Sizilien am Pfingstsonntag 1198 vollzog Konstanze die Abtrennung des Südreichs. In der Folge wurden die in den höchsten Verwaltungsämtern tätigen deutschen Adeligen, wie Markward von Annweiler und Konrad von Urslingen, ausgewiesen. In ihrem Testament bestimmte Konstanze schließlich Papst Innozenz III. zum Vormund ihres Sohnes. Die Kaiserin starb am 27. November 1198 und fand ebenfalls im Dom zu Palermo ihre letzte Ruhestätte. Nach ihrem Tod hatte Markward von Annweiler versucht, den Kaisersohn der päpstlichen Vormundschaft mit Gewalt zu entreißen – vergeblich. Die Folge waren jahrelange Auseinandersetzungen zwischen den verschiedenen politischen Gruppierungen, die auch auf Deutschland übergriffen und schließlich zu jenem unseligen Thronstreit führten, der für ein Jahrzehnt das Reich schwer erschüttern sollte.

König Philipp von Schwaben

Der jüngste Sohn Kaiser Friedrich Barbarossas und Bruder des verstorbenen Kaisers Heinrich VI., Philipp von Schwaben, war in dieser Situation der Einzige, der die staufische Sache wirkungsvoll vertreten konnte. Um 1176/77 in Oberitalien geboren, hatte er in Köln eine Ausbildung zum Geistlichen erhalten, war 1189 Propst des Marienstifts zu Aachen geworden und von 1190 bis 1192 Bischof von Würzburg gewesen. 1193 in den Laienstand zurückgetreten, hatte er seit 1195 das Amt eines Herzogs von Tuscien bekleidet, im April desselben Jahres in Bari Irene von Byzanz aus dem Hause Angelos geheiratet und war 1196 von seinem kaiserlichen Bruder zum Herzog von Schwaben bestellt worden..

Im März 1198 wählte ihn eine Fürstenversammlung in Thüringen zum deutschen König, die Krönung erfolgte am 8. September 1198 in Mainz.

Von Zeitgenossen wurde Philipp als im Charakter seinem Vater zwar ähnlich, aber doch mit einem „sanften Geist und mildem Sinn" ausgestattet, beschrieben. Er sei bei aller ritterlichen Tapferkeit geneigt, „mehr durch Schlauheit als durch Kampf zu siegen." Diese Eigenschaft ließ er allerdings vermissen, als die antistaufische Partei um den Kölner Erzbischof sich daran machte, einen Gegenkandidaten auf den deutschen Königsthron zu heben. Die Wahl fiel auf den zweiten Sohn Heinrichs des Löwen, Otto, der nach seiner Wahl am 9. Juni 1198 die Stadt Aachen gewann und dort am 12. Juli durch den Kölner Erzbischof zum König Otto IV. gekrönt wurde.

Nach dieser Doppelwahl konnte sich der Staufer zwar auf die Mehrheit der deutschen Fürsten, der Welfe Otto dagegen auf reiche englische Subventionen stützen. Mit deren Hilfe gewann er zahlreiche Verbündete. Er musste sich jedoch nach dem Tod des englischen Königs Richard Löwenherz am 6. April 1199 mit dessen glücklosem Nachfolger Johann Ohneland verbünden, wodurch sich die Sympathien wieder dem Staufer Philipp zuwandten. Dadurch konnte dieser seine zweite Krönung am 6. Januar 1205 in Aachen durch Erzbischof Adolf von Köln durchsetzen. Der Papst löste ihn daraufhin vom Kirchenbann, was Philipp, auch im Hinblick auf die in Aussicht gestellte Kaiserkrone, bewog, der Kirche verschiedene Rechte, etwa die Freiheit der Bischofswahlen, zuzugestehen. Thronstreit und Bürgerkrieg schienen damit beendet. In dieser Situation, die für die Einheit und den Frieden im Reich wieder Hoffnung schöpfen ließ, wurde der Staufenkönig Philipp von Schwaben am 21. Juni 1208 in Bamberg von dem bayerischen Pfalzgrafen Otto von Wittelsbach ermordet. Bis heute ist unklar, ob der schrecklichen Bluttat ein politisches Motiv zugrunde lag oder ob sie aus persönlicher Rache geschah.

Philipps Gemahlin, die Tochter des byzantinischen Kaisers Isaak II. Angelos, flüchtete nach dem Mord auf die Burg Hohenstaufen, wo sie am 27. August 1208 nach der Frühgeburt einer Tochter verstarb. Sie wurde im Familienkloster Lorch beigesetzt, der Leichnam Philipps wurde zunächst im Bamberger Dom bestattet, von König Friedrich II. jedoch am Weihnachtstag 1213 in der Kaisergruft des Doms zu Speyer zur letzten Ruhe gebettet.

Das Urteil über König Philipp fällt bei den Zeitgenossen zwiespältig aus. Einige sagten

König Philipp von Schwaben (1198–1208) und seine Gemahlin Irene von Byzanz. Kolorierter Kupferstich von Johann Sebald Baumeister, 1811.

ihm ein „machtvolles Regiment" nach, andere verurteilten die Preisgabe zahlreicher königlicher Rechte und Besitzungen vornehmlich an die Kirche, um den Thronstreit mit Otto IV. für sich entscheiden zu können.

Nach seinem Tod konnte der Welfe – nachdem auch die staufische Partei seine Herrschaft anerkannt hatte – den Griff zur Kaiserkrone wagen: am 4. Oktober 1209 wurde sie ihm in Rom zuteil. Als Otto danach jedoch daranging, die von ihm selbst abgeschworene Vereinigung Siziliens mit dem Reich zu betreiben, verlor er die Gunst des Papstes und wurde von Innozenz III. mit dem Kirchenbann belegt. In zunehmendem Maße stellten sich nun auch die staufertreuen Reichsministerialen gegen ihn und als er schließlich als Verbündeter des englischen Königs am 27. Juli 1214 in der Schlacht bei Bouvines östlich von Lille gegen König Philipp II. von Frankreich eine entscheidende Niederlage erlitt, war sein Schicksal als Kaiser und deutscher König besiegelt. Er zog sich auf die Harzburg zurück, wo er – fast vergessen – am 19. Mai 1218 starb.

Der siegreiche französische König sandte das bei Bouvines erbeutete kaiserliche Banner mit dem Reichsadler an den Staufer Friedrich II..

Kaiser Friedrich II.

Der einzige Sohn Kaiser Heinrichs VI. vereinigte in sich „das Erbe der Staufer und des normannischen Königshauses der Hauteville, des mittelalterlichen Kaisertums und des zentralisierten normannisch-sizilischen Königsstaates, auf dessen Boden in der Atmosphäre einer griechisch-lateinisch-arabischen Mischkultur ganz neuartige Züge von Naturbeobachtung, Wirklichkeitssinn, Skeptizismus und Toleranz gegenüber den Arabern emporgekommen waren" (Heinz Löwe).

Als „Puer Apuliae", als „apulischer Knabe", in Palermo herangewachsen und nicht selten auf sich selbst gestellt, prägte sich Friedrichs Charakter in die unterschiedlichsten Richtungen aus. Schon bald sagte man ihm Großzügigkeit, Toleranz und Liebenswürdigkeit, aber auch Misstrauen, Grausamkeit, Skrupellosigkeit, Leidenschaft und rationales Kalkül nach.

Eine Marmortafel am Domplatz in Jesi kündet in italienischer, deutscher, englischer und französischer Sprache von der Geburt Kaiser Friedrichs II. am 26. Dezember 1194.

Ein Chronist vermerkte: „Der König hat an Wissen und Kraft sein eigenes Alter so übertroffen, dass man an ihm nur finden kann, was einen reifen und vollkommenen Mann zieren würde; man muss ihm unverzüglich und ohne Zögern gehorchen, da er von sich aus zwischen Getreuen und Ungetreuen, zwischen Guten und Schlechten unterscheidet". Hervorgehoben wurden sein widerstandsfähiger Körper und seine kräftigen Gliedmaßen, insbesondere aber seine anmutige Schönheit und die „Heiterkeit seiner Augen".

Nach Vollendung des 14. Lebensjahrs – 1208 – aus der päpstlichen Vormundschaft entlassen, ging Friedrich im August 1209 seine erste von vier Ehen ein mit Konstanze, der Tochter König Alfons' II. von Aragon. Dieser Verbindung entspross 1211 sein designierter Nachfolger Heinrich (VII.).

Galt die Sorge des jungen Königs zunächst der Konsolidierung seiner Herrschaft in Sizilien, so nahm bald die dramatische Entwicklung des innerdeutschen Thronstreits seine ganze Aufmerksamkeit in Anspruch.

Das Vordringen Kaiser Ottos IV. in den Süden nach König Philipps Ermordung im Jahre 1208 veranlasste Papst Innozenz III., sich von ihm abzuwenden und sein Mündel, den

Staufer Friedrich, von einflussreichen deutschen Fürsten im September 1211 zum „zukünftigen Kaiser" wählen zu lassen. Dieser begann mutig seinen abenteuerlichen Kampf um die Krone.

Gegen den Rat seiner Gattin, die er als Regentin in Sizilien zurückließ, brach der Staufer mit kleinem Gefolge im März 1212 nach Norden auf. Zuvor hatte er noch auf päpstlichen Wunsch sein wenige Monate altes Söhnchen Heinrich zum König von Sizilien krönen lassen. Auf gefahrvollen Wegen erreichte er abseits der großen Routen durch das Engadin deutschen Boden, wo er im September 1212, wenige Stunden (!) nur vor Otto IV., in Konstanz eintraf. Seine Tore öffnete der Bischof ihm und nicht Otto, nachdem Erzbischof Berard von Bari als päpstlicher Legat die Bannbulle gegen den Welfen verlesen hatte.

Palermo und seine nähere Umgebung bewahren eine Fülle historischer Zeugnisse aus der normannischen und staufischen Zeit. Neben dem Normannenpalast mit der einzigartigen Cappella Palatina und dem Dom sind dies die Kirchen La Martorana, della Magione und San Giovanni degli Eremiti sowie die Palastbauten La Zisa und La Cuba.
Unweit von Palermo thront die einzigartige Kathedrale des Benediktinerklosters Monreale, der Höhepunkt normannischer Sakralarchitektur.

Die päpstliche Unterstützung, französisches Geld, die staufischen Parteigänger in Schwaben und am Oberrhein, die Hilfe der geistlichen Fürsten und nicht zuletzt der Glanz des staufischen Namens brachten Friedrich in kürzester Zeit in den Besitz ganz Süddeutschlands.

Nachdem Otto IV. durch den Sieg der Franzosen über die mit ihm verbündeten Engländer in der Schlacht von Bouvines endgültig gescheitert war, stand der Krönung Friedrichs zum Römischen König am traditionellen Krönungsort Aachen, am 25. Juli 1215, nichts mehr im Wege. Dabei stellte er sich in besonderer Weise in die Tradition des 50 Jahre zuvor auf Initiative seines Großvaters Friedrich Barbarossa vom Gegenpapst Paschalis III. heilig gesprochenen Kaisers Karl des Großen. Er ließ dessen Gebeine in einen kostbaren Silberschrein umbetten, der mit 16 Kaiserbildnissen – darunter auch seinem eigenen – geschmückt war. Friedrich selbst schlug den ersten Nagel in den Deckel, als der Schrein geschlossen wurde.

Im November 1215 sprach das 4. Laterankonzil, jene großartigste Kirchenversammlung des Hochmittelalters, die offizielle Anerkennung Friedrichs als König und zukünftiger Kaiser sowie die Absetzung Ottos IV. aus – eine Maßnahme kirchlichen Selbstverständnisses, die ein böses Omen für die Zukunft beinhaltete.

Nach dem Tod Innozenz' III. fühlte sich Friedrich nicht mehr an sein Versprechen gebunden, Regnum und Imperium nicht in eine Hand zu geben. Er beorderte seinen Sohn Heinrich und dessen Mutter nach Deutschland und übertrug ihm das Herzogtum Schwaben. Nach langwierigen Verhandlungen mit den Fürsten erreichte er schließlich 1220 die Wahl seines kaum 10-jährigen Sohnes zum deutschen

Goldbulle Kaiser Friedrichs II. (1215–1250) aus dem Jahr 1232.

Sitzstatue Kaiser Friedrichs II. vom Brückenkastell in Capua. Teilrekonstruktion unter Verwendung eines Abgusses des Originaltorsos im Dokumentationsraum für staufische Geschichte in Göppingen-Hohenstaufen.

König. Gegenüber dem neuen Papst Honorius III. betonte Friedrich den freiwilligen Wahlakt der Fürsten und die Notwendigkeit geordneter Verhältnisse angesichts des bevorstehenden Kreuzzugs. Der Papst, der in der Durchführung dieses Kreuzzugs sein heiligstes Ziel sah, war bereit, Friedrichs Aktivitäten im Reich zu übersehen.

Nachdem der Staufer seine Nachfolge gesichert hatte, brach er im August 1220 nach Süden auf. Nur für kurze Zeit – zwischen 1235 und 1237 – sollte er wieder deutschen Boden betreten.

Am 22. November 1220 empfing Friedrich aus den Händen des Papstes Honorius III. die Insignien eines Römischen Kaisers. Am Krönungstag gelobte er zum wiederholten Male die baldige Durchführung eines Kreuzzugs und bekräftigte erneut die staatsrechtliche Trennung von Imperium und Südreich.

Die folgenden Jahre nutzte Friedrich, um im Süden mit energischen Maßnahmen den Ausbau eines straffen zentralistischen Herrschaftssystems in Angriff zu nehmen. Mit kaiserlicher Autorität ausgestattet, schickte er sich an, auf dem von seinen normannischen Vorgängern gelegten Fundament ein machtvolles Staatswesen nach seinen Vorstellungen und Bedürfnissen aufzubauen. Mit dem Gesetz „De resignandis privilegiis" hob er sämtliche dem sizilianisch-apulischen Adel seit 1189 gewährten Vorrechte auf, die Barone verloren ihre Gerichtsbarkeit, der Bau von Burgen wurde ebenso reglementiert wie die Vererbung von Lehnsbesitz und die Heirat von Lehnsträgern. Mehrere in Capua erlassene Gesetze schufen die Voraussetzung für eine staatsorientierte Wirtschaftspolitik. Sizilien kam ja aufgrund seiner zentralen Lage im Mittelmeer eine dominierende Stellung im Levantehandel zu. Diesen hielten die rivalisierenden Seemächte Genua und Pisa weitgehend unter Kontrolle. Auch ihnen entzog Friedrich 1221 ihre usurpierten Vorrechte und begann unverweilt mit dem Aufbau einer eigenen Handels- und Kriegsflotte.

Zur selben Zeit führte der Kaiser einen erbitterten, fast zweijährigen Kampf gegen die ob ihrer räuberischen Übergriffe gefürchteten Sarazenen, die im unwegsamen Bergland Siziliens seit Generationen unkontrolliert lebten. Nach ihrer Niederwerfung wurden etwa 16 000 von ihnen nach Lucera umgesiedelt, das Friedrich in eine sarazenische Militärkolonie verwandelte. In dieser Insellage, fernab von ihren mohammedanischen Glaubensgenossen in Nordafrika, durften sie nach ihren eigenen Sitten und in freier Religionsausübung unter dem persönlichen Schutz des Kaisers leben. Sie ergaben sich ihm in blindem Gehorsam, dienten als Arbeitskräfte auf den ausgedehnten Domänen, als schlagkräftige Leibwache und bildeten den Kern der kaiserlichen Streitmacht, eine Truppe von höchster Tapferkeit, die zudem gegen päpstliche Bannflüche immun war.

In kaum mehr als drei Jahren hatte Friedrich geordnete Verhältnisse im Regnum geschaffen und einen völligen Wandel der Strukturen herbeigeführt. – Nun bedurfte es

Blick auf die Ruinen des staufischen Turmkastells in Lucera.

einer treu ergebenen, gebildeten Beamtenschaft, die sich Herrscher und Staat gegenüber loyal verhielt. Nicht in der Hand von Klerikern und Adeligen, vielmehr in der von juristisch geschulten Laien sollte die Verwaltung des Staates liegen. Diesem Ziel diente die Gründung der Universität Neapel am 24. Juni 1224. Die dort vermittelten Lehren sollten in erster Linie dem Aufbau der Organisation des Staatswesens nützen.

Der Papst akzeptierte stillschweigend die Handlungsweise des Kaisers, um dessen Bereitschaft zur Durchführung des längst überfälligen Kreuzzugs nicht vollends zunichte zu machen. Als Friedrich im Jahre 1225, nach seiner 2. Eheschließung mit der erst 14 jährigen Isabella von Brienne, den Titel eines „Königs von Jerusalem" von deren im selben Jahr verstorbenen Vater Johann übernommen hatte, konnte er sich dem Aufbruch ins Heilige Land nicht mehr entziehen.

Das Unternehmen wurde im Spätsommer 1227 gestartet, musste aber wegen des Ausbruchs einer Seuche, an der auch der Kaiser erkrankte und zahlreiche seiner Gefolgsleute, unter ihnen Landgraf Ludwig IV. von Thüringen, verstarben, abgebrochen werden. Der neue Papst Gregor IX. hielt dies für einen politischen Schachzug und belegte Friedrich mit dem Kirchenbann. Dieser stach im Juni 1228 mit einem schwachen Truppenkontingent von Brindisi aus erneut in See und landete am 8. September 1228 in Akkon. Dort versicherte sich der Gebannte der Loyalität der deutschen Ordensritter, denen er 2 Jahre zuvor mit der Goldenen Bulle von Rimini die Grundlagen für einen eigenen Staat in Preußen geschaffen hatte, sowie der in der Festung anwesenden Sizilianer, Genuesen und Pisaner. Statt einen gewaltsamen Eroberungsversuch zu machen, erreichte Friedrich in langen Verhandlungen mit Sultan El-Kamil die Abtretung Jerusalems (mit Ausnahme des alten Tempelbezirks), Bethlehems und Nazareths mit einem Korridor zum Meer für einen Zeitraum von 10 Jahren.

Dieses Abkommen, das ohne Schwertstreich zum Erfolg geführt hatte, fand freilich sowohl in der christlichen wie auch in der arabischen Welt manche Kritik. Die Kontakte Friedrichs zu Muselmanen nährten die zahlreichen Gerüchte von Friedrichs Freigeistigkeit und seiner ketzerischen Gesinnung. Der Patriarch belegte Jerusalem mit dem Interdikt und untersagte den Pilgern den Zutritt zur Stadt. Dessen ungeachtet nahm der gebannte Kaiser am 18. März 1229 in feierlicher Zeremonie die Krone des Königreichs Jerusalem vom Altar und setzte sie sich selbst aufs Haupt. Hermann von Salza, der dem Kaiser treu ergebene Hochmeister des Deutschen Ritterordens, verlas hierbei das von hohem Selbstgefühl getragene Kreuzzugsmanifest des Kaisers an die Christenheit. Nach seiner Rückkehr aus Jerusalem säuberte Friedrich II. Apulien von eingedrungenen päpstlichen Truppen und erreichte – wiederum durch weitreichende Zugeständnisse, etwa den Verzicht auf das Konsensrecht bei Bischofswahlen – die Aufhebung des Kirchenbanns.

Nun hielt der Kaiser die Zeit für gekommen, die von seinen Juristen erarbeitete bedeutendste Rechtskodifikation seit Justinian, die Konstitutionen von Melfi, zu publizieren. Dies geschah im August 1231 in dem an der Grenze zwischen Apulien und der Basilikata gelegenen Kastell. Die Leitmotive des Gesetzbuchs waren pax et justitia, die der Herrscher als Vollstrecker des göttlichen Willens zu gewährleisten, ja, wenn nötig, den Menschen im Interesse seiner gottgewollten Ordnung aufzuzwingen hatte.

Dieser „Liber Augustalis" war der Ausdruck seines Herrschaftsverständnisses und regelte die Verwaltung und Rechtsprechung des zentralistischen Staates oft bis in das private Leben hinein. So wurden etwa Ehebruch, Kuppelei, Glücksspiel sowie die Herstellung von Liebestränken unter Strafe gestellt, Ausbildung und Finanzgebaren der Ärzte streng kontrolliert und die Herstellung von Medikamenten einem neuen Berufsstand, den Apothekern, übertragen. Mit aller Härte sollte gegen die Ketzerei vorgegangen werden, niemand durfte die Rolle des Kaisers als Schirmherr der Kirche in

Das Kastell Kaiser Friedrichs II. in Melfi.

Zweifel ziehen. Der Hof des Kaisers – Foggia in Apulien war zur bevorzugten Residenz ausgebaut worden – wurde Pflegestätte von Wissenschaft und Kunst. Friedrichs Wissensdrang war universell, galt jedoch in erster Linie dem mathematisch-naturwissenschaftlichen Bereich. Seine besonderen Kenntnisse auf dem Gebiet der Vogelkunde – hauptsächlich aus der eigenen Beobachtung gewonnen – zeigt seine Schrift „De arte venandi cum avibus", in welcher er die Lebensweise der Vögel, insbesondere aber die Falkenjagd behandelte. Es gelang Friedrich, bedeutende Gelehrte – Christen, Juden und Muselmanen – an den Hof zu holen. An der Spitze eines Kreises hervorragender Juristen und Beamter stand sein engster Vertrauter, der Großhofrichter Petrus de Vinea. Diese Beamten waren aber auch Zentrum eines Dichterkreises am Hofe, an dem der Kaiser selbst und einige seiner Söhne Anteil hatten. Mit ihren Sonetten und Kanzonen im Stil der provenzalischen Troubadourlyrik wurden sie maßgeblich für die Entwicklung des Volgare, der italienischen Volkssprache.

Friedrich war sich bewusst, dass er zwar im Südreich seine Vorstellungen von einem modernen Staat nahezu hatte realisieren können, dass jedoch im nördlichen Reichsitalien und in Deutschland zentrale Probleme, wie das Verhältnis zu den mächtigen oberitalienischen Stadtrepubliken und zu den selbstherrlichen deutschen Fürsten, einer Lösung harrten. Auf einem für November 1231 nach Ravenna einberufenen Reichstag gedachte der Kaiser seinen Standpunkt darzulegen.

Dass der Kaisersohn Heinrich nicht zu dieser Reichsversammlung erschien, offenbarte erstmals den politischen und menschlichen Konflikt, der sich zwischen Vater und Sohn abzuzeichnen begann. Der junge König, seit 1225 mit der wenig geliebten Babenbergerin Margarethe, der Tochter Herzog Leopolds VI. von Österreich, vermählt, hatte sich 1228 der Vormundschaft Herzog Ludwigs I. von Bayern entledigt und selbständig die Regierung angetreten. In seinem Bemühen um die Festigung der königlichen Position in Deutschland stützte sich Heinrich auf den niederen Adel sowie die Reichsministerialen und förderte das Städtewesen. So sehr er hierbei auch Wege ging, die vom Vater vorgezeichnet waren, er geriet doch in Widerspruch zu dessen imperialer Politik, die gerade damals Rücksichtnahme auf die deutschen Fürsten erforderte. Die Ungeduld des jungen Königs erzeugte Unruhe, die Friedrich nicht ak-

Kaiser Friedrich II. mit einem Falkner. Miniatur aus dem Falkenbuch des Kaisers "De arte venandi cum avibus" – "Über die Kunst, mit Vögeln zu jagen".

zeptieren konnte. Er bat den Papst um Beistand gegen seinen Sohn, worauf dieser am 5. Juli 1234 mit dem Kirchenbann belegt wurde. Heinrich zettelte daraufhin eine offene Rebellion an, verbündete sich sogar mit den Todfeinden des Kaisers, den lombardischen Städten, um Friedrich die Alpenpässe nach Deutschland zu sperren. Der Aufstand brach rasch zusammen, als der Kaiser im Mai 1235 zwar nur mit geringem Gefolge, jedoch mit orientalischer Prachtentfaltung, die allenthalben Staunen erregte, über Friaul nach Deutschland zog. In der Pfalz von Wimpfen unterwarf sich Heinrich am 2. Juli 1235 seinem Vater, der ihn gefangen nach Worms mitführte und dort über ihn zu Gericht saß. Heinrich wurde seiner Königswürde entkleidet und zu Beginn des Jahres 1236 nach Süditalien gebracht, wo er am 10. Februar 1242 bei Martirano in Kalabrien seinem Leben wohl selbst ein Ende machte. Der Kaiser veranlasste seine Beisetzung im Dom von Cosenza.

Noch in Worms hatte am 15. Juli 1235 die Vermählung des Kaisers mit der Schwester des englischen Königs Heinrich III., Isabella, stattgefunden. Die Ehe mit einer Engländerin deutete bereits die geplante Aussöhnung mit den Welfen an, die auf dem glanzvollen Mainzer Hoftag am 15. August 1235 endgültig vollzogen wurde. Sie brachte die Konsolidierung der Verhältnisse im Norden Deutschlands. Otto das Kind, der Enkel Heinrichs des Löwen, wurde in den Reichsfürstenstand erhoben und mit dem neugeschaffenen Herzogtum Braunschweig-Lüneburg belehnt.

Das zentrale Ereignis dieses Hoftags war aber ohne Zweifel die Verkündung des Mainzer Reichslandfriedens, der erstmals, um eine entsprechende Breitenwirkung zu gewährleisten, auch in deutscher Sprache publiziert wurde und der den Kaiser nun auch in Deutschland als Gesetzgeber auftreten ließ. Das Gesetzeswerk sollte über friedenssichernde Maßnahmen hinaus die Verfassungsstruktur des Reiches grundsätzlich ordnen, indem alle Rechte, auf welche Weise immer sie erworben waren, als vom Reich verliehen zu gelten hatten. Nach dem Vorbild der sizilischen Justitiare wurde das Amt des Reichshofrichters geschaffen. Er sollte als Vertreter des Kaisers zu Gericht sitzen und von jedem angerufen werden können.

Ehe Friedrich im Herbst 1236 in den Süden aufbrach, nahm er noch im Mai dieses Jahres in Marburg an der Hebung der Gebeine der 1231 verstorbenen und unmittelbar darauf heiliggesprochenen Landgräfin Elisabeth von Thüringen teil, wobei er in einer Mönchskutte demütig hinter dem Sarg der vom franziskanischen Armutsideal erfüllten Fürstin einherschritt.

Im oberitalienischen Cortenuovo, bei Bergamo, errang die Streitmacht Friedrichs, die aus deutschen und sizilischen Rittern, sarazenischen Bogenschützen, den Kontingenten aus der Toskana und reichstreuen oberitalienischen Städten sowie Söldnern aus ganz Europa bestand, am 27./28. November 1237 nach einem geschickten Täuschungsmanöver in offener Feldschlacht einen glänzenden Sieg über die Truppen der lombardischen Liga. Im Stil eines antiken Triumphators zog Friedrich in das kaisertreue Cremona ein. Die Liga, selbst Mailand, war nun bereit, fast alle Forderungen des Kaiser zu erfüllen. Als er allerdings auf der bedingungslosen Kapitulation bestand, flammten die Kämpfe wieder auf, führten jedoch zu keinem Ergebnis. Der Papst, der eine Allmacht des Kaisers in Italien und damit auch die Umklammerung des Kirchenstaates fürchtete, stärkte den Lombarden den Rücken und exkommunizierte Friedrich zum zweiten Mal unter fadenscheinigen Gründen am 20. März 1239.

Der Tod Gregors IX. am 22. August 1241 verlieh der Auseinandersetzung zwischen dem Kaiser und der römischen Kirche eine unerwartete Wendung.

Nach einer langen Sedisvakanz bestieg am 25. Juni 1243 der Genuese Sinibald Fiesco, ein bedeutender Rechtsgelehrter, den Stuhl Petri; er nannte sich Innozenz IV. Der Kaiser war mit dieser Papstwahl nicht unzufrieden, galt der Genuese doch als Vertreter der Friedenspartei, was sich freilich als verhängnisvolle Fehleinschätzung erwies. Zunächst schienen sich jedoch die Erwartungen Friedrichs zu erfüllen. Mit dem Angebot, das im August 1244 an die „Ungläubigen" verlorene Jerusalem durch einen Kreuzzug wiederzugewinnen, erreichte Friedrich am 6. Mai 1245 die Lösung vom Kirchenbann, doch widerrief der Papst seine Entscheidung sofort, als er von weiteren Übergriffen des kaiserlichen Heeres auf den Kirchenstaat unterrichtet wurde. Kurzerhand verfügte er die Absetzung Friedrichs, entband die Untertanen von ihrem

Arkaden an der Neckarseite der Kaiserpfalz in Wimpfen am Berg.

Am Sterbeort Kaiser Friedrichs II., in den Ruinen des Kastells Fiorentino, wurde zum Gedächtnis der 750. Wiederkehr des Todestags, am 13. Dezember 1250, eine achtseitige Stele errichtet.

Treueid und bezichtigte ihn der Gotteslästerung, der Ketzerei, des Friedensbruchs und des Meineids.

Einige Erfolge gelangen der päpstlichen Partei in Deutschland: Am 22. Mai 1246 wählten die drei rheinischen Erzbischöfe und einige Bischöfe in Veitshöchheim bei Würzburg den Landgrafen Heinrich Raspe von Thüringen zum Gegenkönig, nachdem dieser zuvor für 20 000 Mark Silber vom Kaiser abgefallen war. Als er bereits 1247 verstarb, wurde der mittellose Graf Wilhelm von Holland auf den Schild gehoben.

Im Jahr 1247 hatte sich die Lage des Kaisers in Italien so sehr gebessert, dass er daran denken konnte, selbst an den Hof des Papstes in Lyon zu ziehen, um sich für die gegen ihn erhobenen Beschuldigungen zu rechtfertigen. Danach wollte er seine Position in Deutschland festigen. Der Abfall des strategisch wichtigen Parma vereitelte jedoch den geplanten Zug. Friedrich brach sein Vorhaben ab und schloss die Stadt ein. Ein Ausfall der monatelang belagerten Parmesen fügte dem Kaiser empfindliche Verluste zu. Die Städter erbeuteten die mitgeführten Schätze und Herrschaftszeichen, das Staatssiegel, die Bibliothek mit dem berühmten Falkenbuch und die exotischen Tiere, die im kaiserlichen Tross stets mitgeführt wurden.

Hatte das Ansehen Friedrichs durch diese Niederlage schwer gelitten, so trafen ihn im Jahr 1249 weitere Schicksalsschläge, etwa der Giftmordversuch seines Arztes, die Gefangennahme seines Sohnes Enzio durch die Bolognesen und der nie aufgeklärte Verrat seines engsten Vertrauten, des Großhofrichters Petrus de Vinea, den er blenden ließ und der bald darauf in der toskanischen Reichsburg San Miniato, wohl durch Selbstmord, starb.

Zu Beginn des Jahres 1250 wendete sich die militärische Situation wieder zum Besseren, auch schien die Kurie finanziell erschöpft; Friedrich begann, den Plan eines Zuges nach Lyon wieder aufzugreifen. Bevor aber die umfangreichen logistischen Vorbereitungen dafür abgeschlossen waren, verstarb der Kaiser am 13. Dezember 1250 in Castel Fiorentino unweit der Sarazenengarnison Lucera unerwartet an einer ruhrähnlichen Krankheit. Zu den letzten Wünschen des Todkranken, dem sein Freund, Erzbischof Berard von Palermo, noch Absolution und Sterbesakramente erteilt hatte, gehörte es, in der grauen Kutte der Zisterzienser aufgebahrt zu werden.

Das Herz des Kaisers wurde im Dom seiner Lieblingsresidenz Foggia beigesetzt, wo es seit dem Erdbeben von 1731 verschollen ist. Sein Körper ruht in einem prächtigen Porphyrsarkophag in der Kathedrale zu Palermo, wo auch seine Eltern, Kaiser Heinrich VI. und die Normannenerbin Konstanze, bestattet sind.

In seinem Testament hatte Friedrich II. seinen Sohn Konrad IV. zur Nachfolge im Reich und in Sizilien bestimmt; während seiner Abwesenheit sollte sein der Verbindung mit Bianca Lancia entsprossener Lieblingssohn Manfred das Regiment im Südreich führen.

Manfred war es auch, der seinem Bruder Konrad nach Deutschland den Tod des Vaters mit bewegten Worten mitteilte.

„Untergegangen ist die Sonne der Welt, die über den Völkern geleuchtet hat, untergegangen die Sonne der Gerechtigkeit, der Hort des Friedens"

König Konrad IV.

Konrad war der Sohn aus der am 9. November 1225 in Brindisi geschlossenen Ehe Kaiser Friedrichs II. mit Isabella von Brienne, der Erbin des Königreichs Jerusalem. Er wurde am 25. April 1228 in Andria nahe Bari geboren; Isabella starb noch im Kindbett am 5. Mai und fand in der Krypta des Doms zu Andria ihre letzte Ruhestätte.

Bei der Öffnung des Sarkophags in Palermo im Jahr 1783 zeigte sich der Leichnam Kaiser Friedrichs II. für kurze Zeit in dem in einem zeitgenössischen Kupferstich festgehaltenen Zustand.

Kaiser Friedrich II. wurde in einem Sarkophag aus Porphyr im Dom zu Palermo beigesetzt.

König Konrad IV. (1250 – 1254). Kolorierter Kupferstich von Johann Sebald Baumeister, 1811.

Als designierter Nachfolger Friedrichs II. begleitete Konrad seinen Vater 1235 nach Deutschland, im Februar 1237 wurde er in Wien zum deutschen König gewählt, eine offizielle Krönung ist nie erfolgt. Nach der Rückkehr des Kaisers nach Italien übernahm der zum Reichsprokurator bestellte Mainzer Erzbischof Siegfried III. die Regentschaft für den Minderjährigen. Die Exkommunikation Friedrichs II. im Jahr 1239 veranlasste zahlreiche Würdenträger im Reich, die staufische Partei zu verlassen und sich auf die Seite des Papstes zu schlagen. Dazu entschlossen sich auch Erzbischof Siegfried und der ihm nachfolgende Reichsprokurator Heinrich Raspe, den die Gegner des Kaisers am 22. Mai 1246 zu seinem Gegenkönig erhoben. Als sich König Konrad zum militärischen Vorgehen gegen ihn entschloss, brachte ihn der Abfall der schwäbischen Grafen Ulrich von Württemberg und Hartmann von Grüningen um den erhofften Erfolg.

Seine Heirat mit Elisabeth von Bayern am 1. September 1246 sicherte ihm die Unterstützung des mächtigen Herzogs Otto von Wittelsbach.

Der Tod seines Vaters am 13. Dezember 1250 veranlasste Konrad, unverzüglich die Vorbereitungen für einen Italienzug zu treffen. Die anfallenden Kosten zwangen ihn zur Verpfändung von Reichsgut und zur Gewährung kostspieliger Privilegien. Erst im Herbst 1251 konnte der König mit einem bescheidenen Gefolge nach Süden aufbrechen. Im Januar des folgenden Jahres traf er im apulischen Siponto, nahe der Residenzstadt Foggia, seinen Halbbruder Manfred, dem der Kaiser auf dem Sterbebett im Dezember 1250 die Regentschaft über das Königreich Sizilien anvertraut hatte.

König Manfred

Manfred war 1232 aus der Verbindung Friedrichs II. mit der Markgräfin Bianca Lancia hervorgegangen. Er blieb von der Thronfolge ausgeschlossen, obwohl er später den ehelichen Kindern des Kaisers gleichgestellt wurde.

Als Fürst von Tarent bemühte sich Manfred, seit 1252 zusammen mit Konrad IV., aus dem allgemeinen Zusammenbruch der staufischen Herrschaft in Italien wenigstens Apulien zu retten, was durch den Sieg über Neapel am 10. Oktober 1253 auch möglich schien. Doch die danach von Konrad angestrebte Aussöhnung mit dem Papst scheiterte an dessen Entschluss, die Staufer endgültig aus dem Südreich zu vertreiben und damit die Umklammerung des Kirchenstaats aufzuheben. Für Manfred verschärfte sich die Lage, als Konrad IV. am 21. Mai 1254 im Heerlager bei Lavello einer fiebrigen Krankheit erlag. Der im Dom von Messina aufgebahrte Leichnam wurde – von vielen als Gottesurteil angesehen – in der Kirche Opfer eines Blitzschlags.

Auch König Manfred gelang keine Annäherung an Papst Innozenz IV., den er eigens deswegen an seinem Hof in Capua aufgesucht hatte. Vor einer möglichen Gefangennahme rettete er sich durch die Flucht nach Lucera, in den zuverlässigen Schutz der sarazenischen Leibwache seines verstorbenen Vaters. Mit ihrer Unterstützung gelang es ihm ein letztes Mal, die staufische Herrschaft im Südreich aufzurichten und sich am 10. August 1258 in Palermo zum König krönen zu lassen. Auch nördlich des Kirchenstaats gewann er die Sympathie und die militärische Unterstützung der

König Manfred, Regent des Königreichs Sizilien von 1250 bis 1266, in einer Darstellung als Falkner im Falkenbuch Kaiser Friedrichs II.

König Konradin (geb. 1252, gest. 1268) mit einem Gefährten, wohl Friedrich von Baden, auf der Falkenjagd. Miniatur aus der Großen Heidelberger Liederhandschrift (Codex Manesse), um 1310–1340.

Ghibellinen, mit deren Hilfe er sogar das traditionell den Guelfen zugetane Florenz eroberten konnte. Durch seine um 1241 geschlossene Ehe mit Helena von Epiros aus dem Hause Angelos gewann Manfred reichen Besitz an der östlichen Adriaküste samt der Insel Korfu. Sein Ansehen wuchs, seine diplomatischen Fähigkeiten schienen seine Herrschaft auf Dauer zu konsolidieren.

Doch auch der neue, 1261 gewählte Papst Urban IV. verfolgte konsequent die Zerschlagung der staufischen Herrschaft in Italien. Er bediente sich dazu der Hilfe Karls von Anjou, des Bruders des französischen Königs Ludwig IX., des Heiligen. Karl setzte sich an die Spitze dieses mächtigen Bündnisses aus geistlicher Macht, französischen Truppen und toskanischem Geld und eröffnete nach seiner Krönung am 6. Januar 1266 den Feldzug gegen Manfred. Vor den Toren der Stadt Benevent kam es am 26. Februar zum entscheidenden Treffen, in dem der Staufer kämpfend sein Leben verlor. Zeitgenössischen Berichten zufolge wurde sein Leichnam unter der Calore-Brücke unter einem Steinhaufen begraben, später an einem längst vergessenen Ort auf freiem Feld beigesetzt. Manfreds Familie wurde vom Hass Karls von Anjou und des Papstes ver-

Castel dell'Ovo vor Neapel, wo König Konradin, der letzte Staufer, vor seiner Enthauptung am 29. Oktober 1268 eingekerkert war.

folgt. Seine Gattin Helena starb 1271 im Kerker der Burg Nocera, die Söhne verschwanden in den Gewölben von Castel del Monte. Nur die Tochter Beatrix gelangte nach der Sizilianischen Vesper 1284 wieder in Freiheit.

König Konradin

König Konrad IV. hat, als er nach dem Tod seines Vaters 1251 nach Italien aufbrach und seine schwangere Gemahlin Elisabeth dem Schutz ihres Bruders Ludwig von Bayern anvertraute, seinen Sohn nicht mehr gesehen. Der junge Konrad, den man bald Konradin, in Italien Corradino, nannte, kam am 25. März 1252 auf der Burg Wolfstein bei Landshut zur Welt. Nach dem Tod seines Vaters am 21. Mai 1254 wurde ihm – zweijährig – der Titel eines König von Jerusalem und Sizilien übertragen. Mit 10 Jahren wurde er auf dem Hoftag in Ulm zum Herzog von Schwaben bestellt. Als sein Onkel Manfred in der Schlacht bei Benevent 1266 gefallen war, riefen die staufertreuen Ghibellinen in Italien den kaum Vierzehnjährigen auf, sein Erbe mit Waffengewalt zurückzuerobern.

Der wiederum nur durch die Verpfändung von Reichsgut ermöglichte Heereszug verlief zunächst ohne Störung. Konradin erlebte in Rom am 24. Juli 1268 einen freundlichen Empfang. Aber schon wenige Wochen später, am 23. August 1268, stellte sich den staufischen Rittern auf der palentinischen Ebene bei Tagliacozzo das taktisch überlegene Aufgebot Karls von Anjou entgegen und entschied, nach anfänglichen Erfolgen des Staufers, die Schlacht für sich. Konradin konnte mit wenigen Getreuen dem Gemetzel entkommen, fiel jedoch durch Verrat in die Hände des römischen Adeligen Johannes Frangipani und wurde von diesem an Karl von Anjou ausgeliefert. Dieser

Statue Konradins von Staufen, von Bertil Thorwaldsen 1847 geschaffen, in der Kirche Santa Maria del Carmine in Neapel.

ließ ihn, den letzten legitimen männlichen Vertreter der staufischen Familie, mit seinen Freunden, zu denen Friedrich von Österreich und Friedrich von Hürnheim gehörten, am 29. Oktober 1268 auf der späteren Piazza del Mercato in Neapel enthaupten. Für Karl und den Papst schien damit die größte Gefahr für ihre Herrschaft in Italien endgültig beseitigt zu sein.

Dem Leichnam des gerade 16 Jahre alt gewordenen Staufersprosses verweigerten die Sieger ein christliches Begräbnis; er wurde nahe der Küste auf dem Judenfriedhof verscharrt. Erst auf Bitten seiner Mutter fand er später unter dem Hauptaltar der Karmeliterkirche Santa Maria del Carmine – ganz in der Nähe der Hinrichtungsstätte – seine letzte Ruhe. Seit 1847 verwahrt der Sockel des von Bertil Thorwaldsen geschaffenen Denkmals im Langhaus der Kirche die sterblichen Reste des unglücklichen letzten Staufers.

Bollwerke der Macht

Pfalzen und Burgen im Nordreich

Die Tatsache, dass das bedeutendste europäische Staatsgebilde des Mittelalters, das Heilige Römische Reich Deutscher Nation über Jahrhunderte ein Reich ohne Hauptstadt gewesen ist, findet eine schlüssige Erklärung in einem Aufsatz von Aloys Schulte aus dem Jahr 1935. Er schreibt:

„Die Ausdehnung des Reiches, primitive Verkehrsmittel und unzureichende Nachrichtenübermittlung, aber auch die Anschauungen der Zeit, die dem Königtum magisch-sakrale, nur durch persönliche Anwesenheit wirksam werdende Kräfte zuschrieben, machten es den fränkisch-deutschen Königen unmöglich, von einer zentralen, festen Residenz aus zu regieren. Sie waren gezwungen, ihre Herrschaft immer wieder in allen Teilen des Reiches persönlich auszuüben, dem Volk überall die Macht und den Glanz des Königtums vor Augen zu führen und die königliche Gerichtsgewalt und Friedenswahrung zu demonstrieren. Der Herrscher reiste also mit einem großen Gefolge ständig im Reich umher, er übte sein „hohes Gewerbe" im Umherziehen aus. Das Reich besaß infolgedessen keine Hauptstadt, aber es gab zahlreiche Plätze, an denen die Könige häufiger als an anderen Orten Station machten, wo sie Hoftage und Reichsversammlungen abhielten, hohe kirchliche Feste feierten oder gar den Winter verweilten".

Bei dieser Herrschaftspraxis bildeten sich für einzelne Herrscher oder Zeiten bevorzugte Herrschaftsschwerpunkte aus. Diese erfuhren seit der Zeit Karls des Großen durch den Begriff „Pfalz" eine besondere Hervorhebung. In diesem Wort verbirgt sich der Name eines der sieben Hügel Roms, des „Palatin", den bereits Augustus zum Sitz der Regierung des Imperiums bestimmt hatte. Im engeren Sinne war das „palatium" der „Palast" des Herrschers; die mittelalterliche „Pfalz" impliziert demnach die Funktion, eines – wenn auch nur zeitweise in Anspruch genommenen – Regierungssitzes. Mit der Vermehrung dieser Königspfalzen, die sich über das ganze Reich verteilten, kam damit einer steigenden Zahl von Orten eine für das Königtum herausragende Bedeutung zu.

Voraussetzung für die Prosperität der Pfalzorte war ihre verkehrsgünstige Lage an einer Fernstraße oder einem schiffbaren Wasserweg. Dort konnten Märkte entstehen, deren Leistungsfähigkeit besonders während der Aufenthalte des Königs und seines großen Gefolges, speziell aber während der Dauer der Hoftage, oft auf die Probe gestellt wurde.

Die Einkehr des Königs in einer Pfalz ist in der Regel außerordentlich zuverlässig dokumentiert. Dazu trägt vor allem die Vielzahl der Urkunden bei, die dort für die unterschiedlichsten Empfänger ausgestellt wurden. Denn der Ausstellungsort war regelmäßig Bestandteil der Datumszeile. Die zeitliche Abfolge der Ausstellungsorte gibt so Aufschluss über das Itinerar des Königszugs; die Datierungen der Diplome lassen Schlüsse auf die jeweilige Dauer der Aufenthalte zu.

Die Anwesenheit von zahlreichen hochrangigen Bittstellern bei diesen Hoftagen nutzte der König regelmäßig zur Erörterung politischer Fragen, insbesondere wenn es um die Planung eines Kriegszugs ging, zu dem die Reichsministerialen Heeresfolge zu leisten hatten.

Besonderen Glanz verschafften der Pfalz die dort stattfindenden repräsentativen Veranstaltungen, wie Empfänge kirchlicher und weltlicher Würdenträger aus dem In- und Ausland, Hochzeiten von Angehörigen des Königshauses, die Abhaltung der christlichen Hochfeste Weihnachten und Ostern sowie die Verabschiedung grundlegender Verordnungen bis hin zur Einberufung kirchlicher Synoden.

Es waren also mannigfaltige Anforderungen, die an eine Königspfalz gestellt wurden. Sie waren nur zu erfüllen, wenn für eine manchmal mehrwöchige Unterbringung des Gefolges und der königlichen Gäste – sei es in festen Häusern oder in Zelten – genügend Platz zur Verfügung stand. Notwendig waren vor allem ein großer, mit künstlerischem Aufwand gestalteter Saalbau, eine geräumige Kapelle sowie eine Kemenate, d. h. beheizbare Wohngemächer für die königliche Familie und das engste Gefolge.

Diesen inneren Bereich der Pfalz umschloss eine starke, hohe Mauer mit einem besonders gesicherten Zugang. In aller Regel war die gesamte Anlage durch einen oder mehrere Bergfriede zusätzlich geschützt.

Leider ist keine der mittelalterlichen Königspfalzen unversehrt auf uns gekommen. Ihre mitunter großartigen Ruinen geben jedoch noch immer eine Vorstellung dessen, was Rahewin, der Kapellan des Bischofs Otto von Freising, um 1160 über die Pfalzbauten Kaiser Friedrich Barbarossas bemerkte: sie sollten der „Zierde" und der „Annehmlichkeit" des Königtums dienen. Die damals gerade vollendete Pfalz Kaiserslautern zeuge – so der Chronist – von der Magnifizenz, der Pracht und Herrlichkeit des Kaisers; sie werde seiner „memoria", also seinem ewigen Gedächtnis, dienen.

Die ersten Nachrichten über die mit Konrad III. im Jahr 1138 zur Königswürde gelangten Staufer erwähnen als Pfalzorte Aachen und Nimwegen, die bereits seit der Karolingerzeit diesem Zweck dienten. Beim letztgenannten waren – ebenfalls nach dem Zeugnis des Chronisten Rahewin – umfangreiche Renovierungsarbeiten notwendig, um ihn den Erfordernissen der königlichen Hofhaltung anzupassen.

Die Pfalz Nimwegen (Nijmegen)

Die Pfalz beherrschte seit dem letzten Viertel des 8. Jahrhunderts einen steil zum Waalstrom abfallenden Hügel, der heute den Namen Valkhof trägt und bereits in römischer Zeit befestigt war. Zwischen 777 und 808 sind vier Aufenthalte Karls des Großen in der Nimweger Pfalz bezeugt. Er ließ sie am Ende seiner Regierungszeit großartig ausbauen, und sie diente auch seinen Nachfolgern als bevorzugter Aufenthaltsort. Sein Sohn Ludwig der Fromme weilte sechsmal in Nimwegen; ähnlich zahlreich waren die Aufenthalte der sächsischen und der salischen Kaiser zwischen 949 und 1046. Zu bemerken ist, dass die Gemahlin Ottos II., die Kaiserin Theophanu, im Juni 980 auf dem Weg zur Pfalz Nimwegen unweit von Kleve ihren Sohn, den späteren Kaiser Otto III., zur Welt brachte. Am 15. Juni 991 starb Theophanu in Nimwegen.

Im Jahr 1047 zerstörte Herzog Gottfried von Niederlothringen die Pfalz Nimwegen so gründlich, dass sie nahezu 100 Jahre nicht mehr für den Aufenthalt eines Königs genutzt werden konnte. Erst der Staufer Konrad III. (1138–1152) ist 1145 wieder in Nimwegen nachweisbar; im Mai 1151 ließ er in der offensichtlich wiederhergestellten Pfalz einen Hoftag ausrichten. Über das weitere Schicksal der Anlage unterrichtet uns – neben Rahewin – eine in die Zeit um 1200 zu datierende Bauinschrift, die sich heute im Stadtmuseum befindet. Auch aus ihr geht hervor, dass es Kaiser Friedrich Barbarossa war, der „dieses Werk zu Nimwegen, das zusammengefallen, zerbrochen und alt, fast ausgelöscht war, gleich kunstvoll und herrlich wieder hergestellt" hat.

Zeitlebens lag dem Kaiser die Pfalz besonders am Herzen. Hier brachte seine Gemahlin, Beatrix von Burgund, im November 1165 den Thronfolger Heinrich VI. zur Welt. Ihn forderte Barbarossa noch im November 1189 – als er sich bereits auf dem Dritten Kreuzzug befand – auf, für die Fertigstellung der Nimweger Pfalzbauten Sor-

Von der zur Regierungszeit Kaiser Friedrichs I. Barbarossa erbauten St. Martinskapelle der Pfalz Nimwegen sind lediglich die Apsis und ein Teil der nördlichen Längsmauer erhalten.

ge zu tragen. Ob es dazu kam, ist nicht bekannt. 1213 künden die Quellen letztmalig vom Aufenthalt eines deutschen Königs – des Welfen Otto IV. – in Nimwegen.

Bereits 1247 im Besitz der Herzöge von Geldern, ging die Pfalz über die Herzöge von Jülich 1388/90 an die Stadt Nimwegen über, die das Gelände in ihre Befestigungsanlagen einbezog. Diese wurden zwischen 1795 und 1797 geschleift; das Terrain wurde parkartig angelegt.

Der Zerstörung entgingen lediglich die beiden Sakralbauten der umfangreichen Pfalzanlage, die Nikolaus-und die Martinskapelle. Erstere ist ein Zentralbau mit 8-eckigem Zentralraum und 16-eckigem, doppelgeschossigem Umgang. Sie wiederholt damit, wenn auch in stark reduzierten Maßen, den Grundriss der Pfalzkapelle zu Aachen. Dennoch vermutet die Bauforschung, dass die Grundsteinlegung zur Nikolauskapelle nicht vor 1030 erfolgte.

Die ursprünglich mit dem Saalbau der Pfalz baulich verbundene Doppelkapelle St. Martin ist nur noch als klägliche Ruine erhalten. Es stehen die zweigeschossige Apsis mit Kranzgesims und Gewölbe sowie Reste der nördlichen Längsmauer. Bemerkenswert sind die in die Ecken des Apsisbogens eingestellten karolingischen Säulen mit sorgfältig ausgeführten korinthischen Marmorkapitellen.

Die Pfalz Kaiserslautern

Die Frage nach den in staufischer Zeit neu erbauten Pfalzen lenkt den Blick zunächst auf Kaiserslautern. Rahewin erwähnt sie bereits in seiner 1160 abgeschlossenen Chronik, in welcher andererseits ein Hinweis auf Hagenau fehlt, dessen Baubeginn allerdings nur wenige Jahre nach diesem Datum liegen kann.

Ursprünglich lag die Pfalz Kaiserslautern auf zwei Felseninseln in einem See im Quellgebiet der Lauter. In unmittelbarer Nähe zog die aus dem Donauraum bei Regensburg kommende und über Wimpfen und Worms durch die Lauterer Senke verlaufende Fernstraße in das Pariser Becken vorbei.

In seinen „Gesta Friderici" beschreibt Rahewin die Lauterer Pfalz als „ein aus roten Steinen errichtetes königliches Haus... mit einer sehr festen Mauer umgeben".

Dort weilte Friedrich Barbarossa erstmals 1158 kurz vor dem Aufbruch zum zweiten Italienzug. Auch die weiteren sechs Aufenthalte des Kaisers liegen jeweils vor besonders anstrengenden Unternehmungen, so dass anzunehmen ist, dass die vom riesigen Reichsforst Lutra umgebene Pfalz dem Herrscher in erster Linie zur Entspannung und schöpferischen Muße diente.

Mindestens zehnmal hielt sich Barbarossas Sohn Heinrich VI. in Kaiserslautern auf. Friedrich II. kehrte auf seinem historischen Zug zur Erlangung der Herrschaft in Deutschland zwischen 1214 und 1217 dreimal in Kaiserslautern ein. 1269, ein Jahr nach Konradins Tod, sah die Lauterer Pfalz die glanzvolle Hochzeit des staufischen Gegenkönigs Richard von Cornwall mit Beatrix von Falkenburg. Unmittelbar nach der Beendigung des Interregnums hielt König Rudolf von Habsburg 1274 in Kaiserslautern einen Hoftag ab, dem 1282, 1284 und 1285 weitere folgten.

Nach mehrfacher Verpfändung gelangte die Pfalz 1375 dauerhaft in den Besitz der pfälzischen Kurfürsten, welche die Anlage baulich veränderten, zuletzt durch die Errichtung des „Casimirschlosses" zwischen 1570 und 1580.

In den Auseinandersetzungen um die pfälzische Erbfolge weitgehend zerstört, erfolgte im 19. Jahrhundert der nahezu gänzliche Abbruch der Barbarossapfalz, auf deren Gelände in den 1960er Jahren schließlich das Hochhaus der Kaiserslauterer Stadtverwaltung errichtet wurde.

Die wenigen heute noch sichtbaren Mauerreste vermitteln keine Vorstellung vom einstigen Aussehen der Lauterer Kaiserpfalz. Glücklicherweise haben sich aus den Jahren 1740 und 1764 zwei Zeichnungen von F.J. Kiesling erhalten, die die Südseite des

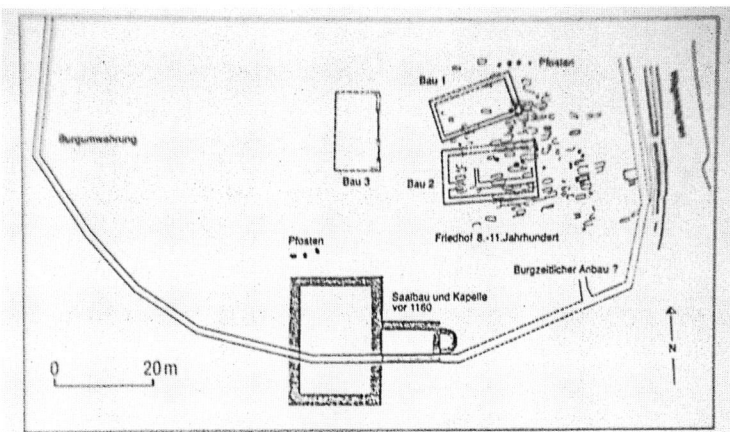

Von der Pfalz Kaiserslautern standen im 18. Jahrhundert noch große Teile des Palas und der Kapelle. Nach Zeichnungen von F.J. Kiesling 1740 und 1764.

damals noch bis zur Dachtraufe erhaltenen Saalbaus und der östlich angebauten Kapelle wiedergeben. Demnach gliederten den Palas zwei Reihen zierlicher Doppelarkadenfenster, zwischen denen eine wuchtige Balkonkonsole der hohen Buckelquadermauer ein markantes Profil verlieh. Die Kapelle, deren Außenmaße von 11,80 x 8,00 m bis heute ablesbar sind und deren 5 m hohe, geböschte Fundamente an zwei Seiten erhalten blieben, öffnete sich nach Süden mit drei großen, etwa 4 m breiten Arkaden. Darüber verlief eine zierliche spitzbogige Galerie, wohl eine Zutat von 1215. Aus diesem Jahr ist in einer Urkunde Friedrichs II. von einer oberen und einer unteren Kapelle die Rede.

Die Pfalz Hagenau

Die von den Flussarmen der Moder am Westrand des Heiligen Forsts gebildete Insel war schon zu Beginn des 11. Jahrhunderts Standort einer Burg der Grafen von Egisheim, der über Jahrhunderte bedeutendsten Familie im nördlichen Elsass. Über die Erbtochter Hildegard gelangte die Burg und weiterer umfangreicher Besitz im Unter- und Ober-Elsass noch vor 1050 an Friedrich von Büren. Mit dieser Heirat, aus der Friedrich, der erste Herzog von Schwaben, hervorging, der sich seit etwa 1080 nach seiner Burg Staufen bei Göppingen nannte, wurde die Grundlage für das ausgedehnte Hausgut der Familie zwischen Rhein und Vogesen geschaffen.

Urkundlich hat bereits der Sohn Friedrichs von Staufen, Herzog Friedrich II., der Einäugige, der Vater Barbarossas, die Hagenauer Burg ausgebaut. Jedenfalls empfing er dort im Jahr 1123 Kaiser Heinrich V., den letzten Salier.

Mit Kaiser Friedrich Barbarossa mehrten sich die Aufenthalte der staufischen Herrscher in auffallender Weise. 1168 feierte er Weihnachten, am 15. April 1189 Ostern in

Mutmaßliche Ansicht der Kapelle der Kaiserpfalz in Hagenau, Anfang 16. Jahrhundert.

der Hagenauer Pfalz, für deren prächtigen Ausbau er zeitlebens Sorge trug. Eine ungefähre Vorstellung über ihr Aussehen vermittelt eine Schilderung des Leiters der Hagenauer Pfarrschule, Hieronymus Gebwiler, aus dem Jahr 1528. Er berichtet von einer mit viereckigen Türmen geschützten Anlage, die von einem mächtigen Bergfried dominiert wurde. Innerhalb der Kernburg stand die Kaiserkapelle, laut Gebwiler „von Grund auf in gewachsenem Marmor und in drei Kapellen unter einem Dach mit Backsteinzwischenwänden" erbaut. Friedrich Barbarossa hatte diesen gegen Brand und Einbruch mehrfach gesicherten Bau zur Aufbewahrung der Reichsinsignien errichten lassen. Sie lagerten dort – wenn sie nicht bei Krönungen und anderen repräsentativen Anlässen benötigt wurden – bis zur Ermordung König Philipps von Schwaben im Jahr 1208. Dann ließ sie der Speyerer Bischof Konrad von Scharfenberg auf die Burg Trifels bringen.

Philipp weilte noch in seinem Todesjahr – wie in fast allen vorangegangenen Jahren – in Hagenau. Zuvor hatte sein älterer Bruder, Kaiser Heinrich VI., zweimal – 1191

Von der vollständig verschwundenen Kaiserpfalz in Hagenau haben sich im Museum der Stadt einige wenige Reste der plastischen Ausschmückung erhalten. Umso mehr lohnt der Besuch der St. Georgskirche mit ihrem romanischen Langhaus. Empfehlenswert ist auch die Fahrt zu einer der zahlreichen Felsenburgen der Nordvogesen, etwa dem Fleckenstein oder dem Hohbarr mit seiner noch vollständig erhaltenen Burgkapelle.

und 1192 – das Weihnachtsfest dort gefeiert und 1193 den aus dem Trifels entlassenen englischen König Richard Löwenherz auf der Moderinsel empfangen.

Zwischen 1212 und 1220 führten Reichsgeschäfte Friedrich II. mehrfach nach Hagenau; seine Söhne Heinrich (VII.) und Konrad IV. nutzten die Pfalz mit Vorliebe als zeitweilige Residenz. Somit trifft die Feststellung zu, dass keine Pfalz von den Staufern so häufig und über längere Zeitabschnitte besucht worden ist, wie Hagenau.

Umso mehr ist es zu bedauern, dass die prachtvolle Anlage in den Pfälzer Kriegen der Jahre 1677 und 1689 auf Befehl des französischen Königs Ludwig XIV. zerstört und vollständig abgebrochen wurde, wobei das brauchbare Steinmaterial zum Bau der Rheinfeste Fort Louis verwendet wurde. Nach Zuschüttung des Moderflussbetts und der vollständigen Überbauung des Geländes fällt es heute schwer, die genaue Lage der einzelnen Gebäude innerhalb des ehemaligen Pfalzbereichs zu bestimmen. Es ist zu hoffen, dass die nach dem 2. Weltkrieg in langen Zeitabständen durchgeführten Grabungen allmählich das Bild der Gesamtanlage wieder sichtbar werden lassen.

Eine Vorstellung von der reichen und hochqualifizierten Ornamentik der Hagenauer Pfalz vermitteln etliche Steinfragmente, die um 1890 bei der Schleifung des Forts Louis geborgen wurden und die aus der staufischen Pfalz stammen. Es handelt sich um gefüllte Rundbogenfriese, profilierte Bogensteine von einer Arkadenfolge, Lisenenteile und Sockelprofile sowie um Fragmente von Gesimsen und Kämpfern. Besonders hervorzuheben ist das Relief einer von zwei Männern begleiteten sitzenden Herrschergestalt mit einem Kreuz (oder Reichsapfel?) in der Rechten.

Schon Günther Binding wies 1963 auf die stilistische Nähe der heute museal verwahrten Hagenauer Bauplastiken zu der Bauornamentik der Pfalz Gelnhausen hin. Aber auch am Südpalas der Burg Münzenberg in der Wetterau lässt sich die Handschrift des sogenannten „Palmettenmeisters" ablesen, der dort um 1160/65 beschäftigt war und danach seinen Arbeitsplatz über Gelnhausen (1165/73) nach Hagenau verlegte. Dort scheinen die Bauarbeiten vor 1184 endgültig abgeschlossen worden zu sein.

Das Reichsland der Wetterau in Hessen lädt zum Besuch zahlreicher wichtiger historischer Zeugen der Stauferzeit ein. Sehenswert sind vor allem: Gelnhausen mit der Ruine der Kaiserpfalz und der ihres plastischen Schmucks wegen bemerkenswerten Marienkirche; Burg Münzenberg als großartiges Beispiel einer staufischen Ministerialenburg; Arnsburg mit den Ruinen eines ehemaligen Zisterzienserklosters; Büdingen mit dem seltenen Beispiel einer bis heute bewohnten staufferzeitlichen Wasserburg; schließlich Friedberg, eine Staufergründung am Platz eines römischen Kastells.

Die Pfalz Gelnhausen

Keine der staufischen Königspfalzen ist so lange und so gründlich erforscht worden wie die Pfalz Gelnhausen. Bereits 1813 widmete ihr Bernhard Hundeshagen die erste Baumonographie der Kunstgeschichte. Weitere grundlegende Arbeiten erschienen 1901 (Ludwig Bickell), 1927 (Karl Nothnagel), 1935 (Walter Hotz), 1963 (Günther Binding), 1975 (Wolfgang Einsingbach) und 1981 (Fred Schwind). Trotzdem herrscht über die Bauzeit der Anlage noch immer keine einheitliche Meinung; neue dendrochronologische Untersuchungen von Holzpfählen aus dem Brückenbereich legen das Datum für die Fertigstellung der Pfalz in die Jahre 1172/73.

Auch in Gelnhausen war es eine wichtige Reichsstraße, die – von Worms über Frankfurt (den Ort der Königswahlen) nach Sachsen verlaufend – die Lage der Pfalz an einem Nebenarm des Flusses Kinzig bestimmte. Den Anstoß zum Bau gab Kaiser Friedrich I. Barbarossa, der bereits im März 1157 den Platz besucht hatte und der in der Folgezeit bis zum Antritt seiner großen Italien- und Burgundreise 1174 regelmäßig die im Entstehen begriffene Pfalz aufsuchte. Nachdem am 13. Januar 1180 der Welfenherzog Heinrich der Löwe auf einer Reichsversammlung in Würzburg aller seiner Reichslehen verlustig erklärt worden war, berief der Kaiser für Anfang April dessel-

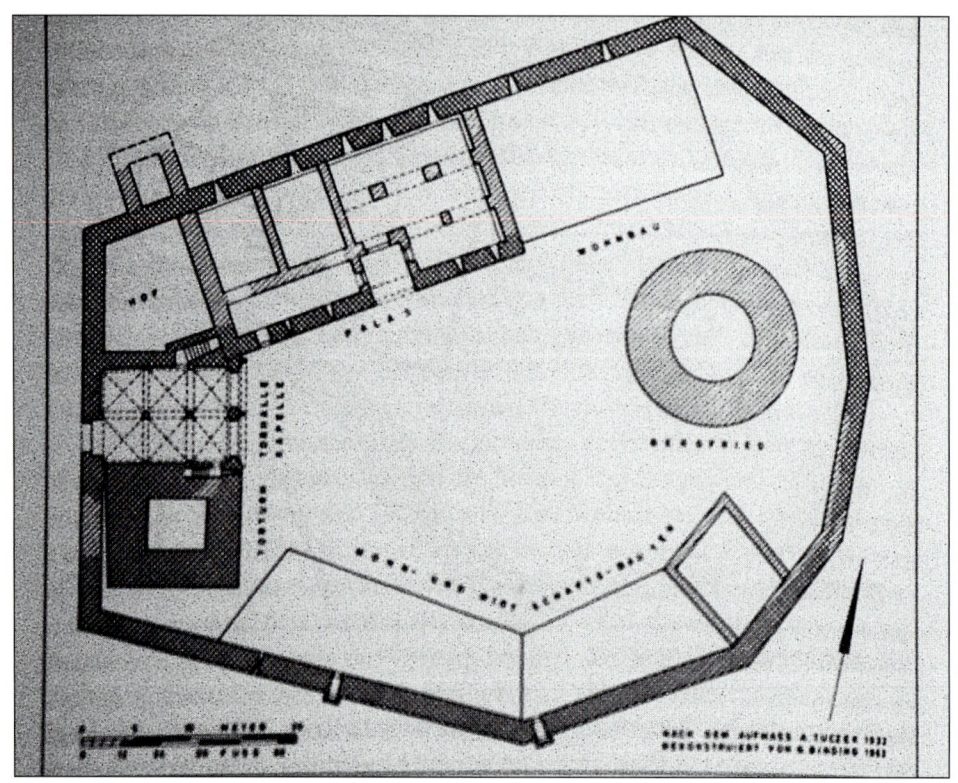

Die Pfalz in Gelnhausen. Mit seinen reichgeschmückten Fensterarkaden vermittelt das Erdgeschoss der Hofseite einen Begriff von der üppigen künstlerischen Ausgestaltung der staufischen Kaiserpfalzen.

Grundriss der „Barbarossapfalz" in Gelnhausen.

Grundrissplan der Reichsstadt
Gelnhausen mit der Kaiserpfalz.

ben Jahres einen großen Reichstag nach Gelnhausen ein, auf dem über die Neuverteilung der welfischen Besitzungen befunden werden sollte. Zu diesem Zeitpunkt müssen somit die repräsentativen Bauten der Pfalz, aber auch Teile der benachbarten Stadt, vollendet gewesen sein.

Auch in seinem letzten Lebensjahrzehnt urkundete Barbarossa mehrfach in der Gelnhäuser Pfalz; letztmals feierte er hier am 17. April 1188 das Osterfest. Auch unter seinen Nachfolgern blieb Gelnhausen als Versammlungsplatz und Erholungsort hoch geschätzt. König Philipp von Schwaben wählte die Pfalz 1207 zum Ort der Vermählung seiner Tochter mit Heinrich von Brabant.

Im Verlauf ihrer Geschichte muss die Gelnhäuser Pfalz stets zusammen mit der benachbarten Stadt gesehen werden. Deren Gründung „apud castrum Geylnhusen" hatte schon Friedrich Barbarossa am 25. Juli 1170 in einer bis heute erhaltenen Urkunde verfügt. Diese Tatsache bringt Alfons Zettler in einem jüngst erschienenen Aufsatz zu der Schlussfolgerung, dass es sich bei Stadtsiedlung und Pfalz „um eine konzeptionelle und auch funktionale Einheit" handle, ein „Ensemble", das „auf bis dahin unbebautem Gelände, sozusagen auf der grünen Wiese" empor wuchs. Somit sei Gelnhausen „die einzige richtiggehende Stadtgründung oder Gründungsstadt Friedrich Barbarossas".

Die Stadt entwickelte sich innerhalb weniger Jahrzehnte zu einer der wohlhabendsten im Reich; im Reichssteuerverzeichnis von 1241 ist sie mit Abgaben von 200 Mark Silber veranschlagt. Das reiche Frankfurt am Main rangierte mit 250 Mark knapp davor. Der einstige Wohlstand der Stadt ist bis heute an einer Reihe von Bauwerken aus ihrer Gründungsepoche ablesbar, vor allem an der Marienkirche, die zu den großartigsten Zeugnissen der staufischen Baukunst zählt.

Nach dem Untergang der Staufer erlosch die politische und wirtschaftliche Bedeutung Gelnhausens schlagartig. 1349 wurden Stadt und Pfalz von Kaiser Karl IV. an zwei adelige Familien verpfändet. Im Jahr 1431 ließen die auf dem Pfalzgelände sesshaft gewordenen Burgmannen den König Sigismund wissen, dass der Reichssaal, die Torhalle und die Kapelle „wollten niederfallen, und sich sehr gesetzt hätten, auch grässlich gerissen seyen."

Jahrhundertelang diente die Barbarossapfalz als Steinbruch. Ein großer Teil des Materials steckt in den ehemaligen Burgmannenhäusern diesseits und jenseits der Kinzig. Auch der Übergang der Reichsstadt Gelnhausen an das Kurfürstentum Hessen im Jahr 1803, dem weitere Besitzwechsel folgten, änderte nichts am baulichen Niedergang des kostbaren Geschichtszeugnisses. Erst 1858 kam es zu ersten Reparaturen an den Resten von Palas und Kapelle. 1881 wurde die sich bedrohlich nach außen neigende westliche Eingangsseite durch Strebepfeiler gesichert. Zwischen 1961 und 1993 fanden mehrere umfangreiche Sanierungsmaßnahmen statt, die die noch immer bedeutenden Reste der Pfalz Gelnhausen in einen Zustand versetzten, welcher der überragenden Bedeutung dieses einzigartigen Zeugnisses staufischer Profanarchitektur angemessen ist (s. auch Kap. „Die Kunst der Stauferzeit", S. 150)

Die Pfalz Kaiserswerth

In seiner 1993 erschienenen Arbeit „Kaiserswerth im Mittelalter. Genese, Struktur und Organisation königlicher Herrschaft am Niederrhein" untersucht Sönke Lorenz erstmals bis in die Details die Geschichte der auf einer Rheininsel gelegenen Pfalz Kaiserswerth, die heute zum Stadtgebiet von Düsseldorf gehört. Ihre Anfänge reichen bis in die Regierungszeit des Salierkaisers Heinrich III. (1039–1056) zurück; ab 1050 sind jährlich Aufenthalte nachzuweisen. Nach dem Tod seines Sohnes, Heinrichs IV., im Jahr 1106 setzt die schriftliche Überlieferung über Kaiserswerth für mehrere Jahrzehnte aus. Erst Kaiser Friedrich Barbarossa machte sich – vermutlich gegen Ende seiner

Die Rheinfront der Pfalz Kaiserswerth nach einem Kupferstich von Matthäus Merian, um 1645.

Regierungszeit – an die Erneuerung der Pfalzanlage. Zwei Inschriften nennen übereinstimmend 1184 als Baujahr. Allerdings scheint die Inselburg auch 1189 noch nicht vollendet gewesen zu sein. Immerhin beauftragte der mit dem Kreuzfahrerheer in Philippopel eingetroffene Kaiser seinen Sohn Heinrich in einem Brief, die Fertigstellung der Pfalzen in Nimwegen und Kaiserswerth voranzutreiben. Im Todesjahr Friedrichs – 1190 – war der Bau dann offensichtlich so weit vollendet, dass dort die Landvogtei der Reichsgutverwaltung am Niederrhein einziehen konnte. Bald danach stand die Pfalz im Zentrum von Auseinandersetzungen zwischen der staufischen und der welfischen Partei, die nach dem Tod Kaiser Heinrichs VI. im Jahr 1197 entbrannten und sich bis zum Ende der staufischen Epoche hinzogen. Ein herausragendes Ereignis war die erfolgreiche Belagerung der Pfalz durch den Gegenkönig Kaiser Friedrichs II., den Grafen Wilhelm von Holland, im Jahr 1247/48. In der Folgezeit war die Anlage zumeist Lehnsbesitz der Erzbischöfe von Köln, die vor allem im 16. und 17. Jahrhundert umfangreiche Umbauarbeiten vornehmen ließen.

Die Zerstörung des monumentalen Baukomplexes, dessen Rheinfront Matthäus Merian um 1645 ziemlich exakt festgehalten hat, setzte 1656 mit einer Pulverexplosion ein, durch die die Palastkapelle stark in Mitleidenschaft gezogen wurde. Der mächtige Klevische Turm brannte 1689 während einer Belagerung aus. 1702 wurden die restlichen Teile der Pfalz gesprengt und in der Folge als Steinbruch genutzt. Erst seit dem Beginn des 20. Jahrhunderts sind die verbliebenen Reste gegen weiteren Verfall gesichert. Sie gehören im wesentlichen zu der ca. 50 m langen Rheinfront des Palas, dessen Erdgeschoss in vier flach gedeckte Räume unterschiedlicher Größe unterteilt war. Das äußere Erscheinungsbild der imposanten Trümmerstätte wird ganz wesentlich von dem dunklen Säulenbasalt des Mauerwerks bestimmt, dessen Kanten, Fenster und Tore mit sorgfältig behauenen Quadern aus Drachenfelstrachyt abgesetzt sind. Diese

Die Ruinen der Pfalz Kaiserswerth erhalten durch den Wechsel von dunklem Säulenbasalt und hellem Drachenfelstrachyt ein besonders interessantes Erscheinungsbild.

Behandlung der Mauer trug wesentlich dazu bei, dass nicht nur die Wehrhaftigkeit, sondern auch der repräsentative Anspruch der Kaiserwerther Pfalz für jedermann augenfällig wurde.

Die Pfalz Eger

Geschichte und kunsthistorische Bedeutung der am weitesten östlich gelegenen deutschen Königspfalz beschäftigen die Wissenschaft seit 1864, als Bernhard Grueber ihr eine umfangreiche Monographie widmete. Eine bis heute gültige Würdigung des architektonischen und künstlerischen Erscheinungsbildes erfuhr die Pfalz 1934 durch Oskar Schürer, auf dessen Erkenntnissen u. a. Heribert Sturm und Fritz Arens aufbauten.

Palasarkaden, Doppelkapelle und Schwarzer Turm der Kaiserpfalz in Eger in einer historischen Aufnahme.

Grundriss der Kaiserpfalz in Eger.

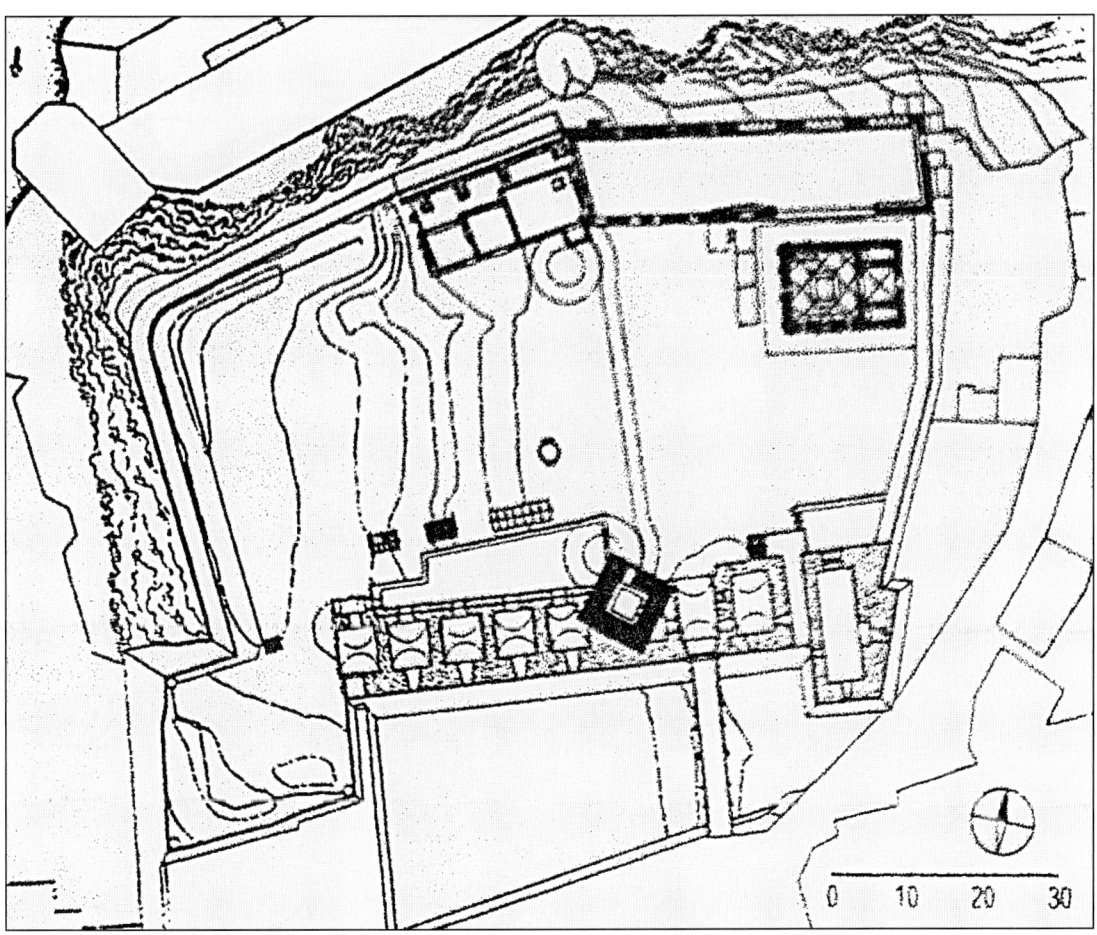

Eine Burg an der Egerfurt, an der sich zwei der wichtigsten mittelalterlichen Fernstraßen kreuzten, erbaute zu Beginn des 12. Jahrhunderts der Markgraf des bayerischen Nordgaus, Diepold III. von Vohburg. Dessen älteste Tochter Adela heiratete 1149 den damaligen Herzog von Schwaben und späteren Kaiser Friedrich Barbarossa. Die Ehe wurde bereits 1153 wegen Kinderlosigkeit aufgelöst.

Barbarossa weilte erstmals am 12. Juni 1179 in Eger, wo er auf einem Hoftag alte Streitigkeiten zwischen Österreich und Böhmen schlichtete und an der feierlichen Einweihung der nahe gelegenen Klosterkirche Waldsassen teilnahm. Die Tatsache, dass der Kaiser das Weihnachtsfest 1188 mit großem Gefolge in Eger feierte, lässt den Schluss zu, dass die Pfalz damals bereits im wesentlichen vollendet war.

Im Jahr 1192 feierte Kaiser Heinrich VI. das Weihnachtsfest in Eger, sein Bruder und Nachfolger als Deutscher König, Philipp von Schwaben, berief im Februar 1200 einen Hoftag in die Pfalz ein und verweilte dort für mehrere Monate in den Jahren 1203 und 1206. Bei seinem ersten Besuch im Nordreich zu Beginn seiner Regierungszeit kehrte Kaiser Friedrich II. zwischen 1213 und 1219 viermal in Eger ein; am 12. Juli 1213 stellte er dort eine berühmte Goldbulle aus. Der später wegen seiner Unbotmäßigkeit abgesetzte und gefangen genommene Kaisersohn Heinrich (VII.) wiederum hielt im November 1223 einen Hoftag in Eger ab und ist bis 1234 noch mehrfach dort nachweisbar, ebenso wie sein Halbbruder Konrad (1239 und 1241), der 1250 seinem Vater Friedrich II. als letzter staufischer Herrscher folgte.

Während des Interregnums bemächtigte sich 1266 der böhmische König Přemysl Ottokar der Herrschaft Eger; Kaiser Rudolf von Habsburg gewann sie nach dem Wie-

Die Kaiserpfalz in Wimpfen. Die Doppelarkaden der Neckarseite zeichnen sich durch die vielfältige bildhauerische Ausführung der Säulenschäfte und Kapitelle aus.

ner Frieden von 1276 für das Reich zurück. In der Folge kam es mehrfach zu Verpfändungen; 1472 brannte die Pfalz teilweise ab, wurde jedoch wiederhergestellt. Nach dem Dreißigjährigen Krieg erfolgte ein festungsartiger Ausbau, dennoch konnten die Franzosen während des Österreichischen Erbfolgekriegs 1742 die Pfalz einnehmen. Sie diente während der folgenden Jahrzehnte als Steinbruch, bis sich 1895 die Stadt Eger als neue Eigentümerin entschloss, die noch immer ansehnlichen Ruinen vor dem weiteren Verfall zu sichern.

Diese Maßnahmen kamen gerade noch rechtzeitig, um das baukünstlerische Juwel der Egerer Pfalz, die um 1220 erbaute freistehende Doppelkapelle, sowie große Teile des staufischen Palas mit seinem prächtigen, der Talseite zugewandten Fensterarkaden zu erhalten. Unangetastet blieben auch die um 1189/90 datierten mittelalterlichen Teile des gedrungenen Bergfrieds, der seiner aus dunkler Basaltlava gemeißelten Quader wegen seit jeher als „Schwarzer Turm" bezeichnet wird. (s. auch Kap. „Die Kunst der Stauferzeit", S. 150).

Die Pfalz Wimpfen

Ähnlich wie im Fall Gelnhausen setzte die Erforschung der Geschichte der nördlich von Heilbronn hoch über dem Tal des Neckars gelegenen Pfalz Wimpfen bereits im 19. Jahrhundert ein. Sie hat vor allem nach der Freilegung der Palasarkaden in den Jahren 1833/34 das Interesse der Mittelalterhistoriker auf sich gezogen. Am intensivsten befasste sich Fritz Arens mit der weiträumigen Anlage; seine 1967 erschienene Monographie beruht auf einer erschöpfenden Auswertung der archivalischen Quellen sowie auf genauen Untersuchungen der Bausubstanz, die er durch zahlreiche vergleichende Beobachtungen untermauerte. Arens kam zu dem Schluss, dass die Bauzeit der Wimpfener Pfalz zwischen 1200 und 1220 anzusetzen ist.

Die strategisch überaus günstig gelegene Pfalzanlage verdankt ihre Entstehung mehreren Faktoren. Einmal sollte sie die nur in geringer Entfernung verlaufende Nordgrenze des Herzogtums Schwaben schützen, mit dem die Staufer 1079 von Kaiser Heinrich VI. belehnt worden waren. Zum andern kreuzte sich an dieser Stelle der wichtige Wasserweg Neckar mit der Fernstraße, die, von Paris kommend, über Metz, Kaiserslautern, Worms weiter über Ingolstadt und Passau donauabwärts zog.

Neben den umfangreichen Resten der ehemaligen Kaiserpfalz in Wimpfen am Berg ist in der Talsiedlung die frühgotische Ritterstiftskirche St. Peter mit dem bereits um 1030/40 errichteten doppeltürmigen Westbau zu beachten.
Neckarabwärts laden so bedeutsame Burganlagen wie Guttenberg und Hornberg zum Besuch ein. In Richtung Heilbronn stößt man auf zwei wichtige ehemalige Niederlassungen des Deutschen Ordens: den Deutschmeistersitz Schloss Horneck bei Gundelsheim und das Amtsschloss in Neckarsulm (heute Deutsches Zweiradmuseum).

Unterhalb des Pfalzgeländes, im heutigen „Wimpfen im Tal", lag das bereits 965 in einer Urkunde Kaiser Ottos I. erwähnte Ritterstift St. Peter, das vom Bischof von Worms Ende des 11. Jahrhunderts zum Sitz eines der vier Archidiakonate des Bistums bestimmt worden war. Vermutlich galt der für den 9. Februar 1182 nachgewiesene Besuch Kaiser Friedrich Barbarossas in Wimpfen dem Petersstift.

Längere Auseinandersetzungen mit dem Wormser Bischof führten dazu, dass erst ab 1218 wieder von Aufenthalten staufischer Herrscher in der nun vollendeten Pfalz die Rede ist. In diesem Jahr weilte Friedrich II. mit seinem Sohn Heinrich gemeinsam in Wimpfen. Dieser, seit 1220 Deutscher König und zunehmend im Gegensatz zur Politik seines Vaters stehend, unterwarf sich dem Kaiser am 2. Juli 1235 in eben dieser Pfalz Wimpfen. Seit jener Zeit scheint sie von Mitgliedern der staufischen Familie kaum mehr aufgesucht worden zu sein.

Etwa gleichzeitig mit dem Bau der Pfalz muss die Entstehung der Stadt Wimpfen auf dem westlich vorgelagerten Eulenberg angenommen werden. Bereits 1224 ist von

Das umfangreiche Areal der Kaiserpfalz in Wimpfen wird nach Westen gegen die Stadt vom Blauen Turm, nach Osten vom Roten Turm geschützt.

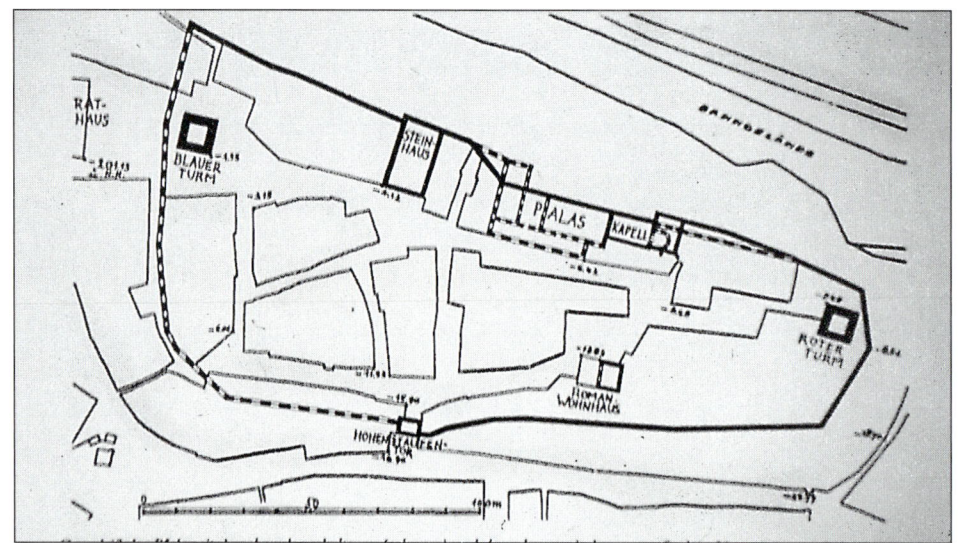

Die romanische Kapelle der Wimpfener Kaiserpfalz ist in ihrem äußeren Erscheinungsbild noch gut erhalten.

Der Rote Turm der Wimpfener Pfalz zeichnet sich durch die vorzügliche Behandlung seines Buckelquadermauerwerks aus.

Eine Rarität im Wimpfener Pfalzbezirk ist das spätstaufische Steinhaus, dessen Stufengiebel allerdings aus dem 16. Jahrhundert stammt.

„cives", also von Bürgern, die Rede und 1241 wird die Stadt Wimpfen im Reichssteuerverzeichnis mit 40 Mark Silber (zum Vergleich: Gelnhausen mit 200 Mark) veranlagt.

Die weitere Entwicklung der späteren Reichsstadt, die mehrere Klöster und Adelshöfe, allen voran den Wormser Hof, in ihre Mauern aufnahm, führte zur allmählichen Zerstörung der historischen Bausubstanz der Kaiserpfalz. So blieb vom Palas nur die eindrucksvolle Reihe der aus zierlichen Doppelsäulen bestehenden Talarkaden erhalten. Die einst unmittelbar mit der Ostwand des Saalbaus verbundene Nikolauskapelle diente bis ins 19. Jahrhundert sakralen Zwecken und blieb demzufolge weitgehend in ihrem ursprünglichen Zustand. Durch den Stufengiebel, der erst im 16. Jahrhundert hochgezogen wurde, ist das sogenannte „Steinhaus", westlich des Palas, stark verändert worden. Der heute museal genutzte Bau enthält jedoch noch genügend Hinweise auf seine Entstehung zwischen 1220 und 1230.

Die beiden Bergfriede, die ähnlich wie bei der Burg Münzenberg in der Wetterau die West-Ost-Ausdehnung der Anlage markieren, verleihen der Wimpfener Pfalz in Verbindung mit ihrer Lage über dem steil zum Neckar abfallenden Prallhang eine imponierende Fernwirkung. (s. auch Kap. „Die Kunst der Stauferzeit", S. 150).

Die Pfalz Nürnberg

Obwohl die gewaltige, aus mehreren Gebäudekomplexen bestehende Anlage, die die Nürnberger Altstadt so überaus eindrucksvoll dominiert, heute meist als „Kaiserburg" oder auch als „Reichsburg" bezeichnet wird, darf sie mit Fug und Recht zu den staufischen Pfalzen gerechnet werden. So wurde sie in den Jahren 1183 und 1207 auch mehrfach als „palatium" benannt.

In den Kaiseritineraren erscheint Nürnberg zwischen 1073 und 1080 fünfmal als Aufenthaltsort Heinrichs IV. Als erste Staufer begegnen die beiden Söhne Herzog Friedrichs I., Friedrich und Konrad, in den Jahren 1127 und 1130 erstmals in Nürnberg. Letzterer kehrte nach seiner Wahl zum Deutschen König 1138 besonders häufig in Nürnberg ein. Wie alle staufischen Herrscher nach ihm zählte er Stadt und Burg zum Hausgut seiner Familie. Besonders Kaiser Friedrich Barbarossa nutzte die Nürnberger Pfalz während seiner 13 Aufenthalte häufig zur Abhaltung von wichtigen Hoftagen und zu repräsentativen diplomatischen Empfängen. Diese Vorliebe für die fränkische Metropole bewahrten sich auch König Philipp von Schwaben und Kaiser Friedrich II. sowie vor allem dessen Söhne Heinrich (VII.) und Konrad IV. Heinrich hat hier 1225 seine Hochzeit mit Margarethe von Österreich gefeiert.

Trotz starker Zerstörungen im Zweiten Weltkrieg konnten neben der Nürnberger Kaiserburg die wichtigsten Kirchenbauten der ehemaligen Reichsstadt wiederhergestellt werden: die Sebaldus-, die Lorenz- und die Frauenkirche. Das bedeutendste der zahlreichen Nürnberger Museen, das Germanische Nationalmuseum mit seinen einzigartigen Sammlungen, sollte sich kein Besucher entgehen lassen.

40 km südwestlich haben die Nachfahren der Nürnberger Burggrafen, die Markgrafen von Ansbach, ihren Regierungssitz zu einer prächtigen Barockresidenz ausgebaut. Ihre letzte Ruhe fanden die fränkischen Zollernfürsten in der Gumbertuskirche in Ansbach und in dem nahe Ansbach gelegenen ehemaligen Zisterzienserkloster Heilsbronn.

Während des Interregnums konnten die mit der Verwaltung und dem Schutz der Pfalz betrauten Burggrafen ihre Stellung beträchtlich stärken. Damals kam es auch baulich zur Trennung von Reichsburg und Burggrafenburg.

Die Kaiserburg Nürnberg in einer Radierung von 1705.

Im Grundriss sind die umfangreiche Kaiserburg und die durch eine Mauer nach Osten abgegrenzte Burggrafenburg in Nürnberg deutlich zu erkennen.

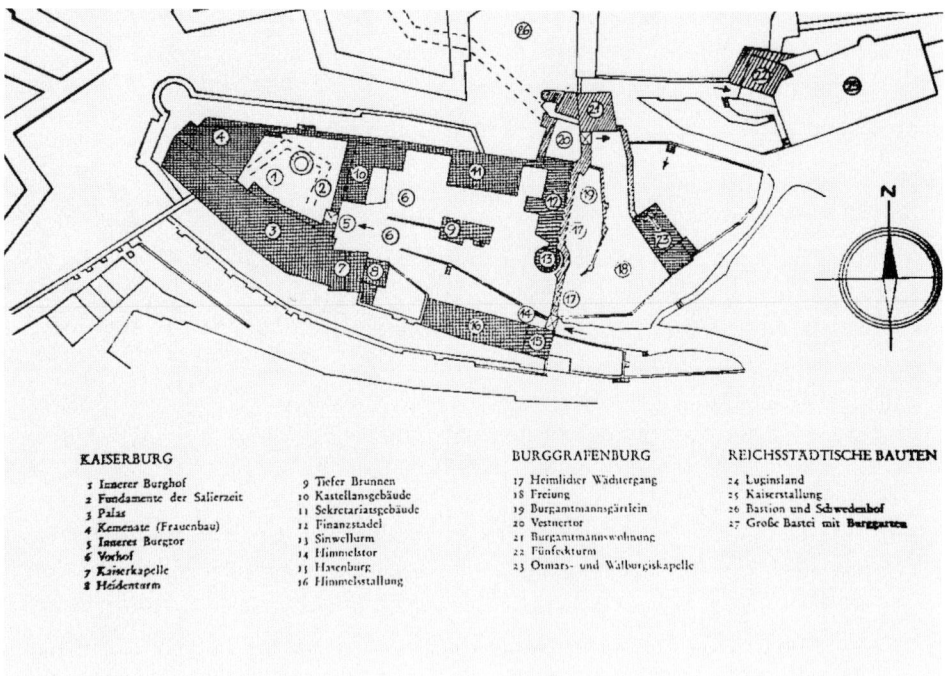

KAISERBURG
1 Innerer Burghof
2 Fundamente der Salierzeit
3 Palas
4 Kemenate (Frauenbau)
5 Inneres Burgtor
6 Vorhof
7 Kaiserkapelle
8 Heidenturm
9 Tiefer Brunnen
10 Kastellangebäude
11 Sekretariatsgebäude
12 Finanzstadel
13 Sinwellturm
14 Himmelstor
15 Hasenburg
16 Himmelsstallung

BURGGRAFENBURG
17 Heimlicher Wächtergang
18 Freiung
19 Burgamtmannsgärtlein
20 Vestnertor
21 Burgamtmannswohnung
22 Fünfeckturm
23 Otmars- und Walburgiskapelle

REICHSSTÄDTISCHE BAUTEN
24 Luginsland
25 Kaiserstallung
26 Bastion und Schwedenhof
27 Große Bastei mit Burggarten

Unter den Kaisern des 14. und 15. Jahrhunderts wurde die Burg mehrfach erweitert und in ihrer Substanz verändert. Der prosperierenden Reichsstadt war verständlicherweise daran gelegen, dass von dieser Stadtkrone keine Gefahr für die Bürger ausging, sondern dass sie allmählich ein Teil der gewaltigen städtischen Befestigungsanlagen wurde. Diesem Zweck dienten vor allem der Ausbau der Großen Bastei und der Bastion am Schwedenhof durch den Italiener Antonio Fazuni in den Jahren 1538 bis 1545. 1806 ging im Zuge der Mediatisierung die Reichsstadt Nürnberg mit der Kaiserburg an das neu geschaffene Königreich Bayern über, was in den folgenden Jahrzehnten zu einer Reihe von romantisierenden Instandsetzungen, so 1834/35 durch Carl Alexander Heideloff, führte. Erst 1934 bemühte sich Rudolf Esterer um die Wiederherstellung des ursprünglichen Zustandes. Zehn Jahre später fielen im 2. Weltkrieg große Teile der Burg den Luftangriffen auf Nürnberg zum Opfer. Glücklicherweise blieben die romanische Doppelkapelle und wichtige Teile des Palas erhalten.

Der 250 m lange und etwa 50 m breite zerklüftete Sandsteinfelsen, der die Nürnberger Altstadt bis heute nach Norden begrenzt, bot ideale Voraussetzungen für den Bau einer mächtigen Burganlage, die gegen Norden und Westen durch den jähen Abbruch der Steinplatte für mittelalterliche Verhältnisse unangreifbar war. Die westliche Hälfte des Felsgrats besetzt die ehemalige Reichsburg, in deren Mauern, wie oben angedeutet, vor allem während des 12. und 13. Jahrhunderts wesentliche Kapitel der Reichsgeschichte geschrieben wurden. Über dem südwestlichen Steilabfall des Burgfelsens erhebt sich der zweigeschossige Palas aus dem 15. Jahrhundert, dessen Fundamente in die staufische, teilweise noch in die salische Epoche zurückreichen. Ebenfalls um 1440 entstand die am weitesten nach Westen ausgreifende Kemenate. Die zwischen 1180 und 1190 erbaute Doppelkapelle mit dem Heidenturm schließt dieses Herzstück der Burg nach Osten ab (s. auch Kap. „Die Kunst der Stauferzeit", S. 150 f.)

In die Zeit vor 1200 ist auch der Fünfeckturm zu datieren, der in der östlich an die Pfalz anschließenden Burggrafenburg steht. Er ist seit 1494/95 mit dem riesigen Kornspeicher, heute allgemein als „Kaiserstallung" bezeichnet, baulich verbunden.

Der die gesamte Nürnberger Burganlage überragende Bergfried, seiner runden Form wegen „Sinwell-Turm" genannt, wird erstmals 1313 urkundlich erwähnt; er fällt also, wie die übrigen Bauten im Burgbereich, nicht mehr in die staufische Epoche.

Wertvollster Bauteil der Nürnberger Kaiserburg ist die auch am Außenbau durch ihren Figurenschmuck herausgehobene Doppelkapelle.

Der Saalhof in Frankfurt am Main

Die Geschichte der Königspfalz Frankfurt wurde zwischen 1955 und 1973 besonders intensiv erforscht. Das war möglich, da durch die starken Zerstörungen im Zweiten Weltkrieg und die anschließenden Ruinenabbrüche das Gelände westlich des Doms archäologisch untersucht und wissenschaftlich dokumentiert werden konnte. Dabei wurden die aus den bereits vorliegenden schriftlichen Belegen gewonnenen Erkenntnisse beträchtlich ergänzt.

Demnach legte Karl der Große am 22. Februar 794 an der seit römischer Zeit stark befahrenen Mainfurt den Grundstein für die Pfalz. Im selben Jahr fand im Königshof

Apsis der Saalhofkapelle des Königshofs in Frankfurt am Main.

auf dem Domhügel eine Synode statt, und 822/23 verbrachte Kaiser Ludwig der Fromme mit Familie und Hofstaat den Winter im „palatio novo".

Nach der Reichsteilung von 843 entwickelte sich die Frankfurter Pfalz zum bevorzugten Aufenthaltsort der ostfränkischen Herrscher. Ludwig der Deutsche gab den Anstoß zum Bau der am 1. September 852 geweihten Pfalzkapelle. An ihrer Stelle wurde ab 1250 in mehreren Bauabschnitten der heutige Kaiserdom errichtet, der seit 1356 der Ort der deutschen Königswahlen war. König Ludwig II., der Enkel Karls des Großen, starb nach 43-jähriger Herrschaft am 28. August 876 in der Frankfurter Pfalz.

Diese fiel noch im 9. Jahrhundert einem verheerenden Brand zum Opfer und scheint – nach Ausweis der aus dem Brandschutt geborgenen Keramik – auch später mehrfach zerstört worden zu sein.

Dies erklärt die Tatsache, dass aus der Epoche der Salier nur ganz wenige Herrscherbesuche in Frankfurt überliefert sind. Erst Konrad III., der erste staufische König, suchte Frankfurt wieder häufig auf, insgesamt achtmal zwischen 1140 und 1149. Im Jahre 1152 wurde hier sein Neffe und Nachfolger Friedrich Barbarossa zum König gewählt. Auch er weilte häufig in Frankfurt, bevorzugte jedoch in seinem letzten Lebensjahrzehnt die Pfalz Gelnhausen.

Seine verkehrsgünstige Lage sicherte Frankfurt während der ganzen staufischen Epoche das Interesse der Herrscher, das sie durch die Abhaltung großer Hoftage und Reichsversammlungen bekundeten. So ließ Kaiser Friedrich II. 1220 hier seinen Sohn Heinrich (VII.) zum Deutschen König wählen.

In die für die Geschichte der Frankfurter Pfalz überaus bedeutsame staufische Epoche fällt die Erbauung des „Saalhofs" an der Südwestecke des karolingischen Pfalzbereichs. Es handelte sich dabei vermutlich um eine „Aula regia", die zum Hoftag Kaiser Ottos IV. im Jahr 1208, auf dem der Welfe die Reichsinsignien in Empfang nahm und wo über den Mörder des Barbarossasohnes Philipp von Schwaben Gericht gehalten wurde, fertiggestellt werden musste. Die Jahreszahl 1208 fand vor kurzem durch die dendrochronologische Untersuchung eines Balkens aus der Kapellenmauer ihre Bestätigung.

Diese Saalhofkapelle ist der letzte Rest des zweifellos bedeutsamen Bauwerks aus dem frühen 13. Jahrhundert. Sie stand Wand an Wand mit einem mächtigen, nahezu quadratischen Turm, der den Saalhof im Osten begrenzte und von dem seit seinem Abbruch 1842 gerade noch Teile der Nord- und Ostmauer erhalten sind. Die etwa 7,4 m nach Osten vorspringende Kapelle kragt mit einer aus Backsteinen gemauerten Apsidiole über ihre halbrunde Außenmauer hinaus. Innen ist die Apsis mit einer Kalotte überwölbt, den Kapellenraum selbst schließt ein steiles Kreuzrippengewölbe ab, das auf Wandpfeilern ruht. Deren Kapitelle, acht an der Zahl, zeigen teilweise Blatt- und Rankenornamente, drei davon lassen sich den Bandknollenkapitellen zuordnen, wie sie mehrfach am Südpalas der Burg Münzenberg anzutreffen sind

Das Palatium in Seligenstadt am Main

Neben dem imposanten Komplex des von Einhard, dem berühmten Verfasser der Vita Karls des Großen, nach 828 gegründeten ehemaligen Benediktinerklosters muten die Reste des benachbarten staufischen Palatiums auf der Hochterrasse des Mainufers recht bescheiden an.

Seligenstadt war von den Herrschern der karolingischen, sächsischen und salischen Häuser mehrfach durch die Abhaltung von Hoftagen ausgezeichnet worden. Kaiser Friedrich Barbarossa verlieh dem Ort vor 1175 Stadtrechte und berief im April 1188 einen Hoftag nach Seligenstadt ein.

In einer Urkunde vom August 1237, in der Kaiser Friedrich II. dem Erzbischof von Mainz die Lehnshoheit über die Stadt bestätigt, finden sich auch Hinweise auf die

Vom Palatium Kaiser Friedrichs II. in Seligenstadt („des kaisers hus") blieb lediglich die Mainfront erhalten.

Hauptsehenswürdigkeit von Seligenstadt ist die Einhartsbasilika, benannt nach Einhart, dem Biographen Karls des Großen. Dieser hatte hier um 830 ein Benediktinerkloster gegründet, das seine wachsende Bedeutung dem aufblühenden Handelsplatz an der Mainfurt verdankte. Vom Gründungsbau der Kirche haben sich noch große Teile erhalten. Sehenswert ist die barocke Klosteranlage mit dem original wiederhergestellten Prälaturgarten.

Errichtung des Seligenstädter Palatiums. Bis zu seinem teilweisen Abbruch um 1460 führte es den Namen „des kaisers hus". Dass wenigstens dessen Mainfront erhalten blieb, ist der Tatsache zu verdanken, dass das ca. 46 m breite Mauerstück in die damals ausgebaute Stadtmauer einbezogen wurde.

Der aus sorgfältig gearbeiteten Buntsandsteinquadern errichteten Schauseite des Bauwerks ist eine – rekonstruierte – steinerne Altane vorgebaut, auf die zwei Rundbogenportale hinausführen. Den Eindruck von Symmetrie geben der Palaswand drei Fenstergruppen, die in ihren Einzelheiten jedoch ganz unterschiedlich ausgebildet sind. Auf einen besonders repräsentativen Raum lassen die beiden Dreierarkaden der rechten Fenstergruppe schließen. Die Kapitelle der durchweg erneuerten Säulchen haben Würfel- und Kelchblattformen.

Die beträchtliche Mauerstärke der erhaltenen Bauteile lässt darauf schließen, dass das Palatium ursprünglich noch ein zweites Obergeschoss besaß, in dem sich ein etwa 43 x 14,5 m großer Saal befunden haben könnte. Die Meinungen der Bauforschung sind in dieser Frage jedoch ebenso geteilt, wie in den Aussagen über die ursprüngliche Zweckbestimmung des Seligenstädter Stauferbaus. Vorstellbar ist, dass die zum Main hin orientierte und einen weiten Blick ins Land gewährende unbefestigte Anlage als kaiserliches Jagdschloss gedient hat, wie Friedrich II. es auch an zahlreichen Plätzen in Apulien hat errichten lassen.

Stauferzeitliche Burgen – eine Auswahl

Thomas Biller und Bernhard Metz haben in einem 2001 veröffentlichten Aufsatz über den „Burgenbau der Staufer im Elsass" einleitend vermerkt: „Der Begriff des Staufischen in der Kunstgeschichte ist nirgends so unklar definiert wie im Bereich der Burgenforschung ...". Sie vertreten deshalb die Meinung, „dass das Adjektiv ‚stauferzeitlich' die Sache unmissverständlicher machen würde".

Nach Abwägung vieler, bis heute kontrovers diskutierter Fragen zum mittelalterlichen Lehnswesen kommen Biller/Metz zu dem Schluss, dass es im **Elsass**, einem der „Stammländer" des staufischen Hauses, lediglich zehn Burgen gebe, die „von den Staufern erbaut worden sind". Dazu zählt die bereits besprochene Pfalz Hagenau, die ebenso vom Erdboden verschwunden ist wie die Haldenburg, die Burg Illwickersheim und die Kronenburg, alle im Umkreis von Straßburg gelegen, ferner die Burg Landeshaoite bei Andlau und die Burg Sufflenheim am Ostrand des Hagenauer Forstes.

**Die Hohkönigsburg zählt zu den meistbesuchten Sehenswürdigkeiten nicht nur des Elsass, sondern ganz Frankreichs, obwohl sie keineswegs der Inbegriff einer mittelalterlichen Burganlage ist. Seit 1899 im Besitz des Deutschen Kaisers Wilhelms II. ist sie zwischen 1900 und 1908 „romantisch" auf- und ausgebaut worden – allerdings in hervorragender Qualität.
In der Umgebung lohnt der Besuch mehrerer eindrucksvoller Burgruinen, etwa der Ulrichsburg bei Rappoltsweiler/Ribeauvillé oder der Burg Kaysersberg in der Geburtsstadt Albert Schweitzers. Weithin bekannt und sehr reizvoll ist das über Jahrhunderte zu Württemberg gehörende Städtchen Reichenweier/Riquewihr. Ein Besuch Schlettstadts sollte neben der St. Fideskirche den Besuch des gotischen Georgsmünsters und der Humanistenbibliothek einschließen.**

Eine Ausnahmestellung unter den elsässischen Stauferburgen genießt die **Hohkönigsburg,** westlich von Schlettstadt gelegen. Ursprünglich als „Estufin" bezeichnet, das der Bergform „Staufen" entspricht, ist sie schon 1147 – mindestens teilweise – im Besitz König Konrads III., der die Burg, zusammen mit seinem Bruder Friedrich, wohl von seinem Vater, dem Schwabenherzog Friedrich I., geerbt hat. Seit 1157 sind auf der Burg Edelfreie „von Königsburg" ansässig. Schon um 1238 beanspruchen die Herzöge von Niederlothringen das Eigentum an der Hohkönigsburg. In der Folgezeit wechselt die strategisch überaus wichtige Anlage, von der aus große Teile der Rheinniederung beobachtet werden können, mehrfach den Besitzer, bis sie 1899 als Geschenk der Stadt Schlettstadt dem Deutschen Kaiser Wilhelm II. zufällt. Der Architekt Bodo Ebhardt baute die Anlage unter Einbeziehung der vom staufischen Gründungsbau und von den Erweiterungsbauten des 15. Jahrhunderts verbliebenen Reste großartig aus. Er schuf damit eines der herausragendsten Beispiele für die Wiederherstellung nationaler Baudenkmäler, wie sie seit der Gründung des zweiten Deutschen Reiches 1871 bis zum Ausbruch des Ersten Weltkriegs 1914 in erstaunlicher Zahl und Qualität in Angriff genommen und auch größtenteils vollendet wurden.

Die Kontrolle der wichtigen, vom Vogesenkamm durch das Weißtal in die

Zu den reizvollsten Plätzen an der elsässischen Weinstraße gehört Kaysersberg, der Geburtsort Albert Schweitzers. Die aus dem Anfang des 13. Jahrhunderts stammende Burg, von der nur noch der runde Bergfried und eine hangseitige Schildmauer erhalten sind, war in die Stadtbefestigung eingebunden.

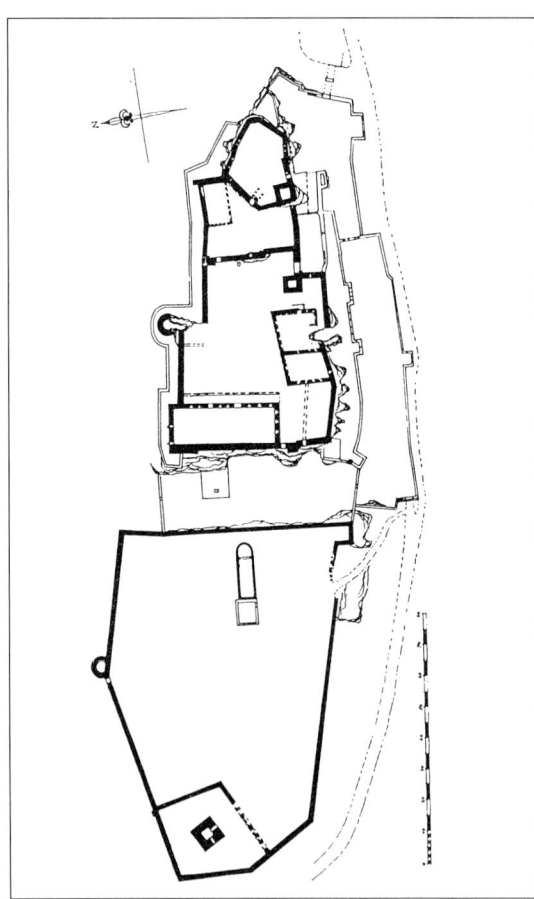

Grundriss der stauferzeitlichen Burg Girbaden im Elsass.

Rheinebene führenden Passstraße gab den Anstoß für den Bau der **Burg Kaysersberg** durch König Heinrich (VII.) kurz nach 1227. Sie war mit der etwa gleichzeitig gegründeten Stadt durch Mauern verbunden. Von der schon im 17. Jahrhundert zerfallenen Anlage stehen noch der runde Bergfried und die Schildmauer.

Der Bau der **Burg Landsberg** am Fuß des Odilienbergs steht in engem Zusammenhang mit dem dortigen Frauenkloster, über das die Staufer die Vogteirechte ausübten. Die Burg war die Heimat der berühmten Äbtissin des Klosters, Herrad von Landsberg, die mit ihrem (1870 in Straßburg verbrannten) Werk „Hortus deliciarum", einer „Enzyklopädie höfischer Kultur und theologisch-philosophischer Weltschau", eines der kostbarsten illustrierten Bücher des Mittelalters schuf. 1634 abgebrannt und anschließend großenteils abgetragen, ist die Burg mit dem übereck gestellten Bergfried, dem repräsentativen, durch einen zierlichen Kapellenerker gegliederten Palas und nicht zuletzt durch ihre saubere Buckelquadertechnik ein Beispiel für die hohe bauliche und künstlerische Qualität des staufischen Burgenbaus.

Dasselbe gilt in verstärktem Maße von der **Burg Girbaden** bei Rosheim, die erstmals 1137 als Besitzung der Grafen von Dagsburg-Egisheim in einer Urkunde erscheint. Über die Tochter des 1212 verstorbenen letzten Grafen gelangte sie an den Herzog von Lothringen, der sie 1219 nach einer kriegerischen Auseinandersetzung mit Friedrich II. an den Stauferkaiser abtreten musste. Dessen Sohn Heinrich (VII.) verzichtete bereits 1226 zugunsten des Bischofs von Straßburg auf seine Rechte an Girbaden. König Heinrich hatte die Burg zuvor beträchtlich erweitert und mit dem Palas ein architektonisches Glanzstück des romanischen Profanbaus geschaffen, das auch in seiner Ruinenhaftigkeit höchste Bewunderung verdient. Kaum sonst wo ist der Buckelquaderverband der Außenmauern in so ebenmäßiger Technik ausgeführt worden wie gerade hier.

Kurz nach seiner Ankunft in Deutschland im Jahr 1212 erwarb der Stauferkönig Friedrich II. die Vogteirechte über die **Pflixburg** im unteren Münstertal, durch das zu dieser Zeit noch keine Straße zum Vogesenkamm führte. Zum Schutz der Westflanke von Colmar, das 1226 erstmals als Stadt genannt wird, hatte sie jedoch eine erhebliche strategische Bedeutung. Der mächtige runde Bergfried und der nach Nordwesten ausgerichtete Palas sind in ihrer vielbewunderten Bauausführung typische Beispiele der staufischen Epoche. Seit etwa 1440 ist die Pflixburg Ruine.

Neben den hier genannten elsässischen Burgen, die in einer direkten Verbindung zur staufischen Familie stehen, zeugen am Ostrand der Vogesen und in ihren Seitentälern eine kaum überschaubare Zahl von mittelalterlichen Wehranlagen von der einzigartigen wirtschaftlichen, kulturellen und militärischen Bedeutung dieser europäischen Kernlandschaft. Dabei ist auf so großartige Beispiele wie die Burgen der Grafen von Egisheim, der Herren von Andlau und der „Pfeiferkönige" von Rappoltsweiler oder auch auf den **Hohbarr,** das „Auge des Elsass", zu verweisen. Letzterer ist jene unvergleichliche Anlage bei Zabern, mit ihrer unter dem schützenden Nordfelsen „hingekauerten" romanischen Kapelle, deren Erwerbung durch den Bischof von Straßburg Kaiser Friedrich Barbarossa nach einem Besuch der Burg im Jahr 1168 veranlasste.

Aus der Vielzahl der stauferzeitlichen Burgen in Südwestdeutschland – wobei dieses Gebiet hier etwa mit der Rheinpfalz, dem Bundesland Baden-Württemberg und einem Teil Südhessens umschrieben ist – sind einige von besonderer Wichtigkeit.

Ihrer exponierten Lage in den Nordvogesen wegen wird die Burg Hohbarr, deren Kapelle sich erhalten hat, seit langem als das „Auge des Elsass" bezeichnet.

Im Gebiet der linksrheinischen Pfalz ist dies die **Burg Trifels** bei Annweiler. Walter Hotz rechnet sie in seinem 1992 erschienenen Werk über die „Pfalzen und Burgen der Stauferzeit" zu den Königspfalzen. Er begründet dies u. a. damit, dass dort schon während der Regierungszeit des letzten Salierkaisers, Heinrichs V. (1106- 1125), prominente Persönlichkeiten, wie der Erzbischof Adalbert von Mainz und der sächsische Graf Wiprecht von Groitzsch, gefangen saßen. Nach dem Tod des Kaisers brachte sein Neffe, der Schwabenherzog Friedrich II. von Staufen, die Insignien des Reiches auf die bereits zwischen 1116 und 1118 an ihn gelangte Burg Trifels. Er musste sie schon 1125 an den erfolgreich gegen ihn um die Königswürde kandidierenden Grafen Lothar von Supplinburg herausgeben. Sie kamen jedoch 1138 nach der Wahl von Friedrichs Bruder Konrad zum Deutschen König wieder in die Hand der Staufer und fanden auf dem Trifels mindestens bis zum Jahr 1198 ihren Platz. Dort waren, wie es Dankwart Leistikow 1997 in einem Vortrag über die Aufbewahrungsorte der Reichskleinodien überzeugend darstellt, hervorragende bauliche Voraussetzungen für die sichere Verwahrung der „das Reich" symbolisierenden kostbaren „kaiserlichen Zeichen" – Reichskrone, Reichsapfel, Reichskreuz – geschaffen worden. Der mächtige, mit dem Palas direkt verbundene Turm der Burg umschließt über einem Untergeschoss die quadratische Burgkapelle, die mit ihrer segmentförmigen Apsis seine Ostwand durchbricht. Der Sakralraum zeigt rundbogige Wandgliederungen und besitzt ein schweres Gewölbe, dessen Rippen an einem offenen Schlusssteinring enden. Dieser schafft eine Verbindung zu dem darüber liegenden Raum, der wiederum nur vom Palas aus zugänglich ist, was von Leistikow als weiterer Sicherheitsaspekt gedeutet wird. Der Raum über der Kapelle diente also mit hoher Wahrscheinlichkeit als Schatzkammer

Im 12.Jahrhundert war die Burg Trifels mehrfach Aufbewahrungsort der Reichskleinodien, darunter auch der Deutschen Kaiserkrone. Nachbildungen der wichtigsten Herrschaftszeichen des Heiligen Römischen Reichs Deutscher Nation werden noch heute auf der Burg verwahrt.

des Reiches. Ein ähnliches bauliches Gefüge ist auch an anderen Aufbewahrungsorten der Reichskleinodien zu beobachten, etwa in der Pfalzkapelle zu Hagenau und in den Kapellen der Waldburg und der Burg Krautheim.

Dass die Burg Trifels die besondere Gunst der Staufer genoss, bezeugen die Aufenthalte Kaiser Friedrich Barbarossas in den Jahren 1155 und 1174 sowie die Tatsache, dass sein Sohn und Nachfolger Heinrich VI., der mit der Erbin des Normannenreichs, Konstanze von Sizilien, verheiratet war, den nach der Niederwerfung der sizilianischen Adelsrevolte in Palermo erbeuteten sagenhaften Normannenschatz im Jahr 1196 auf den Trifels bringen ließ. Damals wurde u. a. der berühmte Krönungsmantel zum dauernden Bestandteil der Reichskleinodien. Die finanziellen Mittel für den Heerzug nach Sizilien hatte sich Heinrich VI. großenteils aus dem hohen Lösegeld beschafft, das die Engländer für die Freilassung ihres auf der Rückreise vom 3. Kreuzzug gefangen genommenen und 1193/94 auf dem Trifels festgehaltenen Königs Richard Löwenherz zu bezahlen hatten.

Die herrliche Landschaft um den Trifels ist ein Eldorado für Burgenliebhaber. Bereits der Dichter Viktor von Scheffel besang im 19. Jahrhundert die „Burgendreifaltigkeit" Trifels, Anebos und Scharfenberg. Lohnende Wanderziele sind die Dahner Burgen, der Berwartstein, die Madenburg, die Ruine Meistersel und Burg Landeck über dem Stift Klingenmünster.

Dass die Burg Trifels während der ganzen staufischen Epoche der angestammte Aufbewahrungsort für die Reichskleinodien blieb, wird durch mehrere urkundliche Belege untermauert. So überführte Bischof Konrad von Scharfenberg, der Kanzler König Philipps von Schwaben, nach dessen Ermordung im Jahr 1208 die Insignien auf die pfälzische Burg. Kurz danach ließ Kaiser Otto IV., der Welfe, sie auf die Harzburg bringen. 1219 nahm sie Kaiser Friedrich II. in Goslar wieder in seine Obhut und reiste damit zur Feier seiner Krönung am 22. November 1220 nach Rom. Zuvor hatte der Staufer als Zeichen seiner Wertschätzung dem am Fuß der Burg gelegenen Annweiler 1219 das Stadtrecht verliehen. In den folgenden Jahrzehnten wechselte der Aufbewahrungsort des Reichsschatzes mehrmals, bis er 1246 von der Burgkastellanin Isengard von Falkenstein auf dem Trifels dem Sohn Friedrichs II., König Konrad IV., versehen mit einem genauen Inventarverzeichnis, übergeben wurde. Er war damit wieder in die Obhut der den Dienst in der Burgkapelle versehenden Mönche des nahegelegenen Zisterzienserklosters Eußertal gelangt. Dort verblieb er bis zum Ende des Interregnums. 1274 veranlasste König Rudolf I. von Habsburg seine Überführung auf die Kyburg bei Winterthur.

Die Glanzzeit der Reichsburg Trifels war damit zu Ende. 1330 verpfändete sie Kaiser Ludwig der Bayer an die Kurpfalz; von 1410 bis zum Ende des 18. Jahrhunderts blieb sie unter der Botmäßigkeit der Herzöge von Pfalz-Zweibrücken.

Nach einem Blitzschlag am 29. März 1602 setzte der Abbruch ein, der bis in die Mitte des 19. Jahrhunderts dauerte und dem zum Glück der Turm weitgehend entging. Der großangelegte Neubau des Palas durch Rudolf Esterer seit 1938 fand – nach einer kriegsbedingten Unterbrechung – 1966 seinen Abschluss und verlieh der Burg Trifels ihre heutige monumentale Silhouette.

Wie bei der Stammburg der staufischen Schwabenherzöge auf dem Hohenstaufen bei Göppingen, lässt sich auch im Umfeld des Trifels unschwer ein Kranz von mittelalterlichen Wehranlagen aufzeigen, die zum Schutz der Reichsburg erbaut wurden und die die Reihe der nördlichen Vogesenburgen bis zum Queichtal hin fortsetzen. Zu ihnen gehören die dem Trifels benachbarte **Burg Scharfenberg** und die ebenfalls in Sichtverbindung liegende **Burg Lindelbrunn.** Hervorragend erhalten sind Bergfried und Schildmauer der **Burg Landeck** über der ehemaligen Abtei Klingenmünster sowie die stauferzeitliche Toranlage der **Madenburg.** Die Westflanke des Trifels schützten die auf uneinnehmbaren Buntsandsteinstotzen sitzenden **Dahner Burgen** und die mit sorgfältig ausgeführten Buckelquadermauern aufwartende **Burg Gräfenstein**, eine der besterhaltenen stauferzeitlichen Wehranlagen im Pfälzer Wald. Schließlich sei noch die in der Vorderpfalz gelegene **Burg Neuleiningen** genannt, die zu den wenigen regelmäßigen spätstaufischen Viereck-Anlagen in Deutschland zählt.

Die wichtigsten Burgen im schwäbischen Stammland der Staufer sind bereits im 2. Kapitel des Buches historisch und in ihrem jetzigen Erscheinungsbild gewürdigt worden. Darüber hinaus findet sich in Baden-Württemberg auf dem Gebiet des ehemaligen Herzogtums Schwaben – vor allem am Steilabfall der Schwäbischen Alb, auf den Höhen des Nordschwarzwalds und im mittleren Neckarraum – eine solche Fülle staufferzeitlicher (leider größtenteils nur noch als Ruinen erhaltener) Burgen, dass jede Auswahl willkürlich erscheinen muss. Zu den besterhaltenen Anlagen zählen die Schwarzwaldburgen **Liebenzell** und **Zavelstein**, der festungsartige **Neipperg** im Zabergäu mit seinen beiden mächtigen Bergfrieden und die beiden bis heute bewohnten Burgen **Lichtenberg** im Bottwartal und **Reichenberg** bei Backnang.

Der sogenannte „württembergische Schwarzwald" bietet dem historisch Interessierten eine Reihe herausragender Ziele: die Ruinen des einst mächtigen Reformklosters Hirsau und die malerischen Burgruinen Liebenzell und Zavelstein, beide über bekannten Badeorten (Liebenzell bzw. Teinach) gelegen. Auf eine lange Tradition blickt vor allem Bad Wildbad zurück.

Der benachbarte fränkische Raum hat mit der noch völlig intakten **Burg Stetten** über dem Kochertal und der dem Jagsttal zugewandten **Ruine Leofels** zwei höchst bedeutsame Wehranlagen aus staufischer Zeit aufzuweisen. Letztere fällt nicht nur durch ihren regelmäßigen, dreieckigen Grundriss auf, sondern vor allem durch mehrere spitzbogige Doppelfenster, die eine Bauzeit um 1240 nahe legen.

Aus dem üblichen Rahmen fällt in diesem Gebiet die **Burg Krautheim** über dem unteren Jagsttal. Ihr Eigentümer Konrad von Krautheim verkaufte sie 1239 an seinen Schwager Gottfried von Hohenlohe, einen treuen Parteigänger Kaiser Friedrichs II. und von diesem zum Grafen von Molise und der Romagna ernannt. Gottfried fügte der vorhandenen Bausubstanz die in eleganten frühgotischen Formen ausgeführte Burgkapelle ein, über der sich einst ein heute teilweise zerstörter Raum befand. In ihm sieht Dankwart Leistikow die Aufbewahrungsstätte der Reichskleinodien, die Gottfried von Hohenlohe nachweislich zeitweise anvertraut waren. Auf diese hoheitliche Verwendung könnte auch das Adlerrelief an einem Kapitell im Kapellenraum hinweisen. Auffallend reich wurde das große zweigeschossige Spitzbogenportal gestaltet, das den Zugang zu Palas und Kapelle bildet. Die üppige, in den Details meisterhaft ausgeführte Bauornamentik mit Säulchen, Kapitellen und Blattwerk lässt auf eine herrschaftliche Bauhütte schließen.

Eine solche muss auch am Werk gewesen sein, als Ruprecht von Durne um 1170 daranging, in der Einsamkeit des Odenwalds, unweit von Amorbach, die **Burg Wildenberg** zu erbauen. Ihr Grundriss bildet ein ungleiches Rechteck, dessen Angriffsseite durch eine starke Schildmauer geschützt ist, in die der übereck gestellte Bergfried einschneidet. Der Quaderverband ist untadelig, die Außenbuckel verraten höchste Steinmetzkunst. Den Zugang schützte ein Turm, in den eine Georgskapelle eingebaut war. Der auf der Talseite liegende und durch einen Eckturm besonders geschützte Palas dokumentiert mit seinen reichen Bau- und Schmuckelementen den außergewöhnlichen historischen und künstlerischen Rang der Burg – vollends nachdem sie durch die Aufstockung des Palas durch den Enkel des Erbauers, Konrad von Durne (vor 1230) ihre endgültige Form erhalten hatte. Man glaubt, dass für diesen Ausbau Bauleute herangezogen wurden, die in Burgund geschult waren und die auch schon an der Marienkirche in Gelnhausen unter Heinrich Vingerhut gearbeitet hatten. Dennoch bleibt die Bauinschrift „BERTOLT MURTE MICH ULRICH HIWE MICH" rätselhaft.

Trotz der im Bauernkrieg angerichteten Zerstörungen nennt Walter Hotz den oberen Palassaal der Wildenburg den schönsten der uns erhalten gebliebenen spätstaufischen Räume. Seine architektonische Qualität und reiche Ausstattung mache die Burg „den Kaiserpfalzen ebenbürtig".

Zu den baulich einst besonders kostbar ausgestatteten staufischen Ministerialenburgen in württembergisch Franken zählt die Ruine Leofels.

Den Bezug zu den Stauferkaisern Friedrich I. Barbarossa und Heinrich VI. vermittelt in besonderem Maße einer der beiden – ebenfalls in einer Inschrift genannten – Erbauer der Burg, Ruprecht von Durne. Die Tatsache, dass er in rund 150 Kaiserurkunden zwischen 1171 und 1196 als Zeuge auftritt, zeigt, dass er zum engen Gefolge der beiden Staufer zählte und in dieser Eigenschaft bedeutende Ereignisse der Reichsgeschichte miterlebte. Dazu gehörten u. a. die Begegnung von Kaiser und Papst Alexander III. 1177 in Venedig, das Mainzer Pfingstfest 1183, die Hochzeit Heinrichs VI. mit Konstanze in Mailand 1184 sowie Heinrichs Krönungen in Rom 1191 und Sizilien 1195. Im Jahr 1197 trat Ruprecht von Durne eine Reise nach Apulien an, von der er nicht mehr zurückkehrte.

Strittig ist, ob bereits Ruprecht von Durne oder erst sein Enkel Konrad den Dichter Wolfram von Eschenbach auf die Burg Wildenberg einlud, um dort an seinem Parzival-Roman zu arbeiten. Es gibt darin Hinweise, etwa die „großen Feuer" (sprich: Kamine), die der Sänger auf der Burg gesehen hat, und nicht zuletzt den Namen selbst: Wildenberg – Mont sauvage – Munsalvaesche, der Name der Gralsburg.

Das Bottwartal zählt zu den reizvollsten Landschaften im mittleren Neckarraum. Über rebenbewachsenen Hügeln thronen die Burgen und Ruinen Lichtenberg, Hohenbeilstein, Wildeck und Helfenberg. Zu den ältesten Kirchen im Tal zählt die ehem. Damenstiftskirche in Oberstenfeld. Hohenlohe gilt als das „Land der Burgen und Schlösser" im fränkischen Teil Baden-Württembergs. In der Umgebung der stauferzeitlichen Ruinen Leofels und Krautheim sind u.a. die Burgen Stetten und Morstein sowie das Besuchern zugängliche Schloss Langenburg zu nennen.

Die Persönlichkeit Ruprechts von Durne ist es auch, die die Verbindung zu der im Folgenden zu betrachtenden staufischen Ministerialenburg herstellt. Wie Ruprecht erscheint im Gefolge Barbarossas mehrfach ein Kuno von **Münzenberg**, der im Jahr 1161 als Reichskämmerer bezeichnet wird. Seine Burg dominiert bis heute die Wetterau, jenes von Main, Taunus, Lahn und Vogelsberg umschriebene Gebiet, das im hohen Mittelalter, vor allem in der Stauferzeit, zu den in vieler Hinsicht bevorzugten Gebieten des Reiches zählte. Die Pfalzen Frankfurt, Gelnhausen und Friedberg markierten ein „kaiserliches Dreieck", von dem man versucht ist, es als eine der „Residenzlandschaften" des staufischen Nordreichs schlechthin zu bezeichnen. Diese politisch-militärische Bedeutung verband sich mit einem wirtschaftlichen und kulturellen Aufschwung, der heute noch vielerorts abzulesen ist.

Zur Sicherung der Reichsgewalt in diesem Brennpunkt des Imperiums war der Kaiser auf die Zuverlässigkeit und das Durchsetzungsvermögen von Ministerialen angewiesen. Zu ihnen gehörten in der Wetterau die Herren von Ysenburg-Büdingen und die Herren von Hagen-Arnsburg, die sich seit dem Jahr 1165 „von Münzenberg" nannten. Damals hatte Kuno I. von Münzenberg auf dem langgestreckten Basaltkegel, den sein Vater Konrad von Hagen-Arnsburg zwischen 1138 und 1152 vom Kloster Fulda eingetauscht hatte, bereits mit dem Bau der Burg begonnen, deren mit der Südmauer verbundene Teile samt dem östlichen Bergfried nach neuen Forschungen von Bettina Jost schon bald nach 1165 fertiggestellt sein mussten. Bereits 1174 überließ Kuno die ehemalige Stammburg Arnsburg den Zisterziensern von Eberbach im Rheingau zur Gründung eines Klosters.

Das heutige Bild der Burg Münzenberg bestimmen die beiden runden, sich nach oben leicht konisch verjüngenden Bergfriede, die der Burg zu ihrem volkstümlichen Namen „Wetterauer Tintenfass" verholfen haben. Mit dem Bau des Westturms begann um 1250 der Enkel Kunos I., Ulrich II. von Münzenberg, der sich wie sein Vater, Kuno II., längst der welfischen Partei zugewandt hatte. Als er 1255 kinderlos starb, fiel das Erbe an die weiblichen Nachkommen der Familie. Schon 1270 konnte Philipp von Falkenstein sämtliche Anteile in seiner Hand vereinigen und von 1286 bis 1295 den Westturm vollenden und den Nordpalas errichten. Dieser ist leider stark zerstört; nur der steile Kamingiebel nach Westen und die Nordfront des Palas mit ihren drei zur

Die Burg Münzenberg in der hessischen Wetterau verkörpert trotz ihrer starken Zerstörung den Prototyp einer bedeutenden staufischen Ministerialenburg.

Stadt hin geöffneten dreiteiligen Spitzbogenfenstern weist den „Falkensteiner Bau" als repräsentativen Profanbau der Frühgotik aus.

Für die staufische Epoche ist der romanische Südtrakt der Burg beispielhaft. Man erreicht ihn über einen durch zwei Torbauten am Zwingergraben entlangführenden Weg, auf dem die Angreifer ihre ungeschützte Schwertseite der Burg zuwenden mussten. Den Zutritt zum Burghof verschafft ein tonnengewölbter Durchgang, über dem sich der Kapellenraum befindet. Er stammt in seiner heutigen Form nicht aus der Zeit Kunos I., sondern weist auf Umbauphasen im späten 13. und 15. Jahrhundert hin.

Westlich der Tordurchfahrt erstreckt sich in einer Länge von ca. 30 m der Palas, der großenteils noch bis zum Ansatz des Dachstuhls über dem zweiten Obergeschoss erhalten ist. Am gravierendsten sind die Zerstörungen an der Nordwestseite.

In sämtlichen Stockwerken war der Palas durch eine starke Mauer in zwei nahezu gleich große Hälften aufgeteilt, die untereinander, ausgenommen im zweiten Obergeschoss, keine Verbindung hatten. Die Raumaufteilung des Ostpalas legt die Vermutung nahe, dass dieser lediglich zu repräsentativen Zwecken genutzt wurde, was auf die herausgehobene Stellung des Reichskämmerers Kuno von Münzenberg hindeutet. Der Westpalas hingegen diente der Burgherrschaft als Wohnung. Beide Teile beeindrucken – sowohl an der Hof- als auch an der Talseite – durch ihre kleeblattförmigen Türgewände und ihre mehrfach gekuppelten zierlichen Fensteröffnungen, wobei die Achterarkade an der Südseite des Ostpalas besondere Aufmerksamkeit verdient.

Im Gegensatz zu dem großenteils aus schwarzen Basaltsäulen aufgeführten Mauerwerk wurde für die Fensterarkaden ein gelblicher Sandstein verwendet, der eine exak-

Der stauferzeitliche Südpalas der Burg Münzenberg zeichnet sich durch eine reiche bildhauerische Behandlung der zahlreichen Fensterarkaden aus.

te Ausführung des reichen Fassadenschmucks erlaubte. Dabei stehen bei den Fenstergewänden Schachbrettmuster und Zackenfriese im Vordergrund. Bei den Säulenköpfen bieten die erstmals in Lothringen nachweisbaren Bandknollenkapitelle einen eindeutigen Datierungshinweis auf 1190.

Die Zerstörung der Burg Münzenberg, die nach dem Aussterben der Falkensteiner im Jahr 1418 unter verschiedene Familien aufgeteilt wurde, setzte im 30-jährigen Krieg ein, als sie mehrfach gewaltsam erobert und in den folgenden Jahrzehnten als Steinbruch benutzt wurde. Erst um die Mitte des 19. Jahrhunderts erkannte man die Bedeutung der noch immer imposanten Anlage und begann mit umfangreichen Erhaltungsarbeiten. Im Jahr 1935 übergaben die damals noch vier hochadeligen Eigentümer von Münzenberg die Burg an das Land Hessen, das nach dem Zweiten Weltkrieg umfangreiche Sicherungsmaßnahmen zur Erhaltung dieses kostbaren Bauzeugen der Stauferzeit einleitete.

Im Zusammenhang mit der Ministerialenburg Münzenberg muss auch auf die **Wasserburg Büdingen** hingewiesen werden, die während der Stauferzeit von einem bedeutenden Dienstmannengeschlecht, den Herren von Büdingen, verwaltet wurde. Ihnen hatten die Kaiser wichtige hoheitliche Funktionen anvertraut, darunter den Schutz des ausgedehnten Büdinger Reichsforsts, den die Familie seit 1370 als Allodium besaß. Die Burg, mit deren Bau Hartmann von Büdingen nach 1170 begonnen hatte, ist in ihrer Kernsubstanz ein dreizehneckiger Zentralbau, dessen ursprüngliche Außenmauern nahezu vollkommen erhalten sind. Die Innenbebauung folgt dem polygonalen Mauerverlauf. Sie wurde fast in allen Teilen den jeweiligen Bedürfnissen der Burgbesitzer angepasst. Zur ältesten Bausubstanz zählt ein Palasgiebel mit einer dreigliedrigen Fenstergruppe sowie die romanische Burgkapelle, über deren Säulenportal ein Tympanon zwei Männer zeigt – vielleicht die Stifter Hartmann und Hermann von Büdingen –, die demütig vor dem Kreuz in die Knie gesunken sind.

Am Ende dieses Kapitels über herausragende stauferzeitliche Burgen sei noch der Hinweis auf die von den Herren von Münzenberg erbaute Wasserburg **Babenhausen**

Im Grundriss der Burg Münzenberg fallen die beiden mächtigen runden Bergfriede auf.

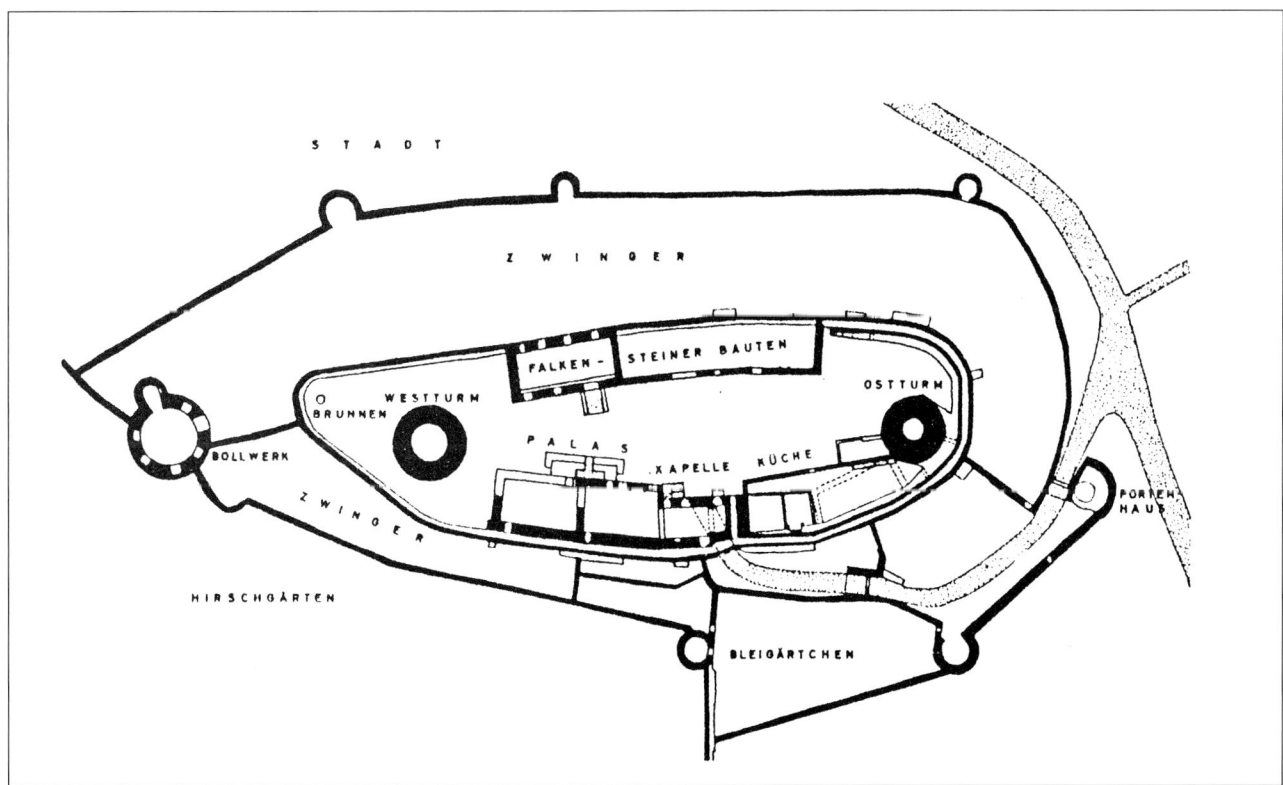

nahe Aschaffenburg sowie auf die bis auf die Blasiuskapelle völlig zerstörte Reichsburg **Rothenburg ob der Tauber** gegeben. Immerhin führten sowohl König Konrad III. und sein Sohn Friedrich (gest. 1167) als auch Barbarossas Sohn Konrad (gest. 1196) den Titel eines Herzogs von Rothenburg.

Interessante Analogien wie Unterschiede zum „staufischen" Burgenbau im deutschen Südwesten vermittelt die Beschäftigung mit anderen Burgenlandschaften Deutschlands, etwa in den heutigen Bundesländern Thüringen und Sachsen-Anhalt. Hier seien nur die Namen Wartburg und Neuenburg an der Unstrut genannt.

Kastelle im Südreich

Die Verbindung zwischen dem staufischen Nordreich und den südlich des Kirchenstaats gelegenen Gebieten Unteritaliens mit der Insel Sizilien war eine Folge der am 27. Januar 1186 in Mailand geschlossenen Ehe zwischen dem Sohn Kaiser Friedrichs I. Barbarossa, dem späteren Heinrich VI., und Konstanze, der Tochter und Erbin König Rogers II. von Sizilien. Allerdings konnte Heinrich das normannische Erbe seiner Frau erst im Jahre 1194 gegen heftige Widerstände antreten. Am 20. November 1194 zog er in Palermo ein und wurde dort am Weihnachtstag zum König von Sizilien gekrönt. Einen Tag später, am 26. Dezember 1194, brachte seine Frau Konstanze in Jesi in der Mark Ancona den Sohn Friedrich, den späteren Kaiser Friedrich II., zur Welt.

Nach dem frühen Tod des Vaters (1197) und der Mutter (1198) wuchs der „Puer Apuliae" unter der Vormundschaft von Papst Innozenz III. und nicht selten als Spielball der auf Sizilien rivalisierenden Gruppen heran, bis er im Jahr 1212 nach Deutschland aufbrach, wo seit der Ermordung König Philipps von Schwaben der 1209 zum Kaiser gekrönte Welfe Otto IV. die uneingeschränkte Herrschaft ausübte. Dort machte er seine Ansprüche auf das staufische Erbe im Gesamtreich geltend. Nachdem dies, beschleunigt durch den kinderlosen Tod Ottos IV. am 19. Mai 1218, gelungen war, kehrte Friedrich 1220 nach Italien zurück, wo er noch im Dezember in Capua und im Mai 1221 in Messina Hoftage abhielt, die der Festigung seiner Herrschaft dienen sollten. Dort erließ er u. a. Verfügungen, die den Abbruch oder die Abtretung an die Krone für diejenigen Wehrbauten verlangten, die während seiner Minderjährigkeit oder seiner Abwesenheit von Lehnsträgern eigenmächtig errichtet worden waren. Inwieweit diesen Anordnungen Folge geleistet wurde, lässt sich wegen der schlechten Quellenlage nicht mehr nachvollziehen. Jedenfalls erkannte Friedrich II., dass es zur Herstellung einer stabilen Ordnung notwendig war, die Macht des Königtums zu stärken, was nur durch eine große Zahl von Burgen möglich schien.

Foggia

Zunächst entschied sich der Kaiser im Jahr 1223, die Stadt Foggia im Norden Apuliens, den Mittelpunkt der Capitanata, zur Residenz des Südreichs zu machen. Dass er diesen hohen Rang nicht der historischen Normannenresidenz Palermo zuerkannte, hat wohl mehrere Gründe. Einmal waren die Wege ins Nordreich und nach Rom von Foggia aus wesentlich kürzer, zum andern lagen an der apulischen Ostküste die Häfen, die als Ausgangsbasen für einen vom Papst mehrfach geforderten Kreuzzug am besten geeignet waren. Hinzu kam, dass nahe Foggia die von Neapel durch Kampanien geführte Straße auf die adriatische Küstentangente traf.

Der Residenzpalast in Foggia war spätestens 1225 vollendet, als Friedrich II. seine zweite Ehe mit Isabella von Brienne, der Erbin des Königreichs Jerusalem, schloss. Sie wurde die Mutter seines späteren Nachfolgers, König Konrads IV., starb jedoch kurz nach dessen Geburt 1228 in Andria.

Vom Regierungspalast Kaiser Friedrichs II. in seiner apulischen Residenzstadt Foggia ist nur ein mit zwei Adlerskulpturen und üppigem Akanthusblattwerk geschmückter Torbogen erhalten.

In den folgenden Jahren war der Palast immer wieder Mittelpunkt von Hoftagen und festlichen Empfängen. Es erscheint geradezu schicksalhaft, dass den unversöhnlichsten Gegner der Staufer, Karl von Anjou, im Jahr 1285 in Foggia der Tod ereilte.

Dass vom Kaiserpalast in Foggia, diesem zentralen Monument staufischer Herrschaft im Südreich, so gut wie nichts erhalten blieb, ja sogar sein genauer Standort noch immer umstritten ist, ist in erster Linie dem schweren Erdbeben von 1731 zuzuschreiben, durch das die Stadt nahezu vollständig zerstört wurde. Bei deren Neubau verschwanden die Reste des Palastes – bis auf einen Torbogen, der, in eine Hauswand eingemauert, 1943 bei einem Luftangriff „freigelegt" wurde und danach an der Außenwand des Stadtmuseums seinen heutigen Platz fand. Die Abmessungen des Bogens sind, wie Dankwart Leistikow einmal bemerkte, von „wahrhaft imperialem Zuschnitt". Das üppige Akanthusblattwerk in der gekehlten Innenwandung ist von hoher bildhauerischer Qualität, ebenso die beiden Adlerkonsolen, auf denen der Bogen aufsitzt. Die heute unter der Bogenöffnung eingemauerte Schriftplatte spricht ausdrücklich von der kaiserlichen Residenzstadt Foggia. Sie nennt das Jahr 1223 als Bau-

Kein Besucher Foggias, der einstigen Residenzstadt Kaiser Friedrichs II. im apulischen Tavoliere, sollte sich einen Blick in das ehemalige Deutschordenshospiz San Leonardo di Siponto mit seinem köstlichen plastischen Schmuck entgehen lassen. Es liegt am Fuß des Felsengebirges Monte Gargano, auf dem sich die berühmte Grottenkirche des Erzengels Michael befindet.

beginn des Palastes und den Protomagister Bartholomeus als Baumeister. Verschwunden wie seine Residenz sind auch die Jagdhäuser, die der Kaiser an den Seen von Lesina und Varano in der nördlichen Capitanata, nahe seinem beliebten „Ferienquartier" Apricena, erbauen ließ. Dahinter steigt im Osten jäh das Gebirge des Monte Gargano bis auf eine Höhe von 1008 Metern an; zu seinen Wahrzeichen gehören – neben der berühmten Grotte des Erzengels Michael – die fünfeckige „Torre dei Giganti" und die Ruinen des Kastells in **Monte Sant' Angelo,** dessen unter Friedrich II. errichtete Teile durch den Ausbau zur Festung im 15. Jahrhundert weitgehend zerstört wurden.

Auch die am Südfuß des Monte Gargano gelegenen stauferzeitlichen Trakte des Kastells von **Manfredonia** – mit dessen Bau der Lieblingssohn des Kaisers, der 1266 bei

Das imposante Seekastell in Termoli ist die nördlichste der von Kaiser Friedrich II. zum Schutz der apulischen Residenzlandschaft errichteten Burgen.

120

Benevent gefallene König Manfred begonnen hatte – sind, verglichen mit den unter Karl von Anjou und später hinzugefügten Bastionen, von bescheidenem Umfang.

Eindrucksvoller ist hier schon das Hafenkastell von **Termoli**, das wichtige strategische Aufgaben zu erfüllen hatte, nämlich die Schiffsbewegungen im Küstenbereich zu beobachten und gleichzeitig den nördlichen Zugang zur Capitanata zu bewachen. Sein hoher pyramidaler Sockel wurde von der älteren Forschung als Vorstufe des friederizianischen Palastkastells in Lucera angesehen. Neuere Untersuchungen weisen den von einem quadratischen Turm überhöhten Bau jedoch erst der Epoche Karls I. von Anjou, also der Zeit um 1270, zu.

Lucera

Den Schutz der empfindlichen Westflanke seiner Residenz vertraute der Kaiser dem kaum 20 km von Foggia entfernten Kastell Lucera an. Ein schroff aus der Ebene der Capitanata aufragender Bergsporn bot ideale Voraussetzungen für den Bau einer

Die nahezu vollständige Zerstörung des friederizianischen Turmkastells in Lucera zählt zu den schmerzlichsten Verlusten unter den staufischen Wehrbauten Apuliens.

Grundriss des Kastells in Lucera; rechts unten das quadratische Turmkastell Friedrichs II. Der große Mauerring wurde erst in der 2. Hälfte des 13. Jahrhunderts unter Karl von Anjou angelegt.

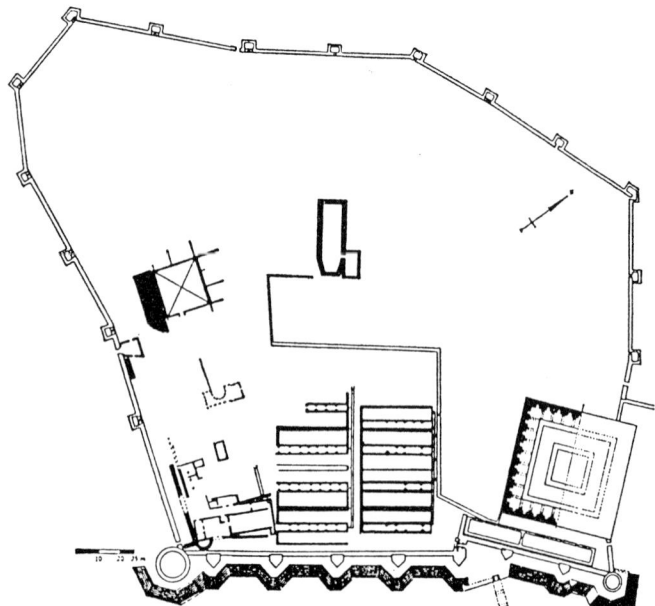

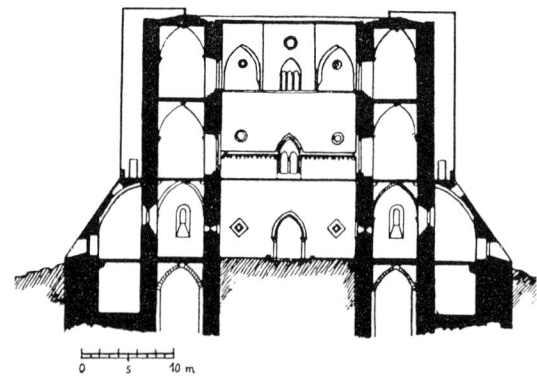

Die von Jean Louis Desprez 1778 gezeichnete Ruine des Kastells Lucera ermöglicht eine ungefähre Rekonstruktion des einzigartigen Palastturms Kaiser Friedrichs II.

Kurz vor der Sprengung im Jahr 1790 zeichnete Jean Louis Desprez die damals noch erhaltenen umfangreichen Ruinen des Palastkastells von Lucera.

großzügigen Höhenfestung, die nicht umsonst als der „Schlüssel Apuliens" galt. Die strategische Bedeutung des Platzes hatten bereits die Römer erkannt, was noch heute unschwer an den zahlreichen Säulenstümpfen und sonstigen antiken Spolien auf dem Kastellgelände abzulesen ist.

Die staufische Epoche von Lucera begann 1223 mit der Umsiedlung der durch ihre Aufstände auf Sizilien berüchtigten Sarazenen nach Lucera. Es war ein äußerst gewagtes Experiment, aber es bestätigte schon nach kurzer Zeit den erstaunlichen politischen Weitblick Kaiser Friedrichs II. Er erreichte neben der Befriedung Siziliens einen wirtschaftlichen Aufschwung für die bislang nur schwach besiedelte Capitanata; außerdem gewann er in den jungen Kriegern eine schlagbereite Streitmacht, deren bedingungslosen Gehorsam er mit der Aufstellung einer sarazenischen Leibwache belohnte, die noch seinen Söhnen und Enkeln bis zum Untergang des staufischen Hauses in unwandelbarer Treue verbunden war.

Es gehört zu den schmerzlichsten Verlusten, die der staufische Profanbau zu beklagen hat, dass das Palastkastell in Lucera, das bis weit in das 18. Jahrhundert hinein in seinen wesentlichen Teilen erhalten war, im Jahr 1790 kurzerhand gesprengt wurde, um leichter an die als Baumaterial begehrten Steinquader heranzukommen.

Kurz vor diesem Akt des Vandalismus hatte der französische Maler Jean Louis Desprez glücklicherweise einige Skizzen der Kastellanlage angefertigt. Sie ermöglichen es, zusammen mit den im 20. Jahrhundert durchgeführten Grabungen, eine Vorstellung vom einstigen Aussehen des monumentalen Bauwerks zu gewinnen. Nach Carl A. Willemsen hat in Lucera „die Bauform des Donjon ihre genialste und großartigste Ausgestaltung erfahren". Von diesem gewaltigen Wohnturm blieben lediglich der nahezu quadratische Sockel, dessen oberer Teil abgeböscht ist, und ein kleiner Rest der Nordostecke erhalten. Von außen war es dem zweigeschossigen Palast nicht anzusehen, dass sich in seiner Mitte ein kleiner, unten quadratischer, auf Höhe des Obergeschosses ins Achteck übergehender, von Wasserkünsten belebter und daher stets kühler Innenhof befand. Der nach außen eher abweisend wirkende Kastellbau von Lucera und die dort stationierte Garnison der sarazenischen Leibwache brachte Friedrich II. den Ruf eines „Sultans von Lucera" ein; lange Zeit vermutete man, dass sich hinter seinen Mauern ein kaiserlicher Harem verberge. Als sicherstes Kastell Apuliens hütete Lucera ohne Zweifel große Teile des staufisch-normannischen Staatsschatzes.

Das heutige Bild der Kastellanlage wird nicht so sehr durch die Ruinen des friederizianischen Wohnturms, sondern durch den riesigen Mauerring geprägt, den erst Karl von Anjou in der 2. Hälfte des 13. Jahrhunderts anlegen ließ und zu dem auch die mächtige, von zwei Rundtürmen flankierte Schildmauer an der Angriffsseite – zur Stadt hin – gehört.

Fiorentino

Auf einem ähnlichen Bergsporn wie Lucera und von dort aus in nordwestlicher Richtung sichtbar, lag zur Stauferzeit eine kleine, von einer Burg dominierte Stadt – Fiorentino. Als Kaiser Friedrich II. im Dezember 1250 während eines Jagdausflugs in die nördliche Capitanata plötzlich von einer schweren Krankheit befallen wurde, brachten ihn seine Begleiter in den Palast der Bischofsstadt, wo er am 13. Dezember 1250 starb. An seinem 750. Todestag, am 13.12.2000, wurde auf diesem Hügel, der in vollkommener Einsamkeit aus der kaum besiedelten Umgebung emporsteigt, dieses Ereignisses gedacht und neben dem Turmrest des Kastells eine von Stauferfreunden aus Baden-Württemberg gestiftete Stele aufgestellt. Sie erinnert in ihrer achteckigen Form an die Seitentürme von Castel del Monte, dem steinernen Symbol für die Herrschaft Friedrichs II. in Apulien.

Die am 13. Dezember 2000 im Kastell Fiorentino errichtete achteckige Stele erinnert an die im Castel del Monte mehrfach wiederkehrende Grundrissform.

Castel del Monte

Im Gegensatz zum Tavoliere von Foggia, jener größten zusammenhängenden Fläche Apuliens, die sich nach Westen bis zum daunischen Apennin erstreckt, bildet die durch den Flusslauf des Ofanto südöstlich davon abgesetzte Terra di Bari eine zum Meer in zahlreichen Geländestufen abfallende, durch die Trockentäler der „Fiumare" zergliederte Landschaft, die „Murge". Auf einer ihrer Erhebungen liegt, unweit der Stadt Andria, Castel del Monte.

Carl Arnold Willemsen beschreibt die Lage dieses einzigartigen Bauwerks mit anschaulichen, fast poetischen Worten:

„Einer weit ausladenden Dünung gleich, langsam ansteigend, hebt sich die Murge zu ihrer beherrschenden Höhe empor, bald von der Ackererde rotbraun leuchtend, bald silbern schimmernd im Kleid der Olivenhaine. Lange bleibt der sie bekrönende Bau dem Herannahenden verborgen. Immer wieder muss dieser über Bodenwellen hinweg in flache Mulden eintauchen, bis er ihn nach einem erneuten Anstieg plötzlich zum ersten Male in weiter Ferne liegen sieht. Mehrfach noch wiederholt sich das Spiel kurzen Erscheinens und raschen Verschwindens, dann endlich gibt die Landschaft den Blick von allen Seiten frei auf den pyramidenförmigen, fast kahlen Hügel und das einsame Schloss, das ihn so glänzend überragt, eine steingewordene Erfüllung der Worte des Türmers: 'Zum Sehen geboren – Zum Schauen bestellt.'"

Seit mehr als 100 Jahren, seit Emile Bertaux und Arthur Haseloff, widmet sich die Forschung intensiv der Klärung zahlreicher ungelöster Fragen zur Geschichte, vor allem aber zum Baubefund dieses singulären Architekturdenkmals. Die Zahl der wissenschaftlichen Veröffentlichungen – vor allem aus den letzten 30 Jahren – ist Legion, wobei hauptsächlich deutsche Bau- und Kunsthistoriker viele Fragen schlüssig beantworten konnten.

Zu den erhellendsten Arbeiten auf diesem Gebiet zählt die Veröffentlichung der von Wulf Schirmer und seinem Mitarbeiterstab in den Jahren 1990 bis 1996 bei der genauen Vermessung des Kastells eingebrachten Ergebnisse. Eines davon ist die Feststellung, dass die Nord-Süd-Achse des Baues genau auf den Campanile der Kathedrale von Andria ausgerichtet ist, in der zwei Gemahlinnen Friedrich II., Isabella von Brienne und Isabella von England, bestattet sind.

Den Wissenschaftlern gelang ferner der Beweis, dass im Erd- und im Obergeschoss des Baues jeweils nur einige Räume vollständig fertiggestellt und damit bewohnbar

Über den Höhenzug der Murge erhebt sich, weithin sichtbar, Castel del Monte, das man zurecht als die Krone Apuliens bezeichnet und das als Inbegriff der imperialen Architektur Kaiser Friedrichs II. im staufischen Südreich gilt.

Castel del Monte. Trotz neuester Untersuchungen und akribischer Vermessungen sind noch längst nicht alle Fragen beantwortet, die der einzigartige Bau Friedrichs II. an die Wissenschaft stellt.

waren. Bei den übrigen waren keine Wandverkleidungen – die heute bis auf geringe Reste überall fehlen – angebracht gewesen. Schirmer neigt weiterhin zu der Annahme, dass der vom Kaiser inspirierte und während der Ausführung maßgeblich beeinflusste Bauplan eine Höherführung der acht Seitentürme, über das Dachniveau hinaus, vorgesehen hatte. Diese Vollendung hätte die Bezeichnung „Krone Apuliens" in noch höherem Maße gerechtfertigt.

Auf eine knappe Formel gebracht, bietet sich Castel del Monte als zweigeschossiger, über einem achteckigen Grundriss errichteter Bau dar, dessen Ecken von ebenfalls oktogonalen Türmen markiert sind, die den Kernbau kaum überragen. Im Innern gruppieren sich in den beiden Stockwerken jeweils acht trapezförmige Räume um einen wiederum oktogonalen Innenhof. In drei Türmen gibt es Treppen, die die beiden Geschosse miteinander verbinden. Die Mehrzahl der Räume ist durch Türen miteinander verbunden. Je drei Türen bzw. türhohe Fenster gehen im Erd- und Obergeschoss auf den Hof. Die Außenfenster im Obergeschoss sind als gekuppelte Zweibogenöffnungen ausgeführt, eines davon durch drei Bogen hervorgehoben.

Leider hat man in der 2. Hälfte des 18. Jahrhunderts die zierlichen Marmorsäulen zwischen den Fensterbahnen ausgebaut und sie zur Verschönerung des Parks des königlichen Palasts in Caserta verwendet. Denselben Weg fand wohl auch der größte Teil der Wandverkleidungen, deren Schönheit – vor allem im Obergeschoss – nur noch an der farbigen Pracht der gebündelten schlanken Ecksäulen abzulesen ist.

Castel del Monte. Das achteckige Kastell umschließt einen oktogonen Innenhof; die acht Außentürme sind ebenfalls über achteckigen Grundrissen errichtet.

Je länger sich der Besucher mit dem Bau beschäftigt, desto mehr – mitunter erstaunliche – Einzelheiten wird er entdecken. Da gibt es in einigen Türmen Wasserspeicher und Toilettenanlagen; zwei Räume besitzen Kamine. Die trapezoiden Gemächer überspannen schwere, kantige Rippengewölbe, die auf wuchtigen Knospenkapitellen ruhen, die die Baukunst der Zisterzienser und damit die frühe Gotik aufnehmen. Die vorhandene Bauplastik beschränkt sich im wesentlichen auf die Gewölbekonsolen in einigen der Ecktürme, wobei die sechs zusammengekrümmten nackten Männer im Turm VII besondere Beachtung verdienen.

Bezeichnend für die kaiserliche Bauidee, die Castel del Monte zugrunde liegt, ist das monumentale, über eine doppelläufige Treppe erreichbare Portal. Der antike Formen aufnehmende Portikus aus kostbarer rötlicher Breccie – ein nur königlichen Bauten vorbehaltenes Baumaterial – umgibt das spitzbogige Portal, das von hohen schlanken Säulen flankiert ist, über denen sich stark verwitterte Löwenskulpturen den Eintretenden zuwenden.

Wenn nach der Besichtigung von Castel del Monte noch Zeit bleibt, sollte man die nahegelegene Stadt Andria besuchen, in deren Domkrypta zwei Gemahlinnen Kaiser Friedrichs II., Isabella von Brienne (gest. 1228) und Isabella von England (gest. 1241), ihre letzte Ruhe fanden.

Der in antikisierenden Formen gestaltete Portikus von Castel del Monte wurde aus kostbarer rötlicher Breccie, einem nur königlichen Bauten vorbehaltenen Material, errichtet.

Wenn auch noch viele Fragen über das Schicksal und die eigentliche Zweckbestimmung von Castel del Monte einer Klärung harren, so ist eine persönliche Initiative des Kaisers im Zusammenhang mit seiner Entstehung durch eine am 20. Januar 1240 in Gubbio ausgestellte Urkunde belegt. Darin unterrichtet Friedrich II. den Justitiar der Capitanata, Riccardo de Montefuscolo, von seiner Absicht, bei der – heute abgegangenen – Kirche Santa Maria de Monte eine Burg zu errichten. Der Beamte sollte unverzüglich dafür sorgen, dass das notwendige Baumaterial bereitgestellt wurde. Wann dann mit dem Bau begonnen wurde und ob sich Friedrich II. noch mehrmals dort aufgehalten hat, ist ungewiss.

Sporadisch überlieferte Nachrichten besagen, dass 1249 die Kaisertochter Violante den Grafen Richard von Caserta in Castel del Monte ehelichte. Im Jahr 1256 kerkerte Manfred, Sohn des Kaisers und seit 1250 Statthalter im Südreich, widersetzliche Untertanen dort ein. Zehn Jahre später befand sich das Schloss bereits in der Hand Karls I. von Anjou, der dort die drei Söhne Manfreds – nach dessen Tod 1266 – gefangen hielt. Auch in den folgenden Jahrhunderten diente das Kastell meist als Gefängnis oder als Zufluchtstätte in Pest- und Notzeiten. Das führte zu Plünderungen, sinnlosen Zerstörungen und einer vollkommenen Verwahrlosung. Dieser mehr und mehr auch die Bausubstanz bedrohende Zustand fand erst im Jahr 1876 ein Ende, als der italienische Staat Castel del Monte erwarb und seitdem um seine Erhaltung und Wiederherstellung in vorbildlicher Weise bemüht ist.

Im Unterschied zu Castel del Monte stehen bei den meisten anderen Kastellen der friederizianischen Epoche die Wehrhaftigkeit und der Schutz der mit ihnen verbundenen Stadtanlagen im Vordergrund. Diese hohe militärische Bedeutung – die bei einigen der Bauten bis heute fortbesteht und daher ihren Zugang ganz oder teilweise unmöglich macht! – ist auch der Grund dafür, dass die meisten dieser Zitadellen ihren staufischen Kern nicht vollständig erhalten konnten bzw. über diesen oft weit hinausgewachsen sind. Diese Beobachtung macht man vor allem an den Hafenkastellen der Terra di Bari, die zwischen Barletta und Brindisi in oft nur geringer Entfernung voneinander an der adriatischen Küste wie Perlen an einer Schnur aufgereiht sind und die diese Region – zusammen mit den großartigen Sakralbauten der der staufischen Zeit vorangehenden normannischen Epoche – zu einer der historisch bedeutsamsten Regionen Südeuropas machen.

Jede der Küstenstädte der „Terra di Bari" lohnt einen längeren Besuch: Barletta mit seinem aufwändig restaurierten Kastell, der Kuppelkirche San Sepolcro und dem davor platzierten Riesenstandbild des „Kolosses"; Trani mit der unmittelbar am Meeresufer gelegenen unvergleichlichen Baugruppe von Kastell und Kathedrale; Bisceglie mit seinem reizvollen Stadtbild; Molfetta mit dem alten Dom San Corrado; schließlich – etwas abseits der Küstenstrasse – Bitonto, das mit der Kathedrale San Valentino den reinsten Typus der nach dem Vorbild von San Nicola in Bari erbauten Normannenkirchen Apuliens besitzt.

Barletta

Der Grenze zur Capitanata am nächsten liegt Barletta, eine geschäftige Mittelstadt von nahezu 100 000 Einwohnern. Ihre Hauptsehenswürdigkeiten sind der Dom Santa Maria Maggiore und die von den Kanonikern vom Heiligen Grab nach burgundischzisterziensischen Bauideen zu Beginn des 12. Jahrhunderts errichtete Kirche San Sepolcro. Vor ihr steht der monumentale „Koloss von Barletta", die Bronzeplastik einer spätrömischen Kaiserstatue, die später mit christlichen Symbolen versehen wurde.

Das in jüngster Zeit in manchen Teilen „überrestaurierte" Kastell erinnert an jenen denkwürdigen Hoftag vom 1. Mai 1228, auf dem Kaiser Friedrich II. vor dem Aufbruch zum Kreuzzug in Anwesenheit der geistlichen und weltlichen Würdenträger des Reiches sein politisches Testament verkünden ließ. Der staufische Kernbau, der ein nahezu regelmäßiges Quadrat beschreibt, wurde in der Zeit der anjouschen Herrschaft stark verändert und durch vier mächtige Eckbastionen erweitert. An den Innenhoffassaden hat sich noch mehrfach das kaiserliche Wahrzeichen – der einen Hasen in den Fängen haltende Adler – erhalten.

Seit der Renovierung des Kastells hat dort die 1953 entdeckte Büste Aufstellung gefunden, die mehreren Forschern, vorab den italienischen, als – wenn auch durch mutwillige Beschädigungen stark entstelltes – Porträt Friedrichs II. gilt. Dieser Auffassung wird von anderen kritischen Historikern – auch von Carl A. Willemsen – vehement widersprochen.

Die „Büste von Barletta". Sie wurde in der Vergangenheit häufig als Bildnis Kaiser Friedrichs II. bezeichnet; die neuere Forschung lehnt diese Zuschreibung ab.

Das Kastell Friedrichs II. in Trani zeichnet sich durch seine fantastische Lage an der Meeresküste aus. Es wurde erst vor wenigen Jahren nach einer durchgreifenden Renovierung zur Besichtigung freigegeben.

Trani

Das Kastell in Trani, das auf seiner Seeseite von den Wellen der Adria umspült wird und der berühmten Fassade der Kathedrale San Nicola Pellegrino – nur durch die Piazza Manfredi getrennt – gegenüberliegt, ist erst seit den 1990er Jahren nach umfangreichen Renovierungsarbeiten der Öffentlichkeit wieder zugänglich. Seit dem Beginn des 19. Jahrhunderts hat es als Gefängnis gedient, was zur Folge hatte, dass seine ursprüngliche Bausubstanz weitgehend erhalten blieb und auch nicht durch spätere Umbauten entstellt wurde. Auch hier stellt der von Friedrich II. um 1230 veranlasste und schon 1233 vollendete Kernbau ein Quadrat dar, das auf der See- und auf der Landseite von unterschiedlich dimensionierten Ecktürmen flankiert ist. Eindrucksvolle Bilder vermittelt der Innenhof mit seinen Außentreppen und einem bemerkenswerten Skulpturenschmuck. Faszinierend ist die auch hier – wie bei allen friederizianischen Bauten – zu beobachtende sorgfältige Quaderbehandlung.

Das Kastell von Trani war der bevorzugte Aufenthaltsort des Kaisersohnes Manfred. Dieser heiratete dort 1258 die junge Fürstin Helena von Epirus, die schon wenige

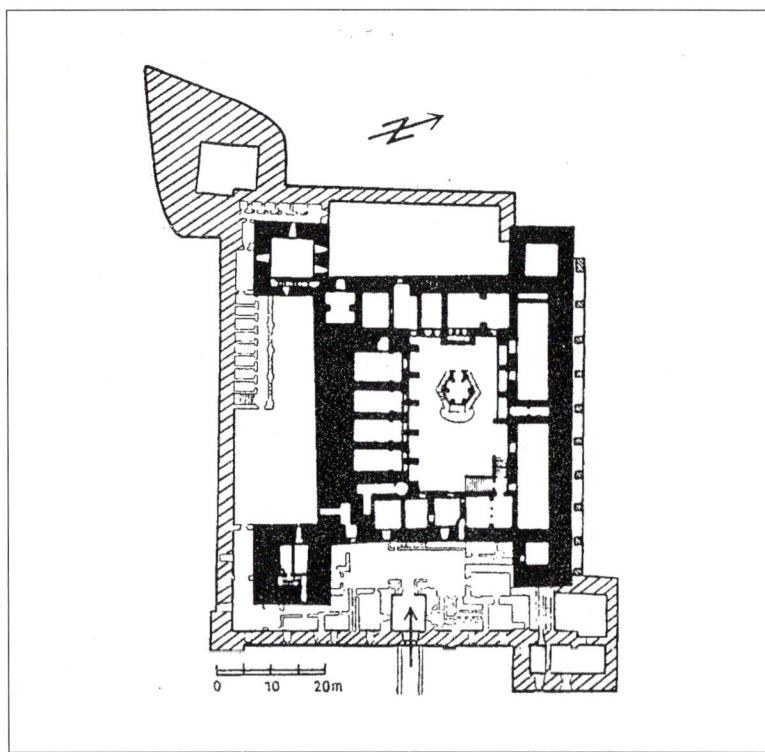

Grundriss des Kastells in Trani. Der stauferzeitliche Kernbau ist schwarz angelegt.

Jahre später – nach dem Tod ihres Gatten 1266 in der Schlacht von Benevent – von dem siegreichen Karl von Anjou zusammen mit ihren fünf Kindern in Trani gefangen gesetzt wurde.

Bitonto

Bevor man auf der Küstenstraße die Hauptstadt Apuliens, Bari, erreicht, empfiehlt sich ein Abstecher nach Bitonto – der wundervollen Kathedrale San Valentino wegen, in welcher (nach Willemsen) „jener Bautyp der apulischen Romanik, der in San Nicola in Bari seine erste und zugleich vorbildliche Verwirklichung fand, ... seine reichste, schlechthin klassische Vollendung gefunden" hat. Der Kirchenraum birgt an seinem südlichen Triumphbogenpfeiler ein singuläres Kunstwerk: den zweimal mit der Inschrift „NICOLAS MAGISTER" signierten, reich ornamentierten Ambo, dessen Lesepult von einer prachtvollen Adlerskulptur gestützt wird. Die Außenwange der Kanzeltreppe ist üppig mit Friesen und Rundbogen ornamentiert, unter denen vier weltliche Personen in stark gerundeten Reliefs hervortreten. Ihre Identifizierung beschäftigt die wissenschaftliche Forschung seit langem. Am wahrscheinlichsten erscheint die Deutung Hans-Martin Schallers, der darin die Reihe der staufischen Herrscher vermutet: Friedrich I. Barbarossa – auf einem Thron sitzend – , Heinrich VI., Friedrich II. und Konrad IV. – über einem Adler stehend.

Die Wange der Kanzeltreppe in der Kathedrale zu Bitonto zeigt die vorzüglich ausgeführten Reliefs von vier staufischen Herrscherpersönlichkeiten. Ihre Identifizierung wird von der wissenschaftlichen Forschung noch immer kontrovers diskutiert.

Der stauferzeitliche Kernbau des Kastells in Bari verschwindet fast neben den Bollwerken der Anjouzeit.

Bari

Die um die 400 000 Einwohner zählende apulische Provinzhauptstadt ist das Handelszentrum für landwirtschaftliche und industrielle Güter im süditalienischen Raum. Sie besitzt auf einer weit ins Meer ausgreifenden Landzunge eine nahezu unversehrte, von den beiden berühmten normannischen Kirchen San Nicola und San Sabino dominierte Altstadt, deren Zugang noch heute das imposante Kastell in fast bedrohlich wirkender Monumentalität beherrscht.

Die Anfänge des Riesenbaues liegen, wie Grabungen ergeben haben, noch in byzantinischer Zeit, also noch vor der Jahrtausendwende. Die seit dem frühen 11. Jahrhundert Süditalien systematisch erobernden Normannen bauten die Burg aus. Sie wurde im Jahr 1137 von Kaiser Lothar III. – in dessen Todesjahr – zerstört, jedoch drei Jahre später von König Roger II. von Sizilien (1105–1154) wieder aufgebaut. Neuerliche Schäden veranlassten Kaiser Friedrich II., das Kastell um 1230 wieder instand zu setzen. So entstand über einem ungleichmäßigen Viereck der heutige Kernbau mit vier Ecktürmen, die besonders zur Stadtseite hin stark ausgebildet und mit ansehnlichen Buckelquadern aufgeführt sind.

Die eindeutig der staufischen Epoche angehörenden Teile des Kastells sind das Portal an der Westseite mit seinem reich skulpturierten Spitzbogen sowie die dahinter liegende Vorhalle und die anschließende Hoflaube, deren Säulen prächtige Kapitelle krönen. Eines von ihnen besitzt eine auffallende Ähnlichkeit mit einem Gegenstück in der Pfalz Gelnhausen. Unter Friedrich II. entstand schließlich im Nordflügel der Anlage eine sich zum Innenhof mit vier Spitzbogenarkaden öffnende Halle sowie die Einwölbung der Säle im Obergeschoss.

Auf Veranlassung des Kaisers soll sich im Bareser Kastell jene Begegnung Franz' von Assisi mit der schönsten Kurtisane des Hofes zugetragen haben, bei der der Poverello seine Sittenstrenge und Reinheit überzeugend unter Beweis stellte.

Das heutige Erscheinungsbild des Kastells in Bari wird – ähnlich wie in Barletta – durch die gewaltigen, wie Schiffsbuge an allen vier Ecken weit ausgreifenden Bastionen bestimmt, die zu Beginn des 16. Jahrhunderts durch Isabella Sforza, eine verwitwete Königin von Polen, erbaut wurden.

Zum Innenhof des Bareser Kastells führt ein Tor, an dem sich die typischen Ornamente der apulischen Romanik ablesen lassen.

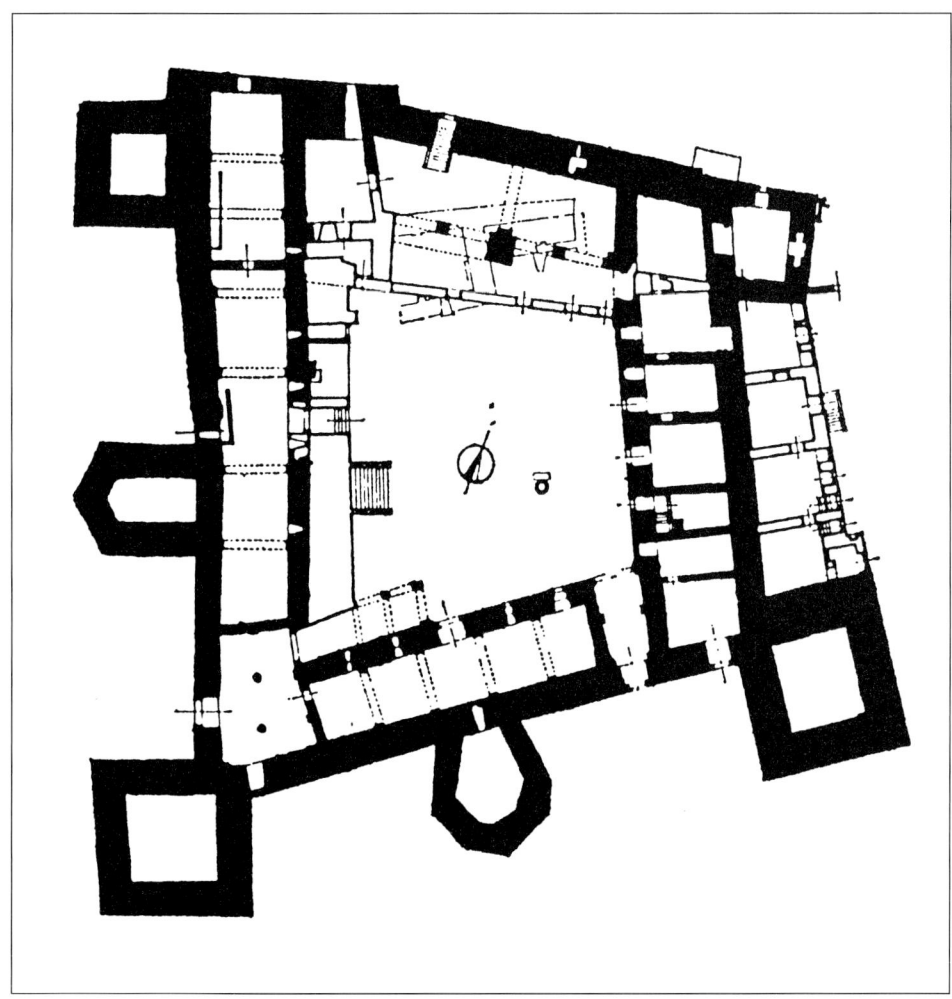

Grundriss des Kastells in Bari.

Das südlichste der staufischen Hafenkastelle ist das von **Brindisi.** Seine nach 1227 unter Friedrich II. erbauten Teile sind durch die Umbauten und Erweiterungen unter Ferdinand I. von Aragon und Kaiser Karl V. nahezu vollkommen verschwunden. Als Sitz des Hauptquartiers der italienischen Marine ist die Besichtigung des Kastells nicht mehr möglich.

Ähnliches gilt – in Hinblick auf die Baugeschichte – auch für das landeinwärts gelegene und bereits zur Terra di Otranto zählende Kastell von **Oria,** der Partnerstadt von Lorch im Ostalbkreis. Die gräfliche Familie Carissimo erwarb 1933 die mächtige Anlage und bemüht sich seitdem um ihre Erhaltung, besonders um die Wiederherstellung des durch Friedrich II. um 1230 erbauten Donjons.

Auch für das Kastell von **Tarent,** der einstigen reichen Metropole der Magna Graecia, gilt weitgehend, was über Brindisi gesagt worden ist. Das unmittelbar an der Drehbrücke, die Alt – und Neustadt miteinander verbindet, gelegene massige normannisch-staufische Kastell, eine Vierflügelanlage mit vier runden Ecktürmen, wurde vollkommen in den unter Ferdinand I. von Aragon zwischen 1481 und 1492 errichteten Neubau einbezogen.

Das eindrucksvolle Bareser Kastell diente dem Schutz des Hafens der historischen Metropole Apuliens. Deren Wahrzeichen sind die Kathedrale San Sabino und die als Grabkirche des hl. Nikolaus weit berühmte Kirche San Nicola, deren aus dem Katapanspalast heraus entwickelte Form wegweisend für den normannischen Kirchenbau Apuliens wurde.

Das zwischen engen Kleinstadtstraßen eingepferchte Kastell Gioia del Colle zeichnet sich durch seine exakt gemauerten Buckelquaderfassaden aus.

Die Kathedrale von Altamura ist der einzige große Kirchenbau im Südreich, dessen Ausführung von Kaiser Friedrich II. veranlasst wurde.

Gioia del Colle

Obwohl in der Literatur fast allgemein als Neubau Friedrichs II. um 1230 bezeichnet, liegen darüber keine urkundlichen Belege vor. Sicher ist vielmehr, dass das „Lusthaus auf dem Bergsattel" von einem Sohn Drogos aus der Normannendynastie Hauteville zu Beginn des 12. Jahrhunderts errichtet wurde. Friedrich baute es wohl zur heutigen Vierflügelanlage aus und bezog es in sein apulisches Verteidigungssystem ein.

Infolge späterer Umbauten und der völligen Zerstörung der Nordseite durch ein Erdbeben im Jahr 1773 fällt es nicht leicht, die mittelalterlichen Teile des imposanten, inmitten des engen Stadtkerns gelegenen Bauwerks zu definieren. Beeindruckend ist vor allem die von zwei Ecktürmen flankierte Südseite des Kastells, deren übergroße Rustikaquader je nach Sonnenstand fantastische Wirkungen hervorrufen.

Besucher der Kastelle in Gioia del Colle und Gravina sollten unbedingt auch die herrliche Landschaft der Umgebung, vor allem die wild-romantischen Erosionsschluchten beachten. Abstecher zu den Felsenwohnungen bei Matera und zum „Trulli – Städtchen" Alberobello lohnen sich!

Von den Innenräumen ist der „Turm der Kaiserin" besonders beeindruckend. Hier soll Friedrich II. seine Geliebte Bianca Lancia, die er der Untreue bezichtigte, eingekerkert haben und hier soll auch der spätere Lieblingssohn des Kaisers, Manfred, geboren worden sein.

Altamura

Die ca. 35 km westlich von Gioia del Colle gelegene Stadt Altamura – als „hohe Mauer" treffend gekennzeichnet – ist eine Gründung Kaiser Friedrichs II., der sie um 1230 mit besonderen Privilegien ausstattete, um so ihre Besiedlung zu beschleunigen. Ausdrücklich gestattete er auch den Zuzug von Juden und Griechen.

Nachdem das friederizianische Kastell längst verschwunden und nur noch aus dem Stadtplan heraus zu lokalisieren ist, erhält die doppeltürmige Kathedrale am Corso Federico II. di Svevia besondere Bedeutung. Es ist der einzige große Kirchenbau in Süditalien, dessen Errichtung auf ausdrücklichen Befehl des Kaisers erfolgte. Er verlieh ihr den Rang einer „Ecclesia Palatina", unterstellte sie direkt dem Heiligen Stuhl und behielt sich selbst das Recht der Benennung eines Erzpriesters vor. Richard von Brindisi bekleidete ab 1232 als erster Kleriker dieses Amt.

Die Kathedrale orientierte sich in ihrer ursprünglichen Form an den „Leitbauten" der apulischen Romanik, San Nicola und San Sabino in Bari. Nach teilweiser Zerstörung durch ein Erdbeben im Jahr 1316 erfolgte der Wiederaufbau in stark veränderter Form. Damals erhielt die Kirche ihre prunkvolle Fassade mit dem überreich geschmückten, von zwei martialischen Löwen flankierten Portal und einer wunderbaren Fensterrose darüber. Erst in der 1. Hälfte des 16. Jahrhunderts wurden schließlich die beiden Türme auf ihre jetzige Höhe geführt.

Das Hauptportal der Kathedrale von Altamura wurde nach dem Erdbeben von 1316 wiederhergestellt und mit überreichen Ornamenten versehen.

Beachtung verdient in Altamura die unweit der Kathedrale gelegene Kirche San Nicola dei Greci. Sie erinnert noch an die griechische Kolonie in der Stadt.

Gravina

In Sichtweite von Altamura liegen auf einem markanten Höhenrücken die bedeutenden Reste des kaiserlichen Jagdschlosses von Gravina, das früher von ausgedehnten Waldungen umgeben war und in dessen Nähe sich ein großer Stausee ausbreitete. Von dem rechteckigen Bau stehen noch weitgehend die Außenwände der beiden Geschosse, aus großen glattflächigen Kalksteinquadern meisterhaft verfugt. Balkenlöcher und Konsolen deuten auf einen umlaufenden Balkon hin. Die Aussicht von der „Sala di falconeria", die dem Eingang gegenüberliegt, muss atemberaubend gewesen sein.

Leider deuten im Innenhof nur noch spärliche Mauerzüge auf die einstige Raumeinteilung hin. Eine mehrschiffige

In einer felszerklüfteten Landschaft stehen die Überreste des von Kaiser Friedrich II. viel besuchten Jagdschlosses Gravina.

gewölbte Zisterne vermittelt einen Begriff davon, welche Anstrengungen notwendig waren, um die Wasserversorgung in diesem heißen und regenarmen Land sicherzustellen.

Lagopesole

Bereits jenseits der apulischen Provinzgrenzen – in der Basilikata – gelegen, lastet Kastell Lagopesole wie ein erratischer Block auf einer von weitem sichtbaren Bergkuppe, von der aus schon in römischer Zeit die wichtige, in unmittelbarer Nähe vorbeiziehende Gebirgsstraße kontrolliert werden konnte.

Der rechteckige Grundriss der Anlage nützt das Gelände vollständig aus, wobei Teile davon abplaniert werden mussten. Die steil abfallende Bergkuppe erübrigte den Bau von Ecktürmen; lediglich in der Mitte des südlichen Hofes steht ein die Umfassungsmauern kaum überragender Bergfried, der wohl schon in byzantinischer Zeit errichtet wurde, jedoch erst unter Friedrich II. seine heutige Form erhielt. Die über seinem hoch gelegenen Zugang eingelassenen Kopfkonsolen haben zu der Vermutung geführt, hier könnten Friedrich I. Barbarossa und seine Gemahlin Beatrix oder Kaiser Friedrich II. und eine seiner Frauen dargestellt sein.

Der Baugeschichte von Lagopesole konnte erst in jüngster Zeit wissenschaftlich nachgespürt werden, da sich die recht ruinöse Anlage über Jahrhunderte im Besitz des fürstlichen Hauses Doria befand. Jetzt ist der Beweis erbracht, dass die Burg nicht in

Festungsartig erhebt sich das Kastell Lagopesole auf einer steilen Anhöhe über der kleinen Stadt. Von hier aus hat man einen atemberaubenden Blick über die karge Hügellandschaft der Basilikata.

Das Kastell Lagopesole diente zu Jagdaufenthalten des Kaisers, aber auch zur Abhaltung von Reichsversammlungen; es wurde jüngst hervorragend wiederhergestellt.

Zwei rätselhafte Porträtköpfe sind in den Bergfried des Kastells Lagopesole eingelassen.

einem Zug erbaut, sondern von Süden nach Norden langsam erweitert wurde. So erklärt sich auch die Trennmauer zwischen dem „Cortile piccolo" und dem „Cortile grande". An dessen Südostecke ließ Karl von Anjou um 1270 eine für einen Wehrbau jener Zeit unverhältnismäßig große Kirche einbauen. Um den Zugang, der schon frühgotische Formen zeigt, verläuft ein prachtvoller Zackenfries. Den Großen Hof umsäumen an drei Seiten imposante, großenteils erst bei der jüngsten Renovierung wieder unter Dach gebrachte Saalbauten, deren einstige feudale Ausstattung an einer Reihe aufwändig skulpturierter Wandkonsolen erahnt werden kann.

Heute finden in dem vorbildlich renovierten Kastell Lagopesole repräsentative Veranstaltungen, vor allem vielbeachtete Ausstellungen, statt.

Melfi

Unweit von Lagopesole, aber bereits wieder der Terra di Bari zugehörig, liegt am Fuß des 1326 Meter hohen Monte Vulture, einem imposanten erloschenen Vulkan, die kleine Stadt Melfi, die ihr mittelalterliches Bild nahezu ungestört erhalten hat. Aus den

Hoch über das Städtchen Melfi erheben sich die wuchtigen Fassaden des Kastells.

roten Ziegeldächern, die fast eine einheitliche Fläche bilden, ragt unübersehbar der stämmige Kampanile des Domes Santa Maria Assunta heraus, den König Wilhelm I. von Sizilien, der ältere Bruder der Kaiserin Konstanze, 1155 erbauen ließ.

Ihm antwortet von der nahe gelegenen Felskuppe das aus mehreren Trakten zusammengefügte Kastell, mit dessen Bau bereits Robert Guiscard, der erste normannische Herzog von Apulien, Kalabrien und Sizilien, in der 2. Hälfte des 11. Jahrhunderts begonnen hatte. Die Normannen hatten zunächst Melfi zum Vorort ihrer Herrschaft bestimmt und bauten demzufolge die Burg zu einem uneinnehmbaren Bollwerk aus. Kaiser Friedrich II. fügte dem Kastell weitere Trakte, vor allem den „Turm der Kaiserin", hinzu. Hier erließ der Kaiser im Frühjahr 1231 im Beisein von Vertretern aus allen Teilen des Reiches jene berühmten „Konstitutionen von Melfi", die in einem „Liber Augustalis" aufgezeichnet wurden und die über Jahrhunderte als Kodifizierung des Rechts im Heiligen Römischen Reich höchstes Ansehen genossen.

Das imposante Stauferkastell in Melfi beherbergt ein sehenswertes, modern eingerichtetes archäologisches Museum. Der Blick vom Monte Vulture auf die Stadt mit dem prächtigen Kampanile ihrer Kathedrale ist hinreißend!

Zu empfehlen ist auch ein Abstecher nach Venosa, der Geburtsstadt des Dichters Horaz. Dort beeindruckt vor allem der sich hinter einem riesigen römischen Ausgrabungsfeld erhebende Komplex der ehemaligen Abbazia della Trinità, einer nie vollendeten Klosterkirche, die der Normannenfürst Robert Guiscard zur Grablege des Hauses Hauteville bestimmt hatte.

Auch in nachstaufischer Zeit erfuhr die Burg in Melfi erhebliche Erweiterungen, besonders unter Karl von Anjou. Nach der Übertragung des Kastells an Admiral Andrea Doria durch Kaiser Karl V., in der 2. Hälfte des 16. Jahrhunderts, hüteten dessen Nachkommen den geschichtsträchtigen Besitz bis vor wenigen Jahrzehnten. Durch Erdbeben – letztmals 1930 – stark beschädigt, wurde das jetzt dem Staat gehörende Kastell bis in die jüngste Zeit grundlegend renoviert und als prähistorisches Nationalmuseum in Teilen der Öffentlichkeit zugänglich gemacht.

Capua

Nach der Vernichtung des Residenzpalasts in Foggia durch das Erdbeben von 1731 und nach der Sprengung der Ruinen des Palastkastells Friedrichs II. in Lucera im Jahr 1790 bedeutet der nahezu gänzliche Abbruch des Brückenkastells in Capua (seit der 2. Hälfte des 16. Jahrhunderts bis ins 19. Jahrhundert) einen weiteren schmerzlichen Verlust eines mit der Person des Kaisers unmittelbar in Verbindung stehenden Bauwerks. Die nördlich von Neapel am Ufer des Volturno stehende Torburg markierte nicht nur den Zugang zur Stadt Capua, sondern bildete auch eine der wichtigsten Grenzstationen zum staufischen Südreich.

Über das ursprüngliche Ansehen des Tores ist man durch mehrere Skizzen aus dem 18. Jahrhundert, durch eine Reihe bewundernder Beschreibungen und nicht zuletzt durch etliche aus dem Flussbett geborgene Fundstücke erstaunlich gut unterrichtet. Bis heute erhalten sind die polygonalen Sockel der Anlage zu beiden Seiten der Straße. Sie sind aus bossierten Quadern von hervorragender Qualität gearbeitet und zeigen noch die Ansätze des hufeisenförmigen Halbrunds der oberen Turmhälften, die offensichtlich aus dunklen Tuffblöcken gemauert waren und ihren Abschluss wohl in einem Kranz von Schwalbenschwanzzinnen fanden. Die beiden Türme flankierten eine acht Meter breite Marmorfassade, die architektonisch in mehrere Zonen unterteilt und mit zahlreichen Figuren bestückt war, die sich um den Mittelpunkt des Skulpturenprogramms, die Statue des thronenden Kaisers, gruppierten. Diesem einzigartigen Bildwerk schlugen französische Revolutionstruppen 1799 den Kopf ab und warfen ihn in den Fluss. Der Torso wurde der Länge nach in zwei annähernd gleiche Hälften zersägt, um den kostbaren Marmor anderweitig verwenden zu können. Inzwischen sind die beiden Teile wieder zusammengefügt und mit den übrigen geretteten Spolien des

An der Volturnobrücke in Capua zeugen die Reste der Sockelzone bis heute von der einstigen Pracht des Triumphtors Kaiser Friedrichs II.

Brückenkastells im „Museo Campano" in Capua aufgestellt. Dazu gehört ein weiblicher Kolossalkopf, als „Justitia Imperialis" bezeichnet, der sich ursprünglich in einer kreisförmigen Nische unterhalb des Kaiserporträts befand und der von den Büsten zweier Richter begleitet war.

Unter Zuhilfenahme einer Zeichnung von Séroux d'Agincourt aus dem 18. Jahrhundert, die in der Vatikanischen Bibliothek in Rom entdeckt wurde, ist es inzwischen gelungen, eine sicherlich weitgehend exakte Kopie des verschollenen Kaiserkopfes herzustellen. Abgüsse dieses Kopfes und des Körpertorsos sind – zusammengefügt – im Dokumentationsraum für staufische Geschichte in Göppingen-Hohenstaufen repräsentativ platziert.

Im Museum in Capua werden die vor allem aus dem Volturno geborgenen Reste vom Triumphtor Friedrichs II. – hier die „Büste eines Richters" – verwahrt.

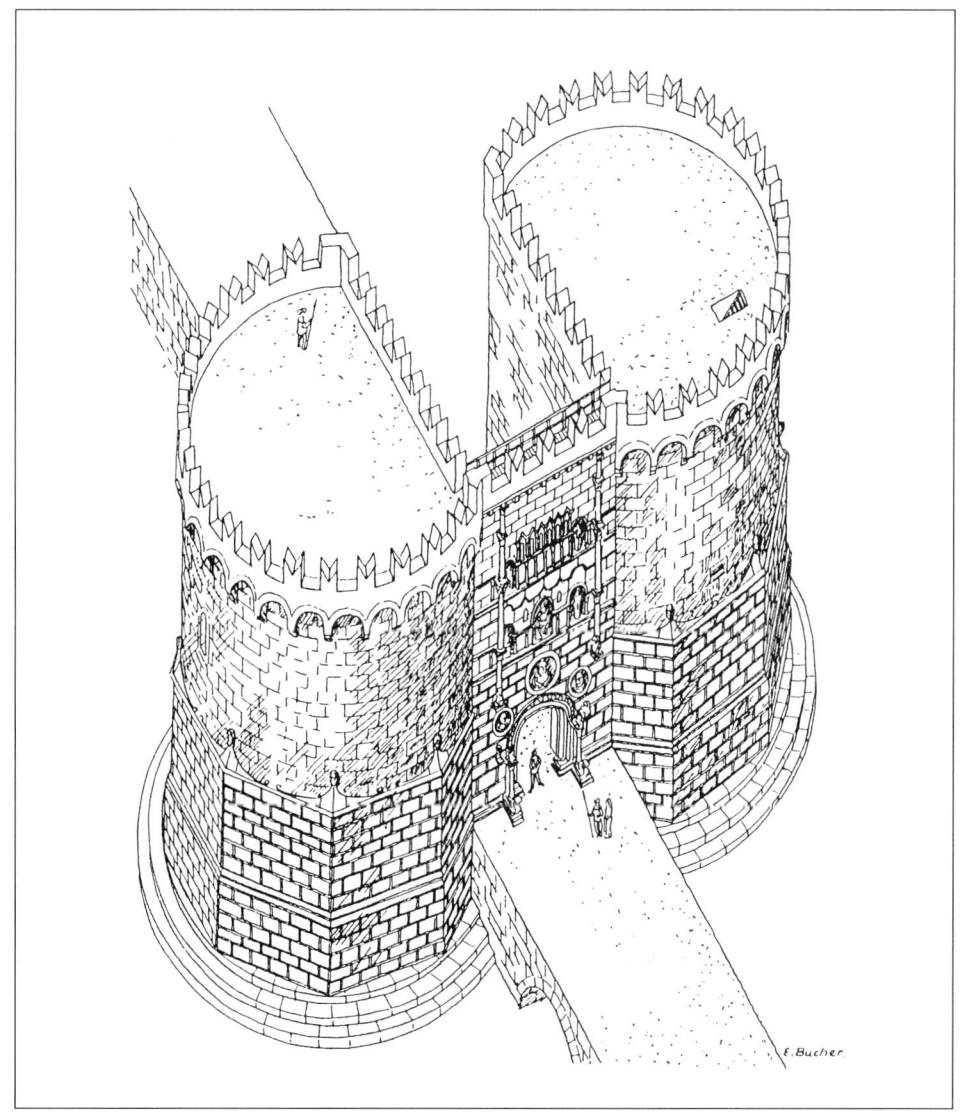

Rekonstruktion des ehemaligen Brückenkastells in Capua mit der Wand des Triumphtors zwischen den Türmen.

Kastelle auf Sizilien

Die Kastellbauten Friedrichs II. auf der Insel Sizilien können bis heute nicht in der Ausführlichkeit dokumentiert werden, wie es bei der Mehrzahl der apulischen Kastelle möglich ist. Grund dafür ist der Umstand, dass zwei der bedeutendsten Anlagen, die Seekastelle in Augusta und Siracusa teilweise noch von der Militärverwaltung genutzt werden, so dass von den großen Wehrbauten der staufischen Epoche lediglich das Kastell Ursino in **Catania** zugänglich ist. Es wurde 1239 über einem quadratischen Grundriss erbaut, die Ecken sind durch Rundtürme verstärkt, die Langseiten zusätzlich mit Halbtürmen geschützt. Das zyklopenhafte Kastell ist das einzige Bauwerk der Stadt, das den Ausbruch des Aetna im Jahr 1669 – daher die den Bau umschließende erstarrte Lava! – und das verheerende Erdbeben von 1693 nahezu unversehrt überstanden hat. Kastell Ursino enthält heute ein bedeutendes stadtgeschichtliches Museum.

Mit nahezu 4000 Quadratmetern Grundfläche ist das ebenfalls an der Ostküste Siziliens gelegene **Kastell Augusta** das bei weitem größte der Seekastelle (Maniace 1680 qm, Ursino 2500 qm). Dass es gleichzeitig das bis vor kurzem am wenigsten bekannte war, rührt von seiner Nutzung als Kaserne der Guardia Nazionale seit 1848 und dem 1890 erfolgten Umbau zum „schweren Zuchthaus" her. Diese Funktion erfüllte die Anlage, wenn auch zuletzt in völlig unzureichender Weise, bis 1978. Seither steht das Stauferkastell mehr oder weniger leer, was allmählich zur Verwahrlosung und zu baulichen Schäden führte. Erst 1994 wurden die ersten Sicherungsmaßnahmen eingeleitet, die leider nur schleppend vorankommen.

Der Bau des Kastells fällt mit der Umsiedlung der aufständischen Bevölkerung einiger Bergdörfer an die Küste (nach 1232) zusammen; er war wohl 1242 vollendet. Neben die militärische Nutzung trat bald auch eine handelspolitische: das Kastell wurde Umschlagplatz für den von Sizilien ausgehenden und wirtschaftlich immer mehr an Bedeutung gewinnenden Weizenexport. In nachstaufischer Zeit kam es zu starken Eingriffen in die ursprüngliche Bausubstanz. Die eigentliche Katastrophe löste das schwere Erdbeben von 1693 aus, das die im Nordostturm lagernden Pulvervorräte zur Explosion brachte, wodurch der gesamte Ostflügel zerstört wurde. Die Wiederaufbauarbeiten zogen sich bis in die ersten Jahre des 18. Jahrhunderts hin.

1995 konnte Alexander Knaak das Kastell Augusta erstmals wissenschaftlich untersuchen. Dabei gelang es ihm, anhand der im Wölbesystem auftretenden Detailform der „Kastenrippe" interessante Beziehungen nicht nur zu anderen Bauten

Das Kastell Ursino in Catania trotzte dem Druck der Lavamassen beim Ausbruch des Ätna im Jahr 1669.

Grundrisse der sizilischen Kastelle in Catania, Augusta und Siracusa.

Friedrichs II., sondern weit über den staufischen Kulturkreis hinaus aufzuzeigen. Die Befunde Knaaks führten auch zu einer Korrektur des bisherigen Grundrisses im Bereich des Südflügels. Dieser existierte im friederizianischen Bau überhaupt nicht. An seiner Stelle riegelte eine gewaltige Mauer den quadratischen Hof ab, zu deren Verstärkung noch ein aus mächtigen Buckelquadern gefügter Schalenturm in die Mitte gesetzt wurde.

Das dritte der sizilischen Seekastelle, **Castel Maniace**, liegt an der äußersten Spitze der Halbinsel Orthygia, die von der Altstadt von Siracusa vollständig überbaut und mit Sizilien nur durch eine schmale Landbrücke verbunden ist.

Die Nutzung für militärische Zwecke macht die Besichtigung des kurz nach 1230 von Kaiser Friedrich II. erbauten Kastells noch immer so gut wie unmöglich. Dies ist umso bedauerlicher, als Maniace – der Name stammt von dem byzantinischen General Giorgio Maniace, der im 11. Jahrhundert Sizilien eroberte – geradezu als Prototyp der exakt über einem quadratischen Grundriss erbauten, an den Ecken durch Rundtürme verstärkten Kastellbauten gelten kann. Er wurde mit kleinen Abwandlungen in Catania, Augusta und Prato wiederholt. Eine Verlegung der Militäradministration scheint bevorzustehen; das neue Gelände steht bereits zur Verfügung.

Bis heute ist es in der Forschung umstritten, ob das Fehlen eines Obergeschosses darauf hindeutet, dass der Bau nie vollendet wurde, wie es aufgrund der Wendeltreppen in den Ecktürmen eigentlich anzunehmen ist. Sicher ist, dass die das ganze Erdgeschoss ausfüllende, heute nur noch in Teilen erhaltene Säulenhalle zu den großartigsten Raumschöpfungen ihrer Zeit zählte. Hier fühlt man sich einerseits an die Architektur zisterziensischer Refektorien erinnert, andererseits verglich man den Säulenwald mit islamischen Bauten, etwa mit der Moschee von Córdoba. Dies jedoch zu Unrecht; das Raumgefühl der beiden Hallen ist grundverschieden. Einen weiteren Beweis für die einstige Pracht des Kastells liefert noch das tief gestaffelte spitzbogige Eingangsportal, über dem einst zwei griechische Bronze-Widder auf Konsolen ruhten. Der einzig erhaltene zählt heute zu den Schätzen des Nationalmuseums in Palermo. In der antiken Tradition der Magna Graecia steht auch die vor allem an den Außenmauern des Kastells ablesbare äußerste Sorgfalt, mit der die glatt behauenen Kalksteinquader verlegt wurden. Das Steinmaterial stammt aus den schon in der Antike ausgebeuteten Latomien von Siracusa. Vermutlich hat sich hier auch die handwerkliche Tradition der griechischen Steinschneidekunst bis in die staufische Zeit erhalten.

Durch seine sorgfältige Steinbearbeitung ebenfalls ausgezeichnet ist das vielleicht allgemein bekannteste staufische Bauwerk auf Sizilien, die „Torre Federiciana" in **Enna**, dem geographischen Mittelpunkt der Insel. Vierundzwanzig Meter hoch, nimmt der Turm mit seinem achteckigen Grundriss die acht Ecktürme von Castel del Monte vorweg. Innen enthält er drei übereinander liegende, rippenüberwölbte Räume, die durch wenige Fensteröffnungen spärlich erhellt werden.

Beim Besuch des Turms, der von einer nur noch teilweise erhaltenen achtseitigen Mauer weiträumig umgeben wird, fühlt man sich unwillkürlich an den ebenfalls achtkantigen Bergfried der Burgruine Steinsberg, den „Kompass des Kraichgaus", bei Sinsheim in Baden-Württemberg erinnert.

Prato

Weitab vom staufischen Südreich, in der Toskana, liegt zwischen der traditionell kaisertreuen Stadt Pisa und dem stets auf Seiten des Papstes stehenden Florenz die auch heute noch in ihrem Kern stark mittelalterlich geprägte Stadt Prato. In ihrem Zentrum stößt der Besucher auf das auf einer leichten Anhöhe liegende „Castello dell' Imperatore". Sein äußeres Erscheinungsbild macht enge Beziehungen zu den friederizianischen Kastellbauten auf Sizilien deutlich. Wie diese besitzt es einen quadratischen

Grundriss des „Castello dell' Imperatore" in Prato.

Grundriss, die Ecken sind durch quadratische Türme verstärkt. An zwei Langseiten stoßen mittig bugartig fünfeckige Türme aus der Mauer vor, die beiden anderen wurden aus einer Vorgängeranlage übernommen. Den Zugang zum Inneren des Kastells markiert an der Nordseite ein spitzbogiges Portal, dessen Wirkung einmal durch den Farbwechsel der rustizierten Quader, zum andern durch den hochgezogenen Portikus und die abschließende klassische Ädikula außerordentlich gesteigert wird. Ein Vergleich mit dem großartigen Eingangsportal von Castel del Monte drängt sich geradezu auf.

Das vielversprechende, in jüngerer Zeit (seit 1933) durch die Aufsetzung der Mauerzinnen in seiner Wirkung noch gesteigerte äußere Erscheinungsbild des Prateser Kastells findet im Inneren allerdings keine Entsprechung. Dies ist dem Umstand zuzuschreiben, dass es unter Friedrich II. nicht mehr vollendet werden konnte. Jüngste Untersuchungen haben ergeben, dass die Bauzeit zwischen 1241 und 1248 lag; die Innenausbauten, vier eingeschossige, je sechs Joche umfassende Flügel, blieben ein nie vollendeter Torso, der heute bis auf geringe Reste verschwunden ist. Wichtiger war der Bauherrschaft in diesen unruhigen Zeiten nach der zweiten Exkommunikation des Kaisers im Jahr 1239 der Ausbau der fortifikatorischen Ausstattung des Kastells im Bereich der Türme und Kurtinen.

Die Kunst der Stauferzeit

Beispiele stauferzeitlicher Baukunst

Ganz bewusst wird in der Überschrift der Begriff „Staufische Kunst" vermieden, wenngleich dieser sich seit dem Beginn des 20. Jahrhunderts in der einschlägigen Literatur weitgehend durchgesetzt hat. Die „Kunst der Stauferzeit" ist aber nicht die „Kunst der Staufer", sondern das – weitgehend auf den deutschen Raum begrenzte – Kunstschaffen zwischen der Königswahl Konrads III. 1138 und der Enthauptung Konradins im Jahre 1268. Und dass dieses in der Tat eine hohe Blüte erreichte, verdankte es nicht den staufischen Königen und Kaisern, die ja während langer Zeitabschnitte ihres Regiments im Sattel saßen und sich ohne feste Residenz durch die Reichslande bewegten.

Daraus mag auch die Tatsache ihre Erklärung finden, dass in Gebieten mancher großer Lehnsträger, etwa der Welfen oder der Landgrafen von Thüringen, vor allem aber in den von der Kirche dominierten Territorien sich die Kunst eine weitaus breitere Basis schaffen konnte.

Eine direkte Einflussnahme etlicher staufischer Herrscherpersönlichkeiten, etwa Friedrichs I. Barbarossa, Heinrichs VI. und Friedrichs II., liegt, wie im vorangegangenen Kapitel dargelegt, für den Bau und die Ausstattung der königlichen Pfalzen vor. Obwohl allesamt nur noch als Ruinen in die Gegenwart überkommen, vermitteln einige von ihnen doch noch eine lebendige Vorstellung von der hohen Qualität der künstlerischen Ausgestaltung der Festsäle, Kemenaten und Kapellen dieser kaiserlichen „Quartiere auf Zeit".

Gelnhausen besitzt unter den deutschen Pfalzen den besterhaltenen Palas, wenngleich dieser ursprünglich die doppelte Höhe hatte. Im Erdgeschoss begleiten zwei dreifache und eine fünffache Arkadenreihe das etwas nach Osten aus der Achse verschobene Portal, dessen reich verzierter Kleeblattbogen auf Ecksäulchen mit zierlichen Kapitellen ruht. Über dem Torbogen fällt ein bekränzter Kopf ins Auge, dessen aufgebogene Barthälften in Tiermäulern enden. Das Bildwerk ist sekundär an dieser Stelle vermauert; es könnte als Allegorie der Eitelkeit – sicher nicht als „Barbarossakopf"! – gedeutet werden.

Glanzstücke stauferzeitlicher Steinmetzkunst sind die Kapitelle der doppelten Arkadenreihe. Die Kelchblockformen der jeweils einzeln gearbeiteten Säulenköpfe sind überzogen von zahllosen figürlichen, vegetabilen und abstrakten Ornamenten, für deren Qualität sich kaum Vergleichsbeispiele finden lassen.

Auch nicht an der Pfalz in **Wimpfen**, deren lange Arkadenreihe im Obergeschoss der talseitigen Mauer des Palas zu den bekanntesten Beispielen staufischer Profanarchitektur zählt. Die 1,10 m hohen Säulen bestehen jeweils aus einem Stück; die Mehrzahl musste wegen starker Verwitterungsschäden durch Kopien ersetzt werden. Von den Säulenschäften sind einige durch Wülste und Knoten besonders hervorgehoben.

In **Eger** markieren drei Fünferarkaden die Lage des einstigen Festsaals der Kaiserpfalz. Die Arkaden sind nahezu doppelt so hoch wie diejenigen in Wimpfen, jedoch einreihig gestellt. Die Säulenmonolithe tragen ausladende Sattelkämpfer über den Kapitellen.

Auf der **Nürnberger Kaiserburg** ist die Palastkapelle der künstlerisch herausragende Bauteil. Die mit der Ostwand des Palas verbundene doppelgeschossige Kapelle be-

Eine der künstlerisch bedeutendsten romanischen Doppelkapellen besitzt die Kaiserburg in Nürnberg.

sitzt einen eingezogenen quadratischen Chor, den außen ein Rundbogenfries umzieht. Im Innern sind Ober- und Unterkapelle durch eine quadratische Öffnung miteinander verbunden; vier gedrungene Säulen mit reich ornamentierten Kapitellen tragen die Gewölbe der Unterkapelle. Die Proportionen der Oberkapelle sind im Gegensatz dazu schlanker; der Raum ist deutlich höher. Die eleganten Säulen aus hellem Marmor besitzen einheitliche Kelchblattkapitelle in korinthisierenden Formen.

Hans Erich Kubach hat in seinem glänzenden Beitrag für den Katalog der großen Stauferausstellung 1977 in Stuttgart über die „Kirchenbaukunst der Stauferzeit in Deutschland" deren zeitliche Eckpunkte anhand herausragender Daten der staufischen Herrschergeschichte aufgezeigt. So wurde im Wahljahr Konrads III., 1138, mit dem Bau der Abteikirche **Knechtsteden** (südlich von Neuss) begonnen, die zu den frühesten Gewölbebauten am Niederrhein gehört und deren durch drei Türme ausgezeichneter Ostbau einen besonderen Akzent setzt. Dem Innenraum verschafft der Wechsel aus Pfeilern und Säulen seine starke künstlerische Wirkung.

Ein Jahr vor seinem Tod war König Konrad III. 1151 noch bei der Weihe der Doppelkapelle St. Clemens in **Schwarzrheindorf** bei Bonn zugegen, die sein Kanzler Arnold von Wied neben seiner Burg errichten ließ. Der Bau war ursprünglich sehr kurz; sein Grundriss näherte sich dem eines griechischen Kreuzes. Diese Form ist noch am Außenbau ablesbar, dessen ungegliedertes Untergeschoss eine umlaufende Zwerggalerie abschließt, über der Chor und Querhaus in üppiger Gliederung erscheinen. Das Vierungsquadrat überhöht ein mehrgeschossiger Turm, der die Kirche vollends zu einem Leitbau für eine ganze Gruppe niederrheinischer und maasländischer Kirchen macht.

Der Bau von Schwarzrheindorf fällt zeitlich fast zusammen mit der Errichtung von zwei der großen romanischen Kirchen **Kölns,** Groß St. Martin und St. Aposteln, beide nach Brandkatastrophen in der 2. Hälfte des 12. Jahrhunderts neu erbaut. Sie verkörpern durch ihre um die Vierung zu einem „Kleeblatt" angeordneten drei Konchen wiederum einen Typ der stauferzeitlichen Romanik. Ein weiterer Kölner Kirchenbau fällt nahezu mit der Regierungszeit Kaiser Friedrichs II. – 1215 bis 1250 – zusammen. Es ist die Chorherrenstiftskirche St. Kunibert, die, 1215 begonnen, durch ihre Weihe 1248, ein Jahr vor der Grundsteinlegung zum Neubau des Kölner Doms, so etwas wie das Ende der Romanik markiert, deren Spätphase man gemeinhin auch mit dem Ende der staufischen Epoche gleichsetzt.

Dabei darf nicht vergessen werden, dass der Zisterzienserorden, der sich der besonderen Gunst Kaiser Friedrichs II. erfreute, längst neue architektonische Stilelemente nach Deutschland gebracht hatte, die man heute als „gotisch" bezeichnet. Aus dieser Stilgesinnung heraus erwuchs einer der bedeutendsten Sakralbauten Deutschlands, die Grabkirche der hl. Elisabeth in **Marburg an der Lahn,** zu der am 14. August 1235 der Grundstein gelegt wurde. Ein Jahr danach stattete Kaiser Friedrich II. dem Grab der Heiligen einen Besuch ab. Etwa zur selben Zeit ging in **Trier** mit der Liebfrauenkirche der bedeutendste, konsequent in gotischen Formen errichtete Zentralbau Deutschlands seiner Vollendung entgegen.

Diese beiden Beispiele dürfen jedoch, wie bereits erwähnt, nicht darüber hinwegtäuschen, dass bis weit in das 13. Jahrhundert hinein der traditionelle Typus der flachgedeckten romanischen Basilika vorherrschend blieb. Dies vor allem im süddeutschen Raum und damit im eigentlichen „Stammland der Staufer".

Wenn man sich in dessen weiterem Umkreis, etwa im Gebiet des heutigen Bundeslandes Baden-Württemberg, umsieht, trifft man auf eine große Zahl dieser schlichten, in ihren Proportionen stimmigen Kirchenbauten, die vielen Städten und Gemeinden bis heute ihr unverwechselbares Gepräge geben.

Dies ist etwa in **Weinsberg** bei Heilbronn der Fall, dessen evangelische Johanneskirche – am Fuß der legendenumwobenen „Weibertreu" gelegen – die kleine Stadt markant dominiert. Dazu trägt vor allem der jüngste Bauteil: der um 1240 über dem Vierungsquadrat errichtete, in seinen oberen Geschossen oktogonale Turm bei. Den hohen Innenraum des Langhauses gliedern im Mittelschiff Arkaden im Stützenwechsel, wobei die Säulenkapitelle durch üppigen Blattwerkschmuck Aufmerksamkeit erregen. Den um mehrere Stufen erhöhten Chorraum überspannt ein achtteiliges blütenbesetztes Rippengewölbe.

Mit der Weinsberger in manchen Teilen vergleichbar ist die Kirche des ehemaligen Damenstifts in **Oberstenfeld** (Kreis Ludwigsburg), die um 1200 über der erhalten gebliebenen Hallenkrypta eines Vorgängerbaus aus dem 11. Jahrhundert errichtet wurde und deren markanter Chorturm das Ortsbild kennzeichnet. Im Innern sind die Folgen der Erneuerungsarbeiten des späten 19. Jahrhunderts noch deutlich erkennbar.

Diese Epoche des Historismus hat auch an der ehemaligen Klosterkirche in **Gengenbach** (Ortenaukreis) deutliche Spuren, hier in der Form einer den ganzen Innenraum überziehenden stark farbigen Ausmalung, hinterlassen. Sie vermag jedoch das harmonische Raumbild der flach gedeckten Basilika nur gering zu beeinträchtigen. Der Stützenwechsel beruft sich auf elsässische Vorbilder; darüber hinaus bestehen in der Form der Grundrisse und in der Ähnlichkeit der Abmessungen enge Beziehungen zur nahe gelegenen Kirche des ehemaligen Benediktinerklosters **Alpirsbach** (Kreis Freudenstadt). Ihre Bauzeit fällt in die Frühphase der staufischen Epoche, also in die Zeit vor 1150. Nach der Zerstörung des Mutterklosters Hirsau im Jahr 1692 und dem anschließenden Abbruch der gewaltigen Peter-und-Pauls-Basilika ist die Alpirsbacher Kirche heute das eindrucksvollste Beispiel für die Architektur der Hirsauer Bauschule. Diese hatte ihren Ursprung in der cluniazensischen Reformbewegung des 11. Jahrhunderts und unterwarf auch den Kirchenbau gewissen Kriterien. Im Grund- und Aufriss achtete man auf die strikte Einhaltung des „gebundenen Systems". Der Außenbau blieb weitgehend schmucklos – in Alpirsbach bis auf das unter burgundischem Einfluss entstandene Westportal. Die drei Schiffe sind flachgedeckt; die Mittelschiffsarkaden werden von kräftigen, mehr als sechs Meter hohen Buntsandsteinsäulen mit gut proportionierten Würfelkapitellen getragen. Das Joch vor der Vierung ist durch ein Pfeilerpaar als sog. „Chorus minor" hervorgehoben. Den gotisch veränderten Hauptchor schließen drei durch die Regel vorgeschriebene Altarnischen ab. So ist die Kirche „ein fast unverändertes Beispiel für die monumentale Einfachheit und asketische Strenge der Reformordensarchitektur" (Wischermann).

Als später Nachfolger von Alpirsbach gilt die ehemalige Benediktinerklosterkirche **Schwarzach** in der Ortenau (Kreis Rastatt). Über mehreren Vorgängerbauten, deren ältester in das 8. Jahrhundert zurückreicht, begann man mit dem heutigen Kirchenbau im ausgehenden 12. Jahrhundert. Langhaus mit Chorus minor sowie das Querhaus sind flachgedeckt, das Chorquadrat schließt ein Rippengewölbe ab. Die blockförmigen Kapitelle der Mittelschiffsarkaden sind mit stilisiertem Blattdekor und Diamantbändern üppig geschmückt. Das Tympanon des Westportals füllt eine beachtenswerte Figurengruppe – der thronende Christus mit den Kirchenpatronen Petrus und Paulus – aus.

Schwarzach liegt wenige Kilometer vom Rhein und damit nur eine kurze Wegstrecke vom Elsass, dem „zweiten Stammland der Staufer", entfernt. Kaiser Friedrich Barbarossa hielt sich mehrfach in seiner Pfalz Hagenau auf und seinem Vater, dem Schwa-

Im Vergleich mit der ehemaligen Klosterkirche in Alpirsbach ist die Kirche des ebenso bedeutenden einstigen Schwarzwaldklosters Gengenbach wenig bekannt. Dies mag daher rühren, dass der romanische Bau Anfang des 18. Jahrhunderts im Barockstil umgestaltet worden war und erst zwischen 1892 und 1906 auf sein ursprüngliches Erscheinungsbild „zurückgebaut" wurde. Dabei wurde der Innenraum – dem Zeitstil entsprechend – vollständig ausgemalt.

Die nach ihrer Zerstörung im Frühjahr 1945 recht nüchtern wiederaufgebaute Stadtkirche in Freudenstadt erhält durch das um 1150 entstandene romanische Lesepult eine ganz besondere Bedeutung. Es wurde kurz nach 1600 wohl aus Alpirsbach in die im Zuge der Neuanlage der Stadt von Heinrich Schickhardt erbaute Winkelhakenkirche überführt.

benherzog Friedrich dem Einäugigen, wurde nachgesagt, er habe bei seinen Ritten entlang der Vogesen stets eine Burg oder eine Kirche am Schweif seines Rosses hinter sich hergezogen.

Er war es auch, der in **Hagenau** unweit der auf der Moderinsel erbauten Pfalz die Errichtung der Kirche St. Georg vorantrieb, die 1143 zur Pfarrkirche erhoben wurde. Die ursprünglich flach gedeckte, später eingewölbte Säulenbasilika zählt mit ihren 10 Langhausjochen zu den größten stauferzeitlichen Sakralbauten im Elsass. Chor und Vierungsturm wurden um 1210 begonnen, jedoch erst gegen Ende des 13. Jahrhunderts im gotischen Stil vollendet.

In enger Beziehung zur staufischen Familie steht auch die Kirche St. Fides in Schlettstadt. Die Gemahlin Friedrichs von Büren, Hildegard von Egisheim-Dagsburg, eine Nichte von Papst Leo IX., übereignete 1094, nach dem frühen Tod ihres Mannes,

Die Kirche des ehemaligen Benediktinerklosters in Alpirsbach (Schwarzwald) zählt zu den besterhaltenen Sakralbauten der Stauferzeit in Schwaben.

Der Blick aus dem Ostchor in das Langhaus der Alpirsbacher Klosterkirche fasziniert durch die strenge Gliederung dieses nach dem sog. „Hirsauer Schema" errichteten Baus.

diese nach dem Vorbild des Heiligen Grabes begonnene Kirche dem Kloster Sainte-Foy in Conques in Südfrankreich. Wenige Monate später verstarb Hildegard und wurde höchstwahrscheinlich in **Schlettstadt** begraben.

Die von den Söhnen der Stifterin, Herzog Friedrich I. von Schwaben und Bischof Otto von Straßburg, reich dotierte Stiftung wurde 1106 vom Papst bestätigt. Kaiser Friedrich Barbarossa, der Urenkel Hildegards, nahm die Propstei 1153 in seinen und des Reiches Schutz und stiftete 1162 die – nicht mehr erhaltenen – Fenster für den Chor.

Die kreuzförmige Basilika hat eine repräsentative doppeltürmige Westfassade mit einer gewölbten, reich ornamentierten Vorhalle, von der aus ein gestuftes Rundbogenportal ins Innere führt. Der von einem hohen Steinhelm bekrönte achtseitige Vierungsturm besitzt in seinem unteren Geschoss je drei Bogenblenden auf Säulen, oben ist er

Der von der Klosterkirche in Murbach erhalten gebliebene Ostteil zählt zu den reifsten Leistungen der elsässischen Romanik.

von acht säulengetragenen Doppelarkaden durchbrochen. Der Kirchenraum ist kreuzrippengewölbt; den unterschiedlich starken Pfeilern sind Halbsäulen vorgesetzt.

Im äußeren Erscheinungsbild mit St. Fides vergleichbar jedoch längst nicht so souverän in den Details ausgeführt, steht inmitten von **Gebweiler** im Südelsass die Pfarrkirche St. Leodegar, eine dreischiffige kreuzförmige Basilika mit einer offenen Vorhalle im Westbau und einem üppig dekorierten Säulenportal.

Gebweiler war schon 774 im Besitz der nahegelegenen Benediktinerabtei **Murbach**, die zu den bedeutendsten Klöstern im Elsass zählte. Vor 750 gegründet, wurde Murbach im 12. Jahrhundert zu einem Vorort der von Cluny ausgehenden mönchischen Reformbewegung. 1228 nahm Abt Hugo von Rothenburg am Kreuzzug des Stauferkaisers Friedrich II. teil. Damals war der Neubau der großen Kirche bereits vollendet; genaue Daten über die Bauzeit sind nicht überliefert. Seit dem Umzug des Konvents nach Gebweiler im Jahr 1785 steht nur noch der Ostbau der Abteikirche. Aber dieser Torso ist eine „einzigartige Verwirklichung eines großen Baugedankens" und „unter den Bauwerken der elsässischen Romanik mit an erster Stelle zu nennen" (Hotz). Den gerade geschlossenen Chor begleiten zwei zurückgesetzte, durch Kapellen überhöhte und ebenfalls flach endende Nebenchöre. Der dahinter liegende Querriegel wird von den beiden Türmen eindrucksvoll überhöht. In den kurzen Querarmen befinden sich die Zugänge zu diesem heute als Pfarrkirche dienenden Teil der ehemaligen Abteikirche; er ist von prachtvollen Bandrippengewölben überfangen.

Eine ähnliche Monumentalität wie die Murbacher Chorpartie strahlt das Westwerk der ehemaligen Abteikirche **Maursmünster** (Marmoutier), unweit von Zabern gelegen, aus. Das um die Mitte des 7. Jahrhunderts gegründete Kloster gehörte zu den ältesten und wohlhabendsten im Elsass. Als erster Teil eines Kirchenneubaus wurde zwischen 1140 und 1160 dieser Westbau errichtet, dessen unerhörte Wirkung von der dreitürmigen Fassade ausgeht, wobei der massige quadratische Mittelturm gegenüber den achteckigen Seitentürmen zurückgesetzt ist. An der durch Lisenen gegliederten Fassade führen drei Bogenstellungen, die von Säulen mit prächtigen Kapitellen getragen werden, in die weiträumige Vorhalle. Das anschließende Langhaus der Kirche, erst kurz vor 1250 begonnen, zeigt bereits deutlich den Einfluss der Straßburger Gotik.

In Murbach und in Mauersmünster gilt es wie in dem im Folgenden zu nennenden Rosheim besonders auf die vorzügliche Quaderbehandlung der Außenfassaden, aber auch im Innern der Kirchen, zu achten.

Das in Sichtweite des Odilienbergs gelegene Städtchen **Rosheim** gelangte 1132 in den Besitz Herzog Friedrichs II. von Schwaben, dem Vater Barbarossas. Es gehörte zu den wichtigsten staufischen Besitzungen im Elsass. Das noch heute herausragende Bauwerk dieser Epoche ist die Kirche St. Peter und Paul, eine kreuzförmige gewölbte Basilika, die sich durch einen ungewöhnlichen Formenreichtum auszeichnet. Ein in gotischer Zeit erhöhter oktogonaler Vierungsturm bildet den Blickfang des Baus, der aus honigfarbenen Sandsteinen errichtet ist. An den Giebeln von Lang- und Querhaus halten Löwen menschliche Gestalten zwischen den Pranken. Wie die drei an der Hauptapsis erhaltenen Reliefs der Evangelistensymbole und der rätselhafte Kranz von 21 Köpfen an einer Langhaussäule sind es Bildhauerarbeiten von hervorragender Qualität.

Die ehemalige Abtei in Maursmünster/Marmoutier trägt ihren Namen nach dem um 724 erstmals nachweisbaren Abt Maurus; sie zählt zu den ältesten Niederlassungen des Benediktinerordens im Elsass. An den monumentalen, um 1150 vollendeten Westbau schließt sich ein lichtes gotisches Langhaus an, das in einen zwischen 1761 und 1766 in gotisierenden Formen neu erbauten Chor übergeht. Die Kirche besitzt eine berühmte Orgel von Andreas Silbermann (1709/10).

Südlich von Maursmünster/Marmoutier liegen zwei weitere interessante Städtchen: Molsheim, einst das Zentrum der oberrheinischen Gegenreformation, mit seiner mächtigen Jesuitenkirche; und Rosheim mit einer der schönsten romanischen Basiliken und einem reizvollen Stadtbild, in dem sich noch ein turmartiges Wohnhaus aus dem Ende des 12. Jahrhunderts erhalten hat. – Von Rosheim gelangt man in kurzer Zeit auf den Odilienberg, den 763 m hohen „heiligen Berg des Elsass." Auf ihm hat die 720 verstorbene Wohltäterin Odilia ein Kloster gegründet, das bis zum heutigen Tag das Ziel von Wallfahrern ist.

Ebenmaß und Monumentalität kennzeichnen das Westwerk der ehemaligen Abteikirche in Maursmünster/Marmoutier im Nordelsass.

Direkte Verbindungen zur staufischen Familie lassen sich auch für die Stadt **Breisach** aufzeigen, die unmittelbar am rechten Rheinufer auf einer nach allen Seiten jäh abfallenden Basaltklippe thront. Im Jahr 1185 fassten der Bischof von Basel und der Sohn Barbarossas, der spätere Kaiser Heinrich VI., den Beschluss, die Stadt mit starken Wehranlagen auszurüsten. Damit wurde der Anstoß zum Bau einer neuen Kirche gegeben, die den kurz zuvor erworbenen Reliquien der Heiligen Gervasius und Protasius eine angemessene Ruhestätte bieten sollte. Von diesem stauferzeitlichen Bau der Stephanskirche stammen noch die beiden auf Fernwirkung zielenden Chorflankentürme neben der ursprünglich flach geschlossenen Hauptapsis, sowie das Querhaus und die beiden östlichen Doppeljoche des Langhauses. Die westlichen Teile der Kirche wurden erst um 1340 begonnen; ihre Fertigstellung zog sich bis etwa 1480 hin.

Einen hohen Rang in der stauferzeitlicher Sakralbaukunst nimmt die Pfarrkirche St. Peter und Paul in Rosheim am Fuss des Odilienbergs im Nordelsass ein.

Mit einem von Kaiser Friedrich I. Barbarossa für das Kloster **Maulbronn** im Jahr 1156 ausgestellten Schutzprivileg haben die Staufer auch in dieser bedeutendsten Zisterzienseranlage Deutschlands Spuren gelegt. Der Säkularisierung der Abtei in den Jahren 1534–1537 und dem bis heute dort angesiedelten evangelisch-theologischen Seminar ist es zu verdanken, dass die bauliche Substanz der Klausurgebäude unangetastet blieb. Ihr ältestes Bauwerk, die Kirche, wurde in seinen Ostteilen nicht vor 1160 begonnen und als langgestreckte kreuzförmige Basilika nach der strengen Regel Bernhards von Clairvaux vollendet. Das Raumbild wird von den schweren Pfeilerarkaden und – seit 1424 – von einem gotischen Rippengewölbe bestimmt. Die sechs westlichen Joche waren den Laienbrüdern vorbehalten; eine hohe Schranke mit zwei Rundbogenportalen macht die Trennung von der Priesterkirche deutlich. In die Spätzeit der staufischen Herrschaft fällt die Errichtung der vielgerühmten Westvorhalle, des „Paradieses". Es wurde um 1220, wohl durch eine Bauhütte, die die französische Frühgotik bis ins Detail kannte, erbaut. Dieser Periode werden auch der Südflügel des Kreuzgangs, das niedrige, langgezogene zweischiffige Laienrefektorium, das auf sieben Säulenpaaren ruht, sowie, als Höhepunkt dieser Raumfolge, das ebenfalls zweischiffige hohe Herrenrefektorium mit seinen an Chartres erinnernden Rundstützen zugerechnet. Auf diese der französischen Zisterziensergotik eng verwandten Bauteile folgten in nachstaufischer Zeit – ebenfalls unter französischem Einfluss – die übrigen Flügel des Kreuzgangs mit der berühmten Brunnenkapelle und der Kapitelsaal.

Wie Maulbronn konnte sich auch das Stift **Denkendorf** (Kreis Esslingen) auf ein Schutzprivileg Kaiser Friedrichs I. Barbarossa aus dem Jahr 1181 berufen. Es war von Berthold von Erligheim und seiner Frau Ita nach einer um 1120 überstandenen Pilger-

Als „Weltkulturerbe" findet das in der Reformationszeit säkularisierte ehemalige Zisterzienserkloster Maulbronn immer stärkere Beachtung. An den vollständig erhaltenen Gebäuden der Klausur lässt sich die Stilentwicklung von der Spätromanik bis zum Ausklang der Gotik ablesen. Um den weiträumigen Wirtschaftshof gruppieren sich noch sämtliche für den autarken Betrieb des Klosters notwendigen Bauten.

fahrt ins Heilige Land gestiftet und wenig später den Brüdern des 1114 gegründeten Ordens vom Hl. Grab in Jerusalem übergeben worden. Es blieb dessen einzige deutsche Niederlassung bis zur Säkularisierung im Jahre 1535.

Der heutige, am Abhang des Körschtals gegen 1200 errichtete Kirchenbau ist eine querschifflose flachgedeckte Basilika. Herausragender Bauteil ist die um 1220 begonnene dreischiffige Westvorhalle, deren zwei Joche auf mächtigen Pfeilern mit halbrunden Vorlagen ruhen und den frühromanischen Turm umschließen. Die um 1240 vollendete Chorpartie nimmt mit der geräumigen Krypta auf die Heilig-Grab-Liturgie Bezug. Das darüberliegende Presbyterium greift einzelne Formen von Maulbronn auf und erzielt eine Raumwirkung, die mit Oberstenfeld vergleichbar ist.

Eine der wenigen Niederlassungen des Ordens zum Heiligen Grab lag in Denkendorf bei Esslingen am Neckar. Die Kirche besitzt unterhalb des Chors eine geräumige Unterkirche zur Aufnahme einer Nachbildung des „Heiligen Grabes".

Einer der bedeutendsten Kirchenbauten der staufischen Epoche ist der Bischofsdom in Worms, einer Stadt, die Friedrich Barbarossa für ihre Treue zu Kaiser und Reich mit einer Reihe von Privilegien ausstattete. Der Westchor des Domes zeichnet sich durch seine reiche architektonische Gliederung aus.

Heinfried Wischermann macht in seinem Standardwerk über die „Romanik in Baden-Württemberg" darauf aufmerksam, dass „die großen Leistungen der Baukunst der Stauferzeit ... außerhalb unseres Gebietes" liegen. Er rechnet dazu die Dome von Mainz und Worms, von Bamberg, Naumburg und Limburg an der Lahn. Eine Beschreibung dieser säkularen Bauwerke würde den Rahmen dieses Bandes deutlich überschreiten, obwohl für jeden dieser Großbauten auch Beziehungen zu Persönlichkeiten des Staufergeschlechts aufgezeigt werden können. In erster Linie natürlich für **Worms**, das unter den Staufern seine höchste Blüte erlebte. Die bereits seit dem Investiturstreit kaisertreue Stadt erhob Kaiser Friedrich I. Barbarossa zu einem der wichtigsten Zentren seiner Macht im Reich und bestätigte ihr 1184 in einer berühmten Freiheitsurkunde die von den Salierkaisern gewährten Privilegien. Am 15.7.1235 feierte Kaiser Friedrich II. in Worms seine Hochzeit mit Isabella, der Tochter des Königs Johann (ohne Land) von England. Damals besaß der um 1130 begonnene Dom St. Peter im wesentlichen bereits seine heutige Gestalt. Von den rheinischen Domkirchen trägt er am vollkommensten das Gepräge des stauferzeitlichen Sakralbaus.

Bildhauerei

Die Bildhauerkunst steht mit der Architektur der Stauferzeit in einem ursächlichen Zusammenhang. Mit der fortschreitenden Vervollkommnung des Quaderbaus wurde es möglich, diesen mit plastischen Ornamenten und schließlich mit ganzen Skulpturen zu schmücken, die sich mehr und mehr zu eigenständigen Kunstwerken entwickelten. Waren es zunächst die am Bau arbeitenden Steinmetzen, die auch die plastische Ausschmückung schufen, so fiel diese Aufgabe bald selbständig arbeitenden Bildhauern zu, die oft in Gruppen tätig waren und mehrfach die Baustelle wechselten, so dass häufig enge stilistische Übereinstimmungen zwischen Werken an mehreren Plätzen erkennbar sind.

Die bedeutendsten Werke der stauferzeitlichen Plastik im deutschsprachigen Raum sind ohne französische Einflüsse und Vorbilder nicht vorstellbar. Dazu gehören, um die herausragenden gleich zu Beginn zu nennen, die Hauptwerke der bildhauerischen Ausstattung des Doms St. Peter und St. Georg in **Bamberg**. Man unterscheidet dort ein „älteres Atelier", von dem Teile der berühmten Domportale und vor allem die Skulpturen an den Schranken des Georgenchors geschaffen wurden. Hier begegnen sich in Zweiergruppen Propheten und Apostel in lebhaftem, man möchte meinen, kontroversem Gespräch, heftig gestikulierend und die Köpfe weit vorgebeugt.

Bamberg zählt unstrittig zu den schönsten Städten Deutschlands. Dazu trägt vor allem die viertürmige Domkirche, Mittelpunkt des 1007 von König Heinrich II. gestifteten Bistums, bei. Zu ihrer Ausstattung gehören Meisterwerke mittelalterlicher Plastik, wie der Reiter und die Portal- und Chorschrankenfiguren, aber auch die von Tilmann Riemenschneider 1499 begonnene Tumba für das heilig gesprochene Kaiserpaar Heinrich und Kunigunde. – In eine Besichtigung des Domes sollte der Besuch des Diözesanmuseums und der Alten Hofhaltung einbezogen werden. Lohnend ist auch der Aufstieg zum Kloster auf dem Michaelsberg sowie ein geruhsamer Bummel durch die Altstadt mit ihren prachtvollen Adels- und Bürgerhäusern, dem Rathaus und einer Vielzahl von Kirchen.

Die aus Reims berufene jüngere Werkstatt leitete einen neuen Abschnitt in der Bildhauerkunst des 13. Jahrhunderts ein. Er ist von einer Weltoffenheit und Diesseitsbejahung erfüllt, wie sie auch die Dichtkunst und andere Lebensbereiche des staufischen Zeitalters zeigen. Ein Beispiel dafür ist die – unglücklicherweise nicht auf einer gemeinsamen Konsole platzierte – Heimsuchungsgruppe mit der in sich gekehrten, ganz in einen weiten Mantel gehüllten Maria und der trotz starker Beschädigung im Gesicht ausdrucksstarken Elisabeth. Berühmtestes Werk dieser Werkstatt ist der „Bamberger Reiter", das weltbekannte Standbild eines jugendlichen Königs in höfisch anmutiger Haltung, der seinen Kopf mit dem lockigen, unter dem Kronreif kaskadenför-

Der „Bamberger Reiter", das um 1237 geschaffene monumentale Reiterstandbild am Georgschor des Bamberger Doms, ist zum Inbegriff eines jugendlichen Herrschers der Stauferzeit geworden. Die Identität des Dargestellten ist noch umstritten.

mig hervorquellenden Haar leicht nach rechts, dem Betrachter zu, wendet. Zweifellos hatte der unbekannte Künstler die Absicht, einer bestimmten Persönlichkeit mit diesem einzigartigen Werk ein Denkmal zu setzen. Der Zeitstellung entsprechend müsste es ein Staufer sein. Etwa Konrad III. oder vielleicht Philipp von Schwaben, der jüngste Sohn Barbarossas, der 1208 in Bamberg ermordet wurde? Oder gar der junge Friedrich II., der zwischen 1212 und 1220 in Deutschland weilte? Eigenartig nur, dass alljährlich am Tag des Königs Stephan von Ungarn (997–1038), am 2. September, vor dem Reiterstandbild eine Kerze gebrannt haben soll.

Von Bamberg führt ein gerader Weg nach **Naumburg an der Saale**. Dort bewahrt der Dom in seinem Westchor einen Zyklus von 12 weltlichen Stifterfiguren aus der spätstaufischen Zeit zwischen 1250 und 1260. Sie zählen zu den bedeutendsten mittelalterlichen Bildwerken Europas. Dargestellt sind Mitglieder der zwischen 985 und 1046 als Markgrafen von Meißen regierenden Ekkehardinger, die um 1021 die damali-

Dieselbe hohe Qualität wie die Bamberger Reiterskulptur besitzen die berühmten Stifterfiguren im Westchor des Naumburger Domes. Bekanntestes Paar dieser zwischen 1250 und 1260 geschaffenen Skulpturen sind Markgraf Ekkehard von Meissen und seine Gemahlin Uta.

Die imposante, steil über dem Elbufer aufragende Baugruppe von Dom und Albrechtsburg spiegelt eindrucksvoll die bischöfliche und die markgräfliche Gewalt wieder, die für die Geschichte der Stadt Meissen und weiter Teile des heutigen Freistaats Sachsen jahrhundertelang bestimmend waren. Der Dom ist das bedeutendste gotische Bauwerk des Landes, die Albrechtsburg steht stilistisch am Übergang von der spätmittelalterlichen Burg zum Schlossbau der frühen Neuzeit. – Der Besuch Meissens wäre ohne die Besichtigung der seit 1710 bestehenden weltberühmten Porzellanmanufaktur unvollständig.

ge Marienkirche (seit 1028 Bischofsdom) stifteten und zur Familiengrablege bestimmten. Die Namen der Dargestellten sind teilweise auf den Schilden ablesbar, z.T. urkundlich belegt. Neben den beiden Ehepaaren Ekkehard und Uta sowie Hermann und Reglindis sind es vier männliche und zwei weibliche, etwa lebensgroße Skulpturen, die in Haltung und Ausdruck große Unterschiede aufweisen. Dabei konnte der unbekannte Künstler, der längst als „Naumburger Meister" in die Kunstgeschichte eingegangen ist, keine Porträtähnlichkeit anstreben, waren doch diese Stifterpersönlichkeiten seit mehr als 150 Jahren verstorben. Sie treten in höfischer Tracht, nicht in ritterlicher Rüstung auf; ihre Haltung ist „standesgemäß vornehm, aber erstaunlich unkonventionell und von Figur zu Figur in überraschender Weise wechselnd: betend, ruhig verharrend, lächelnd oder zu einer heftigen Gestik gesteigert, die Klage oder Kampf andeuten mag" (Willibald Sauerländer).

Die singuläre Stellung des Naumburger Meisters innerhalb der bildhauerischen Kunst des 13. Jahrhunderts wird jedoch in besonderer Weise in der Kreuzigungsgruppe und den Passionsreliefs am Westlettner deutlich.

Diese Lettnerfiguren weisen eine auffallende Ähnlichkeit auf mit den Spolien des 1682 abgebrochenen Lettners vom Westchor des **Mainzer Doms.** Sie sind im dortigen Dom- und Diözesanmuseum ausgestellt; der berühmte „Kopf mit der Binde" liefert den Beweis, dass hier ein und derselbe Meister gearbeitet hat.

Aus Mainz stammt vermutlich das erst 1935 als herausragendes Werk des Naumburger Meisters erkannte Martinsrelief in der neuromanischen St. Martinskirche in **Bassenheim** (Kreis Mayen-Koblenz). Dieses „edelste Kunstwerk des Rheinlands" zählt zu den „größten schöpferischen Leistungen deutscher Klassik der Stauferzeit".

Der Glanz der Naumburger Schule fällt auch auf die lebensvollen Statuen von Kaiser Otto I. und seiner Gemahlin Adelheid im Domchor von **Meißen,** mit denen die Stifter der Diözese geehrt werden sollten.

Die Person Ottos des Großen wird auch hinter dem 1240 für den Alten Markt in **Magdeburg** geschaffenen Standbild des „Magdeburger Reiters" vermutet, das sich heute im Kulturhistorischen Museum der Stadt befindet und das im Typus dem Bamberger Reiter nahe steht.

Im Bundesland Sachsen-Anhalt verdient noch eine ähnlich hochrangige Skulpturenreihe aus staufischer Zeit besondere Beachtung: die Stuckreliefs an den Chorschranken der Liebfrauenkirche in **Halberstadt**. An ihren Außenseiten sind jeweils sechs Apostel dargestellt, die an der Nordmauer Christus, an der Südschranke die Muttergottes flankieren. Diese Hauptfiguren thronen in majestätischer Frontalität, die Körperhaltung der Apostel wechselt, ebenso wie die individualisierten Gesichter und die fein durchgebildeten Hände und Füße, von Gestalt zu Gestalt. Die größtenteils noch originale Fassung gibt den Anfang des 13. Jahrhunderts entstandenen Halberstädter Stuckreliefs vollends den Rang der Einzigartigkeit.

Halberstadt bewahrt in seinem Dom auch ein hervorragendes Beispiel einer für die staufische Epoche charakteristischen großen Triumphkreuzgruppe. Im sächsischen **Wechselburg** (Kreis Mittweida) dominiert eine künstlerisch noch höher eingeschätzte, um 1230 in Eichenholz geschnitzte Kreuzigungsgruppe mit einer Gesamthöhe von fünf Metern den berühmten Lettner der Klosterkirche.

Die „Goldene Pforte" am Dom in Freiberg in Sachsen ist eines der am aufwändigsten ausgestatteten romanischen Kirchenportale in Deutschland.

Die heute im Liebfrauenmuseum verwahrten Plastiken der Ecclesia und der Synagoge vom südlichen Querhausportal des Straßburger Münsters sind – wie die Skulpturen in Bamberg und Naumburg – Zeugnisse für die überragende Qualität der Bildhauerei in der späten Stauferzeit.

Begegnet man schon an der Adamspforte und am Fürstenportal des Bamberger Doms bewegenden Beispielen stauferzeitlicher Portalplastik, so erreicht diese repräsentative Architekturform am Mariendom in **Freiberg in Sachsen** ihren Höhepunkt. Die „Goldene Pforte", von der Georg Dehio schreibt, sie sei „an Pracht selten, an innerem Adel niemals überboten" worden, geht mit ihren acht monumentalen Gewändefiguren, den zahlreichen Statuetten in den Bogenläufen und dem eindrucksvollen Tympanon mit der Anbetung der Könige auf französische Vorbilder – zu denken ist an Chartres und Laon – zurück.

Das in der späten Stauferzeit – um 1225/1230 – geschaffene Freiberger Portal unterscheidet sich ganz wesentlich vom ältesten Figurenportal im deutschen Sprachraum, der Galluspforte am nördlichen Querarm des Marienmünsters in **Basel**. Ihre Entstehung ist in die 2. Hälfte des 12. Jahrhunderts zu setzen. Die rechteckige Rahmung deutet auf oberitalienische Einflüsse hin; die Figurentabernakel an den Vertikalen haben jedoch französische Vorbilder. Die das Tympanonportal flankierenden dünnen Gewändesäulen geben dem Basler Tor seinen besonderen Charme.

Einen Höhepunkt besonderer Art erreicht die Portalplastik am Südquerhaus des **Straßburger Münsters.** Die um 1230 geschaffenen monumentalen Skulpturen der Ecclesia und der Synagoge – die Originale stehen heute im gegenüber liegenden Frauenhausmuseum – zählen, ebenso wie die Figuren am Engelspfeiler im gleichen Bauteil, zu den letzten überragenden Bildwerken der staufischen Epoche.

Stellvertretend für den nicht unwesentlichen Beitrag, den der südwestdeutsche Raum zur romanischen Plastik beigesteuert hat, seien noch wenige Werke beispielhaft erwähnt. In der von Heinrich Schickhardt ab 1601 erbauten Stadtkirche in **Freudenstadt** im Schwarzwald stößt man unvermutet auf ein Lesepult, das Heinfried Wischer-

Das vermutlich aus der Alpirsbacher Klosterkirche stammende, zu Beginn des 17. Jahrhunderts in die neu erbaute Stadtkirche von Freudenstadt überführte Lesepult ist eines der singulären Werke romanischer Holzbildhauerei in Süddeutschland.

mann als „eines der technisch und künstlerisch bedeutendsten Holzbildwerke der deutschen Kunst des 12. Jahrhunderts" bezeichnet. Die vier barfüßig und bärtig dargestellten Evangelisten halten mit erhobenen Armen hinter ihren Köpfen den Ringwulst des Pults, auf dessen Seitenflächen ihre Symbole, jeweils mit einem Spruchband versehen, angebracht sind. Auffallend ist die noch großenteils erhaltene kräftige Bemalung, die eine Vorstellung von der einstigen Farbenpracht romanischer Skulpturen vermittelt. Das Lesepult stammt höchstwahrscheinlich aus der Klosterkirche in Alpirsbach – oder aus Hirsau – und kam durch Herzog Friedrich I. von Württemberg um 1604 in die neu erbaute Freudenstädter Kirche.

Ein in seiner Art ebenso außergewöhnliches Kunstwerk wie das Lesepult ist die gewaltige Brunnenschale im ehemaligen Benediktinerpriorat **St. Ulrich** im Hochschwarzwald. Die Außenseite ist flach reliefiert: Christus, umgeben von den Symbolen der Evangelisten, thront zwischen den Aposteln. Auf der gegenüberliegenden Seite ist Maria in der Mandorla zu erkennen, flankiert von zwei Heiligen mit Schriftrollen und weiteren jeweils sechs Figuren auf jeder Seite. Die gängige Bezeichnung der Schale als „Taufbecken" verbietet sich durch den ungewöhnlichen Durchmesser von 2,59 Metern.

Die ehemalige Burgkapelle in Schwarzrheindorf zeichnet sich durch einen reichen romanischen Freskenzyklus aus.

Malerei

Von der Wandmalerei aus staufischer Zeit ist nur ein verschwindend kleiner Teil dessen, was einmal vorhanden war, in seiner ursprünglichen Form erhalten geblieben. Vielfach wurden Fresken durch Restaurierungen entstellt, Freilegungen ließen Fehlstellen erkennen und förderten nur noch verblasste Farben zutage. Dennoch ist der Kenntnisstand über die stauferzeitliche Wandmalerei durch zahlreiche Neuentdeckungen enorm gewachsen. Dies gilt sowohl für die eigentlichen Wand- und Deckenbilder, als auch für die Bemalung der Architekturteile, etwa der Gewölberippen und Pfeiler, für die z. B. der Dom zu Limburg ein hervorragendes Beispiel bietet.

Wieder kann hier nur weniges exemplarisch aufgeführt werden, etwa die nahezu vollständig erhaltene Ausmalung der Allerheiligenkapelle im Domkreuzgang in **Regensburg** oder der Freskenzyklus im Untergeschoss der ehemaligen Burgkapelle von **Schwarzrheindorf**, wo ein großartiges Programm von Darstellungen des Alten und des Neuen Bundes Wände und Decken ausfüllt. Gerade auch in den kleinen, innerhalb des Burgberings liegenden Kapellen haben sich oftmals erstaunlich

Die Burg Katzenstein zählt seit ihrer Wiederherstellung im Jahr 1977 zu den interessantesten stauferzeitlichen Wehranlagen im Osten Württembergs.

Die Apsis der Katzensteiner Burgkapelle St. Laurentius ist ausgefüllt mit der Freskomalerei des Weltgerichts.

vollständige und qualitätvolle Freskenzyklen aus staufischer Zeit erhalten. Als Beispiel sei die Kapelle der **Burg Katzenstein** auf der Schwäbischen Alb (Kreis Heidenheim) genannt, die im frühen 13. Jahrhundert zu den Besitzungen der mit den Staufern in vielerlei Beziehungen stehenden Familie von Hürnheim-Rauhhaus gehörte. An der Ostwand und in der Apsis der Laurentiuskapelle fasziniert ein großformatiges Fresko mit der Darstellung des Jüngsten Gerichts aus der Zeit um 1250/1260.

Nicht unerwähnt bleiben darf ein in seiner Seltenheit nahezu einzig dastehendes Werk spätromanischer Malerei: die bemalte Holzdecke über dem Mittelschiff der St. Michaelskirche in **Hildesheim,** auf der der Stammbaum Jesse mit großen thronenden Gestalten dargestellt ist.

Eine noch rarere Kunstgattung als die der stauferzeitlichen Malereien sind die aus jener Epoche überkommenen **Glasgemälde.** Durch Kriege, Brände und Mutwillen waren diese fragilen Kunstwerke mehr als andere von der Zerstörung bedroht. So zählt es zu den fast unglaublichen Glücksfällen, dass sich der Fensterzyklus des **Straßbur-**

ger Münsters nahezu vollständig erhalten hat. In diese gotisch dominierte Serie wurden ältere Scheiben eingefügt, von denen etliche, wie das Kaiserfenster mit Friedrich Barbarossa, auf das Staufergeschlecht unmittelbar Bezug nehmen.

Nach den Totalverlusten in Mainz und nahezu auch in Köln sind Verglasungen des 13. Jahrhunderts, wie sie in der Ostkonche der Elisabethkirche in **Marburg**, in der Barfüßerkirche in **Erfurt** oder im Westchor des Doms in **Naumburg** erhalten geblieben sind, besondere Glücksfälle.

Von dem Versuch, das Thema „**Stauferzeitliche Buchmalerei**" hier anzuschneiden, wurde abgesehen, da nahezu sämtliche herausragenden Zeugnisse dieser Kunstgattung durch ihre Verwahrung in Archiven und Bibliotheken dem Blick der Öffentlichkeit entzogen sind und allenfalls bei Ausstellungen für eine kurze Zeitspanne ihre Pracht entfalten können.

„Schatzkunst"

Unter dem Begriff „Schatzkunst" sind vor allem Arbeiten in Metall, aber auch in Elfenbein und aus Edelsteinen zu verstehen.

Auf einem der berühmten Chorfenster der Elisabethkirche in Marburg ist die Landgräfin von Thüringen als Wohltäterin dargestellt.

Diese Kunstgattungen erlebten im Zeitalter der Staufer eine Blüte, wie sie die Epochen davor und danach nicht gekannt haben. Dies hatte seine Ursache in der verstärkten Verehrung von Heiligen und deren Reliquien sowie von anderen sog. Heiltümern. Nicht selten wurden längst bestattete Gebeine aus den Krypten geholt und in kostbaren Schreinen niedergelegt, die zur ständigen Verehrung auf Altären ihren Platz fanden.

Dieser neue Reliquienkult stellte an die Gold- und Silberschmiedekunst höchste Ansprüche. Leider sind viele ihrer Werke des hohen Materialwerts wegen im Laufe der Jahrhunderte, vor allem nach der Reformation und in Kriegszeiten, eingeschmolzen oder auseinandergenommen worden und damit verlorengegangen.

Die Blütezeit der „Schatzkunst" setzte während der Regierungszeit Kaiser Friedrichs I. Barbarossa ein und so passt es gut, dass seine Person mit einem ganz besonderen Reliquiar eng verbunden ist, mit dem Cappenberger Barbarossakopf.

Diese erst in späterer Zeit in ein Johannesreliquiar umgewandelte Kopfbüste schenkte der Kaiser um 1160, zusammen mit einer silbernen Taufschale, seinem Taufpaten Otto von Cappenberg, der sie dem von ihm und seinem Bruder Gottfried gestifteten Prämonstratenserkloster vermachte, wo sie bis heute verwahrt wird. Noch immer ist manches an diesem Kaiserbild rätselhaft und strittig. Urkundlich einwandfrei belegt ist, dass die Büste ein Porträt Barbarossas ist; spricht doch das bis heute im Cappenberger Stiftsarchiv verwahrte Pergament von einem „silbernen Haupt, nach dem Antlitz des Kaisers geformt". Allerdings hat der Eindruck des ursprünglich nicht vergoldeten Bildwerks durch die im 19. Jahrhundert erfolgte Entfernung der sogenannten Imperatorenbinde um die Stirn, die wohl aus Edelmetall bestand und vielleicht mit

Steinen besetzt war, sowie durch die Herausnahme der aus Edelsteinen gefertigten Augäpfel und ihre recht unglückliche Ergänzung eine wesentliche Beeinträchtigung erfahren. Dies wiegt jedoch gering im Vergleich zu der Tatsache, dass hinreichend deutlich wird, dass Barbarossa mit der Art der Ausführung der Büste bewusst auf die Kontinuität seines Kaisertums mit demjenigen Karls des Großen verweisen wollte.

Die kultische Verehrung Karls des Großen durch Barbarossa ist bildhaft in dem im Musée du Louvre in Paris verwahrten Armreliquiar Karls zum Ausdruck gebracht. Dort finden sich getriebene Brustbildnisse des Stauferkaisers und seiner Gemahlin Beatrix, seines Vaters Friedrichs des Einäugigen und dessen Bruders, König Konrads III. Das monumentalste Zeugnis für die Verehrung Karls des Großen durch Friedrich Barbarossa ist jedoch der von ihm und seiner Gemahlin Beatrix für die Pfalzkapelle Karls, das **Aachener Münster**, gestiftete berühmte Radleuchter. Die um 1165 in Aachen geschaffene Lichterkrone hat einen Durchmesser von ca. 20 m und ist mit ihren 18 Türm-

Eines der bekanntesten Beispiele staufischer Schatzkunst ist die Bildnisbüste Friedrich Barbarossas, die der Kaiser um 1160 seinem Taufpaten Otto von Cappenberg schenkte.

Das ehemalige Benediktinerkloster Comburg bei Schwäbisch Hall thront beherrschend auf einem Umlaufberg des Kochers; die Türme der Klosterkirche stammen noch aus staufischer Zeit.

Der im Jahr 1130 von Abt Hertwig in die Comburger Klosterkirche gestiftete Radleuchter zählt zu den wenigen erhalten gebliebenen romanischen Leuchterkronen.

Ebenso berühmt wie der Radleuchter und etwa zur gleichen Zeit geschaffen ist das Antependium, das in den modernen Volksaltar der Comburger Klosterkirche eingelassen ist.

chen nach der umlaufenden zweizeiligen Inschrift ein „Abbild des Himmlischen Jerusalem, wie es der hl. Johannes erschaut hat – funkelnd niedersteigend aus sternenglänzenden Fernen, schimmernd in lauterem Gold und leuchtend von kostbaren Steinen".

Diese poetische Beschreibung trifft auch auf einen anderen, wenn auch wesentlich kleineren Radleuchter zu, der im barocken Neubau der ehemaligen Benediktinerklosterkirche **Comburg** bei Schwäbisch Hall hängt. Er wurde im Jahr 1130 von dem Abt des Klosters, Hertwig, in die damalige Kirche gestiftet. Mit seinen 12 Türmen ist auch er ein Abbild der Heiligen Stadt, deren Licht 48 Kerzen erstrahlen lassen. Mehr als 400 figürliche Darstellungen von Aposteln, Propheten und Heiligen, teilweise in Treibarbeit, teilweise in feiner Gravur, verteilen sich über Reifen und Türme.

Einen noch höheren künstlerischen Anspruch als die Leuchterkrone erfüllt das wohl gleichzeitig entstandene Antependium, das heute in einem modernen Altar seine ursprüngliche Funktion erfüllt. In vergoldetem Kupferblech sind die Gestalten Christi und der Apostel getrieben, die Stege zwischen den Jüngern und die den Heiland umschließende Mandorla prunken mit filigranen, in Zellenschmelz ausgegossenen Ornamenten; Glasflüsse ersetzen die verloren gegangenen Edelsteine.

Marburg, die Stadt der hl. Elisabeth von Thüringen, besitzt mit der über ihrem Grab errichteten Kirche den ersten gotischen Sakralbau in Deutschland. Nicht weniger sehenswert ist das hoch über der Stadt thronende Landgrafenschloss mit dem gotischen Rittersaal und der 1288 geweihten Schlosskapelle. Die historischen Sammlungen verdienen eine ausgiebige Betrachtung.

Von den großen stauferzeitlichen Reliquienschreinen ist der Dreikönigsschrein im **Kölner Dom** der bekannteste und wohl auch kostbarste. Er wurde zwischen 1180 und 1220 für die Aufnahme der von Erzbischof Rainald von Dassel, dem Kanzler Barbarossas, aus Mailand überführten Gebeine der Heiligen Drei Könige geschaffen. Das basilikale Gehäuse zeigt an den Wandungen Apostel und Propheten mit großen, porträthaft wirkenden Köpfen und faltenreichen Gewändern. Auf den Dachschrägen rahmen Emailleisten antikisierende Kopfmedaillons ein.

In der Form einer einschiffigen Kirche präsentiert sich der Karlsschrein im Dom zu **Aachen**, der zur Kaiserkrönung Friedrichs II. 1215 vollendet wurde und in dem seitdem die Gebeine Karls des Großen ruhen. Das Bildprogramm des Schreins versinnbildlicht das Heilige Römische Reich. Anstelle von Heiligen sitzen an den Langseiten je acht Könige als Nachfahren Karls des Großen von Ludwig dem Frommen bis hin zu Friedrich II. Auf der Stirnseite thront, unter dem segnenden Christus, Karl der Große; die Gegenseite ist der Kirchenpatronin Maria vorbehalten. Die Reliefs der Dachseiten zeigen Szenen aus der Vita des großen Karolingers.

Der unmittelbar nach dem Karlsschrein entstandene Marienschrein des Aachener Domes hat die Form einer einschiffigen Kirche, hier mit Querhaus. Auch an diesem

In der Marburger Elisabethkirche steht der Schrein, in dem bis zur Reformation die Gebeine der 1231 verstorbenen Landgräfin Elisabeth von Thüringen beigesetzt waren.

durch die verwahrten kostbaren Reliquien besonders beachteten Werk stauferzeitlicher Goldschmiedekunst erscheinen, neben den 12 Aposteln, Christus, Maria und Karl der Große als dominierende Gestalten.

In der Form kommt der Schrein der 1235 heilig gesprochenen Landgräfin Elisabeth von Thüringen in **Marburg** dem Aachener Marienschrein nahe. An seinem nach Westen gerichteten Giebel steht die vollplastische Figur der Heiligen, den Ostgiebel besetzt eine Madonnenfigur, dem Beschauer zugewandt thront Christus. Unter kleinen Giebeln haben zu beiden Seiten des Langhauses die 12 Apostel ihre Plätze. Über ihnen sind auf den Dachschrägen insgesamt acht mit höchster künstlerischer Meisterschaft gearbeitete Reliefs zu bewundern, die Szenen aus dem Leben der hl. Elisabeth und ihrem barmherzigen Wirken für Arme und Kranke wiedergeben.

Das Nachleben.
Die Staufer in Sage und Legende

In der kaum mehr zu überblickenden Fülle der Literatur über die Epoche der Staufer (von 1079 – Ernennung Friedrichs von Büren zum Herzog von Schwaben bis 1268 – Enthauptung Konradins) nimmt der Aspekt des Nachlebens der Staufer einen überraschend breiten Raum ein. Die zur Stuttgarter Stauferausstellung 1977 erschienenen Katalog- und Aufsatzbände beschäftigen sich ausführlich mit diesem Phänomen. Kurz darauf veröffentlichten Friedrich Weigend, Bodo M. Baumunk und Thomas Brune ein „Lesebuch zur deutschen Geschichte" mit dem vielsagenden Titel „Keine Ruhe im Kyffhäuser". Darin gehen sie mit wissenschaftlicher Akribie auf die bereits im 13. Jahrhundert einsetzende Stauferverehrung und ihre oft merkwürdigen Auswüchse ein. Sie nehmen sich dabei ganz besonders der zahlreichen literarischen „Ergüsse" an, die das 19. Jahrhundert – vor allem das Zeitalter der Romantik – hervorbrachte.

Im Mittelpunkt dieser Rückbesinnung auf die staufische Epoche standen seit je die beiden Kaiser Friedrich I. Barbarossa und Friedrich II., sein Enkel. Mit ihnen verband sich die Erinnerung an jenes mächtige Reich des Mittelalters, in dem Gerechtigkeit und über lange Zeiträume auch Frieden herrschte und das sich gegen äußere und innere Feinde erfolgreich zur Wehr setzte.

Friedrich Barbarossa umgab stets der Mythos seines plötzlichen Todes in den Fluten des Saleph am 10. Juni 1190, im Verlauf des Dritten Kreuzzugs. Friedrichs II. zahlreiche, meist auf kirchlicher Seite stehende Gegner zogen lange Zeit hindurch die Rechtmäßigkeit seiner Geburt in Zweifel. Obwohl ihn seine Mutter Konstanze angeblich in aller Öffentlichkeit auf dem Domplatz von Jesi zur Welt gebracht hatte, hielt sich lange Zeit das Gerücht, ihr sei dort das Kind eines Metzgers untergeschoben worden. Und als der Kaiser am 13. Dezember 1250 nach kurzer Krankheit in Fiorentino abseits einer größeren Stadt oder Burg plötzlich verstarb, stieß auch diese Nachricht – wie die vom Tod Barbarossas – zunächst auf Unglauben. Schon bald machte die Prophezeiung von seiner Wiederkunft die Runde. Als von „Gott erwählter Endkaiser" würde Friedrich mit einem starken Heer zurückkehren, um das von geistigen Umbrüchen und sozialen Konflikten erschütterte Land zu befrieden, den Bedrückten und Beraubten volle Gerechtigkeit widerfahren zu lassen und den gänzlich zerrütteten Zustand der Kirche zu erneuern.

Wen wundert's, dass schon bald „falsche Friedriche" versuchten, die Leichtgläubigkeit der Menschen auszunutzen. Das war 1284 im Elsass, wenig später in Esslingen der Fall. Ebenfalls 1284 machte in Köln und Neuss der berühmt-berüchtigte Tile Kolup von sich reden, dessen gespielte Glaubwürdigkeit so überzeugend war, dass sich die Äbtissin des adeligen Damenstifts Essen von ihm das Recht auf freie Vogtwahl urkundlich bestätigen ließ. Wenig später fand Tile Kolup in Wetzlar auf dem Scheiterhaufen ein schreckliches Ende.

Schon im Laufe des 15. Jahrhunderts scheint die Erinnerung an den weltmächtigen zweiten Friedrich allmählich zu verblassen, wusste man doch inzwischen, dass er im fernen Palermo auf Sizilien in einem prachtvollen Porhyrsarkophag seine letzte Ruhe gefunden hatte. Mehr und mehr übernahm nun Friedrich Barbarossa die Rolle des rettenden „Friedenskaisers". Schon 1519 rühmte ein unbekannter Autor seinen Mut, seine Milde und Gerechtigkeit. Rätselhaft blieb lange Zeit der Ort, an dem sich der Kaiser auf seine Wiederkunft vorbereitete. Um dieses Privileg stritten sich die Pfalzstädte

Hagenau und Kaiserslautern, der Trifels, der Untersberg bei Salzburg und manche andere. Allmählich setzte sich dann die Geschichte durch, die 1537 in einer Flugschrift verbreitet wurde: danach war Barbarossa von einem Schafhirten mehrfach in der Nähe eines „Berges bei Frankenhausen in Thüringen" gesehen worden. Er habe ihm in dem Berg seine Wohnung, einen großen, waffenstarrenden Saal, gezeigt, wo „viel herren und viel dapffere diener" nur darauf warteten, das glorreiche alte Kaisertum wieder aufzurichten: Die Kyffäuser-Sage war geboren! Sie kehrt in der Folgezeit – vielfach ausgeschmückt und abgewandelt – in erstaunlicher Regelmäßigkeit wieder.

Da jedoch die von dem Staufer so sehnlich erhoffte Aufrichtung eines geeinten Reiches immer länger auf sich warten ließ, ja, dieses Reich mehr und mehr in größere und kleinere Territorien zerfiel, verkümmerte Barbarossa im 17. und 18. Jahrhundert zusehends „zu einem müden Helden der Nation"(Klaus Schreiner). Schon damals vermeldete ein Traktat, sein roter Bart sei ihm „durch den Tisch bis auf die Füße gewachsen".

Mit dem allmählichen Erwachen eines deutschen Nationalbewusstseins nach der Überwindung der Kleinstaaterei zu Beginn des 19. Jahrhunderts regte sich auch der „Alte im Berg". Schon 1848 hatte es so ausgesehen, als ob ein neuer Kaiser die Einheit des Reiches heraufführen würde, doch König Friedrich Wilhelm IV. von Preußen lehnte die ihm angetragene Kaiserwürde ab. Also zogen die legendären Rabenvögel weiterhin ihre Kreise um die mächtigen Ruinen der alten Reichsburg Kyffhausen.

Die Kolossalfigur Friedrich Barbarossas am Kaisermonument auf dem Kyffhäuser.

Endlich, am 18. Januar 1871, war es soweit: im Spiegelsaal des Schlosses von Versailles schlug die Geburtsstunde des „Zweiten Deutschen Reiches". An diesem Tag, so floss es aus den Federn zahlloser Dichter, Historiker und Journalisten, war statt des Rotbartes der „Weißbart" Wilhelm I. als Kaiser auferstanden und schickte sich an, das neue deutsche Reich zu alter Größe und Macht zu führen.

Sinnfälligster Ausdruck dieses nationalen Ereignisses ist das monumentale „Kaiser-Wilhelm-Denkmal" inmitten der Ruinen der ehemaligen Burg Kyffhausen auf dem lang gezogenen Höhenrücken unweit des Südharzes. Es wurde am 18. Juni 1896 nach fast sechsjähriger Arbeit im Beisein Kaiser Wilhelms I. feierlich eingeweiht. Die Schauseite des 81 Meter hohen Monuments zeigt nach Osten. Sie wird von dem in Kupfer getriebenen Reiterstandbild des Hohenzollernkaisers Wilhelm I. und den allegorischen Figuren „Geschichte" und „Krieg" beherrscht. Darunter liegt der „Barbarossahof", den die von Nicolaus Geiger aus Berlin geschaffene Steinskulptur des Stauferkaisers in etwa dreifacher Lebensgröße beherrscht. Angetan mit einem wallenden Mantel, die Reichskrone auf dem Haupt, thront der Staufer auf einer Steinbank, mit der linken Hand in den vollen Bart greifend, mit der Rechten den Schwertgriff umfassend.

Gehörte das Kyffhäuser-Denkmal zu den letzten großen Monumenten der Hohenzollern-Ära, so führte der kluge Schachzug einer ehemaligen Kaiserstadt zum Bau einer ähnlich eindrucksvollen Gedenkstätte unmittelbar nach der Reichsgründung. Es war die Stadt **Goslar**, die bereits im Oktober 1870 den preußischen König gebeten hatte, sie beim Wiederaufbau der mittelalterlichen Kaiserpfalz finanziell zu unterstützen. Dies geschah! Aus Mitteln des Staatshaushalts und der Privatschatulle Wilhelms I. konnten zwischen 1873 und 1874 die umfangreichen Renovierungsarbeiten durchgeführt werden. Sie umfassten die Wiederherstellung des baufälligen Kaisersaals und dessen Ausmalung durch den Düsseldorfer Künstler Hermann Wislicenus mit Szenen aus der deutschen Geschichte; dabei durfte ein Bild des aus seiner Höhle im Kyffhäuser tretenden Stauferkaisers Friedrich Barbarossa nicht fehlen. Nach dem Tod Wilhelms I. 1888 wurden ihm und Barbarossa zwei Reiterstandbilder auf der großen Kaiserbleek vor der Pfalz gewidmet.

Der Errichtung des monströsen Kaiser-Wilhelm-Nationaldenkmals in den Jahren 1891 bis 1896 fielen wesentliche Teile der Ruinen der staufischen Reichsburg Kyffhausen zum Opfer. Erhalten blieben Teile der Oberburg mit dem sog. Barbarossaturm sowie stattliche Reste der Unterburg. – Am Fuß des Kyffhäuser wurden Reste der ottonischen Königspfalz Tilleda ausgegraben und teilweise rekonstruiert. Im nahe gelegenen Bad Frankenhausen empfiehlt sich der Besuch des weithin sichtbaren Rundbaus am Schlachtberg. Er enthält das 120 m lange Panoramabild von Werner Tübke, das die Niederlage des Bauernheers im Jahr 1525 thematisiert und in allegorischer Form überhöht.

Der Kyffhäuser und Goslar sind nur zwei von vielen Beispielen für das im 19. Jahrhundert so vehement erwachte Interesse an der Stauferzeit. Weitere finden sich – natürlich – in Schwaben. Da wurde die mehrfach verbürgte Geschichte von den Frauen neu belebt, die im Jahr 1140 nach der Einnahme der welfischen Burg Weinsberg durch den Stauferkönig Konrad III. das „Liebste", was sie besaßen, nämlich ihre Männer, aus der Burg in die Freiheit trugen. Dies geschah zwar nicht im Sinne der Sieger, aber – „an eines Königs Wort ist nicht zu deuteln". Bis heute trägt die Ruine der Weinsberger Burg den Namen „Weibertreu". Zu ihrer Erhaltung trug der lange Zeit an ihrem Fuß lebende Arzt und Dichter Justinus Kerner gehörig bei. Von Zeit zu Zeit trafen sich bei ihm die schwäbischen Dichter und Schriftsteller jener Zeit, zu denen auch Ludwig Uhland zählte. Seine „Schwäbische Kunde" („Als Kaiser Rotbart lobesam..."), eine recht drastisch erzählte Ballade aus der Zeit des Dritten Kreuzzugs, wurde zur Pflichtlektüre an den württembergischen Schulen.

Dass auch der Berg, der dem berühmtesten Kaisergeschlecht seinen Namen gegeben hatte, der **Hohenstaufen**, von der Staufereuphorie des 19. Jahrhunderts erfasst wurde, versteht sich von selbst. Schon 1803 rief der Pfarrer und Publizist Johann Gottfried Pahl zur Errichtung eines „Tempels oder Pantheons" auf dem Berggipfel auf. 1833 wurde auf Betreiben des Ortspfarrers Eduard Keller der erste „Hohenstaufenverein" gegründet, der sich jedoch bald wieder auflöste. Erst nach der Reichsgründung 1871 setzte sich ein neugegründetes „Hohenstaufencomité" für den Bau eines „ansehnlichen Wartthurms" und einer „Gedächtnißhalle mit den überlebensgroßen Bildern der hohenstaufischen Kaiser, des dermaligen Kaisers und des Landesherrn" ein. Der erhoffte Spendenfluss für das auf 100 000 Taler veranschlagte Projekt verebbte jedoch frühzeitig und auch ein im Dreikaiserjahr 1888 gesetzter neuer Impuls führte nicht zum Erfolg. Daran waren vor allem die von Stuttgart ausgehenden Initiativen zur Errichtung eines Hohenstaufen-Nationaldenkmals in der Landeshauptstadt schuld. Die darüber entfesselte Pressekampagne trieb mitunter köstliche Blüten, wie etwa die im „Schwäbischen Merkur" erschienene Zuschrift zeigt:

„Schwabens Denkmal soll sich finden / nicht am trüben Nesenbach, / nicht in andern niedern Gründen, / hoch und stark, nicht tief und schwach. / Nur des Staufenberges Fläche / werde wieder neu gekrönt; / fort ist ja des Reiches Schwäche, / alle Feindschaft ist versöhnt."

Der 1859 neu aufgeführ e Westgiebel der sog. „Barbarossakirche" in Göppingen-Hohenstaufen ist mit Wappen und Inschriften der staufischen Könige und wichtiger Familien der Zeit geschmückt.

In den Jahren 1871 und 1888 wurde die deutsche Bevölkerung um Spenden für den Bau eines Nationaldenkmals auf dem Hohenstaufen gebeten.

Am 1. Juni 2002 wurde anlässlich des 50-jährigen Bestehens des Bundeslandes Baden-Württemberg auf dem Gipfel des Hohenstaufen eine achtseitige Stele – ähnlich der auf Kastell Fiorentino in Apulien (vgl. Abb. S. 124) – enthüllt.

Schließlich wurden die angesammelten Mittel anderweitig verwendet, u. a. für den Bau eines Hallenbads in Göppingen und zur Errichtung der Schutzhütte des Schwäbischen Albvereins auf dem Berg.

Der schwäbische Dichter David Friedrich Strauß hat Recht behalten mit seiner 1866 gegebenen Prophezeihung: „Und wenn ihr ein Ding wie den Thurm zu Babel hinaufbauet, wird es sich winzig ausnehmen in Vergleichung mit dem, was jetzt der kahle Berg uns zu denken gibt".

Aus Anlass des 50jährigen Bestehens des Landes Baden-Württemberg wurde am 1. Juni 2002 auf dem Hohenstaufen eine schlichte Stele zum Gedenken an das Geschlecht der Staufer enthüllt.

Von den Bemühungen zur Bewahrung des Gedächtnisses an die Staufer im 19. Jahrhundert zeugt ein Blick auf die Jakobskirche, die unmittelbar am Fuß des Hohenstaufen liegt und ausschließlich unter dem Namen „Barbarossakirche" bekannt ist. Der Gedanke, der evangelischen Pfarrkirche Hohenstaufens den Charakter einer „Denkmalkirche" zu geben, erfuhr durch die heimatgeschichtlichen Publikationen der Ortspfarrer Johann Friedrich Ammermüller und Eduard Keller zu Beginn des 19. Jahrhunderts kräftige Impulse.

Der von dem Stuttgarter Architekten Carl Beisbarth 1852 erstellte Entwurf für ein derartiges „Nationaldenkmal" in Kirchenform kam „mangels Masse" über den Abbruch und den – zurückgesetzten – Aufbau der Westwand der Kirche nicht hinaus. Den neuen Westgiebel zieren jetzt zwei heraldische Friese mit den Wappen der sieben mittelalterlichen Kurfürsten und insgesamt fünfzehn Zeichen von Herrschaftsgebieten, die einst wesentliche Bestandteile des staufischen Reiches waren bzw. zu diesem in vertraglicher Abhängigkeit standen. Zwischen den Wappenbändern dominiert der Adler des Reiches, flan-

Über der schmalen Nordpforte der „Barbarossakirche" in Göppingen-Hohenstaufen ist seit Generationen die Inschrift überliefert: HIC TRANSIBAT CAESAR – Hier schritt der Kaiser hindurch.

kiert von den Spitzschilden der Herzogtümer Franken und Schwaben und umgeben von den Namen der sieben staufischen Herrscher, den Kirchengiebel. Weitere Wappen entdeckt der historisch Interessierte unterhalb des Dachtraufs und an der südlichen Turmwand. Sie verweisen zumeist auf Familien, die mit den Staufern durch Dienstverhältnisse eng verbunden waren.

Eine Steintafel über dem spitzbogigen Südportal mit der Inschrift „Zu Ehren des großen Geschlechts der Staufer, erneut 1859" veranlasst den Besucher zum Betreten der Kirche.

Dort fällt der Blick auf eine schmale Pforte in der nördlichen Langhauswand, über der ein Spruchband gewichtig verkündet: HIC TRANSIBAT CAESAR, also: Hier schritt der Kaiser hindurch. Barbarossakirche? Der Kaiser? Wer anders als Friedrich I. Barbarossa kann mit der Inschrift gemeint sein? Tatsächlich sind mehrere Aufenthalte dieses 1152 zum Deutschen König gewählten, 1155 zum Kaiser gekrönten staufischen Herrschers auf der Burg Hohenstaufen und in ihrer unmittelbaren Umgebung belegt – in den Jahren 1154, 1181, 1188.

Die ältere Literatur über die Barbarossakirche berichtet übereinstimmend, dass bis in das frühe 20. Jahrhundert hinein ein 1723 auf Veranlassung des Ortspfarrers Walz gemaltes und 1814 von Karl Alexander Heideloff erneuertes Bildnis Friedrich Barbarossas die Wand neben der Pforte schmückte, es sei umgeben gewesen von den bedeutungsschweren Versen:

> Der großmütigst Kaiser wohlbekannt
> Friedericus Barbarossa genannt;
> Das demütig edel deutsche Blut
> Übt ganz und gar keinen Übermut;
> Auf diesem Berg hat Hof gehalten
> Wie vor und nach ihm die Alten;
> Zu Fuß in diese Kirch ist gangen
> Ohn allen Pracht, ohn Stolz und Prangen
> Durch diese Tür, wie ich bericht,
> Ist wahrlich wahr und kein Gedicht.
> Amor bonorum terror malorum. A.D. 1152.

Literaturverzeichnis

Akermann, M., Aller schwäb'schen Berge schönster. Der Hohenstaufen im Land zwischen Fils und Rems. Leinfelden-Echterdingen 1994.

Akermann, M., Bauzeugen der Stauferzeit im östlichen Schwaben. Stuttgart und Aalen 1977.

Akermann, M., Hohenstaufen. Göppingen 1972.

Arens, F., Staufische Königspfalzen; in: Burgen und Schlösser, Heft 2/1978, S. 74–83.

Arens, F./Bührlen, R., Wimpfen. Bad Wimpfen a.N. 1991.

Arens, F., Der Saalhof zu Frankfurt und die Burg zu Babenhausen; in: Mainzer Zeitschrift 71/72, 1976/77, S. 1–56.

Babenberger und Staufer. Schriften zur staufischen Geschichte und Kunst, Bd. 9. Göppingen 1987.

Bachmann, E., Kaiserburg Nürnberg. München 1976.

Backes, M., Staatliche Burgen, Schlösser und Altertümer in Rheinland-Pfalz. Mainz 1993.

Barral i Altet, X., Romanik – Städte, Klöster und Kathedralen. Köln 1998.

Biller, T./Metz, B., Der Burgenbau der Staufer im Elsass; in: Burg und Kirche zur Stauferzeit, hrsg. von V. Herzner/J. Krüger. Regensburg 2001, S. 76–110.

Binding, G., Deutsche Kaiserpfalzen von Karl dem Großen bis Friedrich II. (765–1240). Darmstadt 1996.

Borghini, A., Il Castello di Lagopesole. Avigliano 1995.

Bühler, H., Zur Geschichte der frühen Staufer; in: Veröffentlichungen des Geschichts- und Altertumsvereins Göppingen e.V. Göppingen 1977, S. 1–44.

Burgen und Schlösser. Zeitschrift für Burgenforschung und Denkmalpflege, Heft 4/2001 (über Friedrich II./Castel del Monte u.a.).

Cassata, G. u.a., Romanisches Sizilien. Würzburg 1988.

Claussen, P.C., Bitonto und Capua – Unterschiedliche Paradigmen in der Darstellung Friedrichs II., in: Schriften zur staufischen Geschichte und Kunst, Bd. 13. Göppingen 1993, S. 77–124.

Claussen, P.C., Die Statue Friedrichs II. vom Brückentor in Capua; in: Festschrift für Hartmut Biermann, hrsg. von C. Andreas u.a., o.O. 1990, S.19–39.

Csendes, P., Heinrich VI. Darmstadt 1993.

Decker, K.-P./Großmann, G.U., Schloss Büdingen. Regensburg 1999.

Einsingbach, W. u.a., Münzenberg, Burgruine. Bad Homburg v.d.H. 1984.

Einsingbach, W., Gelnhausen, Kaiserpfalz. Bad Homburg v.d.H. 1980.

Esch, A., Friedrich II. – Wandler der Welt? Schriften zur staufischen Geschichte und Kunst, Bd. 21. Göppingen 2001.

Fazia, G./Bibbo, L., Unus ex Apulia. Friedrich II. in Foggia. Göppingen 2001.

Gallas, K., Sizilien. Köln 1978.

Gassen, R.W., Romanik in der Pfalz. Landau/Pfalz 1991.

Götze, H., Castel del Monte. München 1984.

Haas, W., Der Bamberger Dom. Königstein i.T. 1973.

Haseloff, A., Hohenstaufische Erinnerungen in Apulien (Nachdruck der Original-Ausgabe von 1905). Weissenhorn 1991.

Hotz, W., Handbuch der Kunstdenkmäler im Elsass und in Lothringen. München 1976.

Hotz, W., Kleine Kunstgeschichte der deutschen Burg. Darmstadt 1965.

Hotz, W., Pfalzen und Burgen der Stauferzeit. Darmstadt 1992.

Hotz, W., Wildenberg. Amorbach 1972.

Houben, H., Roger II. von Sizilien. Darmstadt 1997.

Hussendörfer, R., Die ehemalige Chorherrenstiftskirche in Faurndau. Göppingen 1975.

Jakobs, H., Kirchenreform und Hochmittelalter 1046–1215. München/Wien 1984.

Jost, B., Burgruine Münzenberg. Regensburg 2000.

Jost, B., Der romanische Bestand der Burg Münzenberg; in: Münzenberg. Heimat im Schatten der Burg, o.J., S. 55–65.

Jost, B., Die Stellung des Münzenberger Palas im 12. Jahrhundert; in: Forschungen zu Burgen und Schlössern, Band 4. München 1998, S. 161–172.

Jost, B., Kuno I. von Münzenberg als Bauherr; in: Hessische Heimat, Heft 1/1996, S. 3–11.

Kappel, K./Tragbar, K., Abschied von der Symmetrie. Zur Binnengliederung des „Castrum Imperatoris" in Prato; in: Burg und Kirche zur Stauferzeit, hrsg. von V. Herzner/J. Krüger. Regensburg 2001, S. 205–222.

Kiesow, G., Romanik in Hessen. Stuttgart 1984.

Kirschmer, K./Seiffer, F., Hohenstaufen. Göppingen 1960.

Knaak, A., Das Kastell von Augusta; in: Kunst im Reich Kaiser Friedrichs II. von Hohenstaufen, Bd. 2, hrsg. von A. Knaak. München/Berlin 1997, S. 94–114.

Kraus, U., Unterwegs auf der Straße der Staufer. Leinfelden-Echterdingen 1997.

Kubu, F., Die staufische Pfalz Eger an der Grenze zwischen Böhmen und Reich; in: Schriften zur staufischen Geschichte und Kunst, Bd. 14. Göppingen 1994, S. 48–66.

Leistikow, D., Bemerkungen zum Residenzpalast Friedrichs II. in Foggia; in: Kunst im Reich Friedrichs II. von Hohenstaufen, Bd. 2, hrsg. von A. Knaak. München/Berlin 1997, S. 66-80.

Leistikow, D., Burgen und Schlösser in der Capitanata im 13. Jahrhundert; in: Bonner Jahrbuch 171, 1971, S. 416–441.

Leistikow, D., Castel del Monte - Urkunden, Beobachtungen, Fragestellungen; in: Burgen und Schlösser, Heft 4/2001, S. 209-220.

Leistikow, D., Die Aufbewahrungsorte der Reichskleinodien vom Trifels bis Nürnberg; in: Schriften zur staufischen Geschichte und Kunst, Bd. 16. Göppingen 1997, S. 184–213.

Leistikow, D., Die Residenz Kaiser Friedrichs II. in Foggia; in: Burgen und Schlösser, Heft 1/1977, S. 1–12.

Leistikow, D., Gebäudestrukturen im Kastell- und Palastbau Friedrichs II.; in: Burgenforschung aus Sachsen, Bd. 14. Weißbach 2001, S. 97–120.

Leistikow, D., Zum Mandat Kaiser Friedrichs II. von 1240 für Castel del Monte; in: Deutsches Archiv für die Erforschung des Mittelalters. Köln 1994, S.17–21.

Liessem, U., Bemerkungen zum Castello dell'Imperatore in Prato; in: Kunst im Reich Kaiser Friedrichs II. von Hohenstaufen, Bd. 2, hrsg. von A. Knaak. München/Berlin 1997, S. 130–143.

Lorenz, S., Kaiserswerth – Stauferzentrum am Niederrhein; in: Schriften zur staufischen Geschichte und Kunst, Bd. 14. Göppingen 1994, S.99–117.

Mack, E., Von der Steinzeit zur Stauferstadt. Die frühe Geschichte von Frankfurt am Main. Frankfurt a.M. 1994.

Malottki, H.v., Annweiler und das Reich im Mittelalter. Neustadt/Weinstrasse 1969.

Malottki, H.v. u.a., Annweiler und die Reichskleinodien. Annweiler 1981.

Mayer, H. E., Geschichte der Kreuzzüge. Stuttgart 1995.

Mayer, P., Die Pfalz. Köln 1977.

Meckseper, C., Castel del Monte; in: Zeitschrift für Kunstgeschichte, Jg. 1970, S. 211–231.
Meckseper, C., Zur Typologie und Verbreitung stauferzeitlicher Stadtgrundrisse; in: Schriften zur staufischen Geschichte und Kunst, Bd. 11. Göppingen 1991, S. 51–78.
Mola, St., Castel del Monte. Bari 1991.
Mola, St., Führung durch das friederizianische Apulien. Bari 1994.
Müller, H., Der Kyffhäuser. Leipzig 1992.
Müseler, W., Geist und Antlitz der romanischen Zeit. Berlin 1941.
Nothnagel, K., Staufische Architektur in Gelnhausen und Worms. Schriften zur staufischen Geschichte und Kunst, Bd. 1. Göppingen 1971.
Der Odenwald. Zeitschrift des Breuberg-Bundes. Sonderheft 2: Zur Geschichte der Burg Wildenburg. Breuberg 1979.
Oppl, F., Friedrich Barbarossa. Darmstadt 1990.
Pinder, W., Sonderleistungen der deutschen Kunst. München 1944.
Rehork, J., Unsere Kaiserpfalzen. Frankfurt a. M. 1985.
Rueß, K.-H., Die Staufer. Ausstellung im Dokumentationsraum für staufische Geschichte in Göppingen-Hohenstaufen. Göppingen 2001.
Saraceno, M., Il Castello di Melfi. Melfi o.J.
Schirmer, W. u.a., Castel del Monte. Forschungsergebnisse der Jahre 1990 bis 1996. Mainz 2000.
Schirmer, W., Castel des Monte. Einige Ergebnisse der Bauforschung aus den Jahren 1991 bis 1996; in: Burgen und Schlösser, Heft 4/2001, S. 202–208.
Schmitt, G., Burgenführer Schwäbische Alb, Bd. 1. Biberach 1988.
Schwarzmaier, H., Die Heimat der Staufer. Sigmaringen 1976.
Schwarzmaier, H., Staufisches Land und staufische Welt im Übergang. Sigmaringen 1978.
Schwind, F., Gelnhausen – Königspfalz und Pfalzstadt in der staufischen Wetterau; in: Schriften zur staufischen Geschichte und Kunst, Bd. 14. Göppingen 1994, S. 67–98.
Speitkamp, W., Stauferrezeption und Denkmalpflege im 19. Jahrhundert; in: Burg und Kirche zur Stauferzeit, hrsg. von V. Herzner/J. Krüger. Regensburg 2001, S. 273–283.
Spranger, P., Schwäbisch Gmünd bis zum Untergang der Staufer. Schwäbisch Gmünd 1972.
Die Staufer. Herkunft und Leistung eines Geschlechts, 2 Bde. Ludwigsburg 1968/69.
Die Staufer. Schriften zur staufischen Geschichte und Kunst, Bd. 19. Göppingen 2000.
Stürner, W., Friedrich II., Teil 1. Darmstadt 1992. – Teil 2. Darmstadt 2000.
Stürner, W., König Heinrich (VII.). Rebell und Sachwalter staufischer Interessen?; in: Schriften zur staufischen Geschichte und Kunst, Bd. 20. Göppingen 2001, S. 12–42.
Taddey, G. (Hrsg.), Lexikon der deutschen Geschichte. Stuttgart 1998.
Uhl, St., Schloss Ramsberg – Anmerkungen zu Baubestand und Baugeschichte; in: Hohenstaufen/Helfenstein, Bd. 4. Göppingen 1994, S. 39–66.
Ulmer, G.A., Straße der Staufer. Schönaich 1984.
Waldburg-Wolfegg, H. Graf v., Vom Nordreich der Hohenstaufen. München 1961.
Waldburg-Wolfegg, H. Graf v., Vom Südreich der Hohenstaufen. München 1964.
Weber, F., Die Staufer - nur Geschichte? Horb a.N. 1994.
Weigend, F. u.a., Keine Ruhe im Kyffhäuser. Stuttgart/Aalen 1978.

Willemsen, C. A., Apulien - Kathedralen und Kastelle. Köln 1971.
Willemsen, C.A., Die Bauten der Hohenstaufen in Süditalien. Köln und Opladen 1968.
Willemsen, C.A., Die Bildnisse der Staufer. Schriften zur staufischen Geschichte und Kunst, Bd. 4. Göppingen 1977.
Willemsen, C.A., Kaiser Friedrichs II. Triumphtor zu Capua. Wiesbaden 1953.
Winterfeld, D. v., Romanik am Rhein. Stuttgart 2001.
Wischermann, H., Romanik in Baden-Württemberg. Stuttgart 1987.
Ziegler, W., Stiftskirche Faurndau. Weißenhorn 2002.
Zotz, T., Die mittelalterliche Königspfalz; in: Schriften zur staufischen Geschichte und Kunst, Bd. 14. Göppingen 1994, S. 9–24.

Ortsregister

Aachen 19, 50, 51, 54, 59, 67, 69, 84, 86, 172, 175
Adelberg 20, 21, 35, 45, 46
Akkon 58, 60, 61, 72
Alberobello 137
Alpirsbach 153–155, 167, 168
Altamura 137, 138
Andria 77, 118, 124, 125
Anhausen 16
Annweiler 13, 111
Ansbach 101
Antiochia 58
Apricena 120
Arles 55
Arnsburg 89, 114
Augsburg 55, 60
Augusta 146, 147

Babenhausen 117
Bad Reichenhall 52
Bamberg 19, 50, 51, 59, 67, 162, 163, 166
Bari 13, 50, 65, 67, 133–135, 138
Barletta 64, 129, 130
Basel 54, 166
Bassenheim 165
Benevent 80, 81, 121, 132
Bethlehem 72
Bitonto 132
Boll 47, 48
Bonn 9
Bouvines 68, 69
Bozen 60
Braunschweig 52
Breisach 159
Brenz 37–40
Brindisi 72, 77, 135
Büdingen 89, 117

Canossa 16
Cappenberg 10, 56, 171, 172
Capua 70, 79, 118, 143–145
Caserta 127
Castel del Monte 11, 81, 123–129, 148, 149
Catania 146, 147
Chartres 159
Colmar 108
Comburg 25, 44, 173–175

Conques 155
Cortenuova 75
Cosenza 74
Cremona 59, 75

Dahn 111
Denkendorf 159, 160
Donauwörth 14
Donzdorf 33
Dürnstein 61

Eger 63, 94–97, 150
Ellwangen 42–44
Enna 148
Erfurt 171
Essen 177
Esslingen 177
Eußertal 111
Eybach 30

Faurndau 30, 35–38, 41
Feuchtwangen 44
Fiorentino 13, 77, 123, 124, 177
Fleckenstein 88
Flochberg 51
Florenz 80, 148
Foggia 11, 13, 73, 77, 118–120, 143
Foligno 65
Fort Louis 89
Frankfurt am Main 19, 51, 92, 104, 105, 114
Freiberg i. Sachsen 165, 166
Freising 55
Freudenstadt 166–168
Friedberg 89, 114
Fulda 114

Gallipoli 57
Gebweiler 157
Geislingen/Steige 21
Gelnhausen 53, 89–92, 97, 105, 112, 114, 134, 150
Gengenbach 153
Genua 60
Giengen 48
Gioia del Colle 136–138
Girbaden 108

Göppingen 9, 11–13, 20–23, 28, 34, 35, 145, 180–182
Goslar 52, 111, 179
Gräfenstein 111
Gravina 138, 139

Hagenau 61, 86–89, 107, 111, 153, 154, 178
Halberstadt 165
Harburg 14
Harzburg 68, 111
Heidenheim 48, 49
Heilsbronn 101
Hellenstein 48, 49
Herbrechtingen 48
Hildesheim 170
Hirsau 25, 153
Hochkönigsburg 107
Hohbarr 88, 108, 109
Hohenburg 64
Hohenems 64
Hohenrechberg 29
Hohenstaufen 11, 13, 20–25, 30, 34, 35, 42, 46, 67, 87, 179–182

Ikonium/Konja 57

Jerusalem 57, 58, 61, 72, 75
Jesi 11, 64, 68, 118, 177
Kaiserslautern 84, 86, 87, 178
Kaiserswerth 92–94
Katzenstein 169, 170
Kaysersberg 107, 108
Klosterneuburg 16, 26
Knechtsteden 152
Koblenz 50
Köln 67, 152, 175, 177
Konstantinopel 57
Konstanz 69
Krautheim 111
Kyburg 111
Kyffhausen 178, 179

Lagopesole 11, 139–142
Landau 9
Landeck 111
Landsberg 108
Lavello 79
Legnano 52, 55
Leofels 112, 113
Lichtenberg 112
Liebenzell 112
Limburg/Lahn 168

Lindelbrunn 111
Lodi 60
Lorch 11, 18, 21, 24–28, 33, 34, 38, 40, 41, 67
Lucera 70, 71, 79, 121–123, 143
Lyon 76, 77

Madenburg 111
Magdeburg 165
Mailand 54, 57, 59, 118
Mainz 55, 57, 67, 74, 165
Manfredonia 120
Maniace 147, 148
Marburg/Lahn 75, 152, 171, 175, 176
Maria Laach 28
Marksburg 13
Matera 137
Maulbronn 159, 160
Maursmünster/Marmoutier 157, 158
Meissen 164, 165
Melfi 64, 72, 73, 142, 143
Messina 61, 64, 66, 79, 118
Molsheim 157
Monte Sant'Angelo 120
Montecassino 60, 61
Münzenberg 89, 105, 114–117
Murbach 156, 157
Murrhardt 41

Naumburg 163, 164, 171
Nazareth 72
Neapel 60, 63, 72, 81, 82
Neipperg 112
Neuenburg/Unstrut 118
Neuleiningen 112
Neuss 177
Nimwegen 59, 84–86, 93
Nocera 81
Nürnberg 101–103, 150, 151

Oberesslingen (Esslingen) 21, 46
Oberstenfeld 153, 160
Oberwälden 45, 46
Odilienberg 108, 157
Oria 11, 135

Palermo 11, 64–66, 68, 77, 79, 111, 118, 148, 177
Paris 172
Parma 76
Pavia 54
Pflixburg 108

Pisa 54, 60, 148
Prato 148, 149

Ramsberg 32
Ravenna 73
Regensburg 57, 168
Reichenberg 112
Reichenweier/Riquewihr 107
Reims 162
Reutte 50
Roggenburg 46
Rom 51, 52, 54, 60, 81, 83, 111, 145
Roncaglia 54
Rosheim 157, 159
Rot an der Rot 46
Rothenburg ob der Tauber 118

Salerno 61, 63
San Miniato 76
Scharfenberg bei Donzdorf 32, 33
Scharfenberg/Pfalz 111
Schlettstadt 17, 107, 154, 155
Schwäbisch Gmünd 29, 37, 40–42
Schwäbisch Hall 44
Schwarzach 153
Schwarzrheindorf 152, 168
Seligenstadt 105, 106
Siponto 78
Siracusa/Syrakus 63, 146–148
Speyer 67
St. Gallen 37
St. Ulrich 168
Staufen, siehe Hohenstaufen
Staufeneck 30–32
Steinsberg 148
Stetten 112
Straßburg 166, 170
Stuttgart 9, 13, 179
Sutri 52

Tagliacozzo 81
Tarent 135
Tarsos 58
Termoli 120, 121
Tilleda 63
Trani 131, 132
Trier 152
Trifels 63, 64, 88, 89, 110, 111, 178
Tusculum 54, 60
Tyros 58

Ulm 18, 21, 81
Ulrichsburg 107

Veitshöchheim 76
Venosa 143

Waiblingen 11
Waldburg 111
Waldsassen 96
Wallerstein 14
Wartburg 118
Wäschenbeuren 14
Wäscherschloss 33, 34
Wechselburg 165
Weinsberg 19, 152, 179
Wetzlar 177
Wien 65, 78
Wildenberg 112, 114
Wimpfen 74, 75, 96–101, 150
Wolfstein 81
Worms 74, 161, 162
Würzburg 13, 53, 59, 89

Zavelstein 112

189

Bildnachweis

M. Akermann, Heidenheim 9, 16 unten, 17, 18 unten, 22, 34, 40, 41, 48, 49, 52, 55, 64, 65, 68, 70, 71, 75, 77 unten, 78, 79, 96, 98, 99, 100, 103, 104, 109, 110, 113, 116, 121, 128, 133, 136, 139, 140, 142 unten, 144, 145, 146, 156, 159, 160, 165, 168, 178, 181 unten

AKG Berlin 53 unten, 56, 57, 58, 63, 66, 69, 74, 80, 115, 132 unten, 151, 163, 164, 171, 176

D. Dehnert, Göppingen 12, 20, 24, 29, 30, 31, 33, 35, 37, 38, 42, 45, 47, 172, 174, 180, 182

J. Feist, Pliezhausen 25, 26 unten, 27, 36, 39, 43, 85, 94, 154, 155, 161, 167, 169, 173

M. Hartmann, Stuttgart 125

A.H. Konrad, Weißenhorn 119, 134, 138

Atelier Lohrer, Stuttgart 10

P. Palm, Berlin 8

Bildverlag Traut u. Utz, Welzheim 175

T. Uhland-Clauss 170

W. Ziegler, Göppingen 73, 76, 81, 82, 106, 120, 127, 131, 142 oben

Leider war es nicht in allen Fällen möglich, die Inhaber der Urheberrechte eindeutig zu ermitteln. Berechtigte Ansprüche werden selbstverständlich im Rahmen der üblichen Vereinbarungen abgegolten.